食品相关产品市场准入制度系列教材

压力锅产品生产许可教程

国家质量监督检验检疫总局食品生产监管司　编

中国标准出版社
北京

图书在版编目(CIP)数据

压力锅产品生产许可教程/国家质量监督检验检疫总局食品生产监管司编.—北京:中国标准出版社,2008
(食品相关产品市场准入制度系列教材)
ISBN 978-7-5066-4820-2

Ⅰ.压… Ⅱ.国… Ⅲ.压力饭锅-生产管理-许可证-中国-教材 Ⅳ.F426.89

中国版本图书馆 CIP 数据核字(2008)第 003928 号

中国标准出版社出版发行
北京复兴门外三里河北街 16 号
邮政编码:100045
网址 www.spc.net.cn
电话:68523946 68517548
中国标准出版社秦皇岛印刷厂印刷
各地新华书店经销
*
开本 787×1092 1/16 印张 21 字数 523 千字
2008 年 2 月第一版 2008 年 2 月第一次印刷
*
定价 **55.00** 元

编写委员会

前 言

2007年11月8日，国家质量监督检验检疫总局颁布了《压力锅产品生产许可实施细则》(国质检食监[2007]519号)，进一步规范了压力锅产品的市场准入制度。该制度是政府保证食品质量安全，加强压力锅产品的监管工作，提高压力锅产品的生产质量整体水平，规范市场经济秩序，促进行业经济健康协调发展的有效措施。

20世纪80年代末到20世纪90年代初，压力锅爆炸伤人一度成为消费者投诉最多的三大热点之一。因此，国家自1994年开始对压力锅产品实施了生产许可制度。通过实施生产许可证制度，压力锅整体质量水平大幅上升，产品合格率由原来的20%提高到90%以上。实践证明，实施生产许可证制度，对提高压力锅行业整体产品质量、保护消费者利益起到了重要的作用。随着行业的发展和技术进步，压力锅行业无论是管理水平和技术水平都有了很大提高，因此，对压力锅产品质量的要求也在不断提高，为此国家质量监督检验检疫总局组织对压力锅生产许可实施细则进行了再次修订。本次修订的《压力锅产品生产许可实施细则》对压力锅生产许可的范围和产品单元和产品规格的划分更明确、具体；工艺流程和关键工序更具指导性；生产设备的要求更具体；新增加关键控制检验能更有效的控制产品质量；新增加的环保要求和除尘设备要求符合国家当前的发展目标，更注重环保要求；产品标志、标签和使用说明书会更加有效的指导和明示消费者。尤其在企业实地核查办法中增加了适合于接触食物的产品的一些规定，能更有效地保护消费者的利益。

为了帮助从事压力锅产品市场准入工作的质量技术监督部门、产品审查机构、产品检验机构以及相关生产企业人员学习，掌握和贯彻实施细则及其相关规定，做好市场准入工作，同时也为了使社会各界全面了解这项制度，我们编写了这本《压力锅产品生产许可教程》。本书主要介绍了压力锅产品市场准入的概念、目的、指导思想、基本原则、管理体制、许可程序、监督检查以及企业审查工作要求、行业和产品状况等方面内容，特别是对压力锅产品市场准入制度的指导思想和基本原理做了深入浅出的分析，对企业审查工作的程序和方法做了详细介绍，对发证产品范围、企业生产基本要求、生产许可检验规则和企业实地核查等内容进行了逐一解释。同时，我们还为每一章设计了考试大纲和练习题，以突出重点，更好地帮助读者学习和掌握这一制度，希望本教程能在指导压力锅产品市场准入各项具体工作方面起到积极的作用，能为各级质量技术监督部门切实把压力锅产品生产环节的监管工作落实到实处做出应有的贡献。

本书在编写时，力求做到深入浅出，通俗易懂，紧扣压力锅产品生产许可工作的各个环节，以求做到知识性、实用性和可操作性相结合。

由于时间仓促和编者水平有限，本书难免有不当之处，敬请广大读者不吝指正。

国家质量监督检验检疫总局食品生产监管司

2007 年 12 月 26 日

目 录

第一章 压力锅产品市场准入制度

第一节 压力锅产品市场准入制度概述

一、压力锅产品市场准入制度的含义

市场准入制度是指国家为保障产品安全，准许公民、法人和其他组织，在符合法律规定的条件下，从事产品生产经营活动的法律规范。市场准入制度是政府管理和规范市场行为，从源头抓产品质量，切实保障人民群众健康安全的一项重要举措，也是我国市场经济法治化的一个重要标志。

压力锅产品质量安全市场准入制度是国家为了保证压力锅产品的质量和消费者使用的安全，由政府主管部门依照法律、法规、规章以及技术规范的要求，通过对压力锅产品生产企业进行必备生产条件、质量安全保证能力的审查，以及对产品质量进行强制检验，确认其产品具有一定的安全性，准许其生产销售的管理制度。

对压力锅产品实施市场准入制度，可以从以下几个方面进行理解：

1. 从实施的目的上理解，对压力锅产品实施市场准入制度最主要的目的是为了保证食品和人身的安全。由于压力锅产品的自身结构和性能就造成了产品是使用中由于质量问题会对使用者人身安全造成危害，同时压力锅产品使用的原辅材料的某些成分与食品的接触会给食用者的身体健康带来潜在的危害。这些问题关系到消费者的切身利益。因此，为消除压力锅产品的质量隐患，国家实施压力锅产品的市场准入制度，通过科学设定市场准入的"门槛"，从源头上规范生产企业的生产行为，强化监管，严密防范和严厉打击劣质产品生产行为，从而促进企业提高生产管理和产品质量水平，保证压力锅产品质量，促进压力锅行业健康快速发展。

2. 从实施的主体上理解，压力锅产品市场准入制度是一种行政监管制度，其实施主体是负责压力锅产品生产加工监管的政府主管部门，即国家质量监督检验检疫总局（以下简称国家质检总局）和地方各级质量技术监督局。由于对压力锅产品的监管，是一种技术性监督管理。因此，行政部门在组织实施这项制度时，应当与压力锅产品行业协会、专业科研机构紧密配合，共同做好工作。同时，还要注意发挥大中型企业的积极性，以带动全

行业提高生产管理能力，提高产品质量水平。

3. 从监管的对象上理解，这项制度的监管对象非常明确，是压力锅产品生产企业。生产企业以及个体工商户，必须依照规定申请办理市场准入手续，通过合格审查，获得生产压力锅产品的资格后，方可从事产品的生产销售活动。在这一点上，行政部门应当注意把握自愿的原则，即企业生产压力锅产品的行为是一种自愿性商业行为。企业生产什么产品，什么时间生产，产品销往哪些地区，均由企业自主决定，行政管理部门不得干预。但是，对于拒不提出申请办理市场准入许可的或者经审核不符合准入条件的企业，擅自生产销售产品的，一经查出行政部门就要采取相应的监管措施，依法进行处理。

4. 从内容上理解，压力锅产品市场准入制度的基本内容主要是依照法律、法规以及技术规范的规定要求，对企业的必备生产、检验条件和质量安全保证能力进行实地核查，对企业生产的产品实行强制检验，确认其具备持续稳定生产合格产品的能力，颁发生产许可证，准许其在产品上使用质量安全标志，并监督质量安全标志的使用。

5. 从性质上理解，压力锅产品市场准入制度是一项行政许可制度，是一个法律活动的过程。按照权力和义务对等的原则，质检部门及相关机构、人员在压力锅产品实施市场准入活动中享有受理、审核、检验、批准、监管等多项权力，同时也有按照规定程序和要求履行好规定职责的义务。不能滥用权力、以权谋私，否则将受到法律责任追究。申请企业具有提出申请、接受审查、检验和监督等义务，同时也享有符合准入条件即可获得许可和使用许可资格的权力。如果申请企业通过弄虚作假行为骗取许可资格，或者违规使用许可资格，以及在获证后故意降低或改变许可生产条件的，也将受到相关法律责任追究。

二、压力锅产品市场准入制度的特征

压力锅产品市场准入制度的特征是强制性、科学性、公正性和引导性。

1. 强制性

压力锅产品市场准入制度是一项行政许可制度，其强制性在于任何企业生产压力锅产品，都应当严格遵守该制度的规定。依法申请准入许可，在许可范围内进行生产经营活动，接受行政主管部门的监督检查，不得擅自降低或改变准入条件，滥用或租借转让生产许可证书标志，不得生产、销售不合格产品，否则将受到法律制裁。

2. 科学性

压力锅产品市场准入制度的科学性在于：

(1) 在压力锅产品生产企业市场准入条件以及企业生产条件的审核规则设置上，坚持科学合理。压力锅产品市场准入细则的制定，是以保证压力锅产品质量、保障消费安全为目的的。凡经论证涉及消费安全所必须的要求，一律为准入必备条件；凡与消费安全没有直接关系的，不作为市场准入要求。因此，《压力锅产品生产许可实施细则》(以下简称《实施细则》)从质量安全管理、企业环境与场所、生产资源提供、采购质量控制、生产过程控制、产品质量检验、生产安全防护等 7 个方面，对企业生产必备条件进行了规范。

(2) 在压力锅产品市场准入制度中明确规定：受理、审查、批准相分离，审查工作主要

由技术专家、管理专家承担，行政部门工作人员只作为观察员参与工作。这样有利于审查人员对企业生产条件是否合格进行独立判断，确保其客观性。

(3) 压力锅产品生产许可有效期为3年。在3年中，随着科学技术水平的不断进步，政府部门会组织技术专家对《实施细则》进行重新修订，使其始终保持科学合理。

3. 公正性

压力锅产品市场准入制度的公正性是基于其法律性质。主要表现在两个方面：首先，压力锅产品市场准入条件的设置、准入的审查标准是全国统一的，不因地区差别以及申请企业的差别不同而不同。只要企业通过审查，获得市场准入许可，其产品就可以在全国范围内流通。其次，压力锅产品生产企业通过生产和检验必备条件、质量安全保证能力等方面审查，产品通过强制检验合格，确认符合生产许可条件便可获得生产许可证书，即证明企业"具备持续稳定生产合格产品的能力"，这种证明具有法律意义上的公信力。

4. 引导性

压力锅产品市场准入制度的实施，对于生产企业乃至于整个行业的发展，都具有一定的引导性。一方面，市场准入制度通过设置市场准入的条件，对企业提出采购、生产、检验和管理等方面的质量保证要求，可以引导企业不断提高管理水平和技术水平。另一方面，市场准入的条件不是一成不变的，而是随着科学技术和生产力的发展以及行业水平的进步不断提高，准入条件始终与国民经济和人民生活水平发展提高的需要相适应，体现产业结构调整的要求，引导企业和行业发展水平不断提高。

第二节　实施压力锅产品市场准入制度的目的和主要作用

实施压力锅产品市场准入制度，可以起到促进企业提高产品质量和全面质量管理水平，确保压力锅产品质量安全，落实国家产业政策，促进产业经济健康、协调地发展的积极作用。

一、保障产品质量安全、提高产品质量水平

目前，压力锅产品质量总体水平和改革开放初期相比已经有了很大的提高，消费者也越来越重视压力锅产品的质量安全。由于我国现阶段生产力水平还比较低，相当数量的企业技术装备简陋，生产环境、设施差，生产工艺落后，不能有效保证产品质量安全。因此，通过实施生产许可制度，加强对压力锅产品企业的监管，科学设立市场准入"门槛"，提高对压力锅产品生产企业的要求，促进企业开展技术创新，提高生产工艺装备水平，完善产品质量检验手段，健全质量管理体系，切实提高产品质量水平。

二、规范市场经济秩序、落实国家产业政策

市场经济主要是依靠市场进行配置的经济模式。按照传统经济学的观点，一般认为通过市场自发调节有利于实现资源使用率的最大化。但这并不是说市场经济不需要政府

干预。市场经济是法治经济，离开了法律和制度的约束，就会失去正常的经济秩序，从而失去自发调节的能力。在市场经济条件下，政府对经济的干预主要通过宏观调控和市场监管两个方面实现。市场准入制度兼具这两方面功能。但是，由于市场准入制度对企业生产经营资格具有直接的控制力，对企业的生产经营也有较强的干预能力，因此，市场准入作用的发挥主要通过市场监管实现。

三、促进产业经济健康、协调发展

我国目前处于社会主义市场经济初级阶段，生产力水平不高，产业集中度低，产品质量安全事故时有发生，政府对经济的干预主要通过宏观调控和市场监管两个方面实现。实施市场准入制度就是为了发挥这两方面的作用，对企业生产经营资格具有控制能力，对企业的生产经营活动具有较强的干预能力，同时强化企业的守法意识和质量责任意识，引导并监督企业按照监管要求规范生产和经营行为。对严重扰乱市场秩序的企业，不予准入；对于已经准入的违反了监管要求的企业，也可以取消准入资格，有效保证压力锅行业的规范生产，促进产业经济健康、协调发展。

第三节　压力锅产品市场准入制度的指导思想

实施压力锅产品市场准入制度的指导思想是以邓小平理论和“三个代表”重要思想为指导，按照树立和落实科学发展观，坚持以人为本的要求，切实加强压力锅产品的质量监管，保障人身和食品安全，促进压力锅产品生产企业做大做强，促进该行业水平的不断提高。

按照这一指导思想，压力锅产品市场准入工作在制度建设上，要以质量监管为核心任务，充分体现科学发展观和以人为本的要求，服务于人身和食品安全、压力锅产品生产企业和行业发展的需要。具体体现在以下几个方面：

1. 以人为本，确保安全，即紧紧围绕人身和食品安全这一中心任务开展监管工作。

2. 依法行政，严格管理，即严格依法办事，认真履行法律赋予的职责。

3. 全面推进，分步实施，即有步骤地，分门别类地逐步将所有食品相关产品纳入监管范围。

4. 突出重点，抓大放小，即以涉及安全健康的问题为重点，集中力量在最紧迫的监管任务上取得突破。

5. 科学引导，规范提高，即监管工作要有利于行业的发展和企业的做大做强，有利于企业管理水平和核心竞争力的提高。

第四节　实施压力锅产品市场准入制度的基本原则

法律制度的原则是贯彻于法律制度制定、实施以及监督活动始终的，使该项法律制度所确定的目的、政策、方针得以实现的保证。实施压力锅产品市场准入制度的基本原则是

公正原则、公开原则、效能原则、条件审查原则、安全性审查原则。

一、公正原则

公正有两个基本含义：一是实体公平；二是程序正当。实体公平，指对同等条件的相对人予以同等的对待，依法赋予同等的权利和义务。在市场准入制度中，主要就是指对符合条件的相对人都要予以准入，对不符合条件的不予准入。也就是说，实施准入制度的行政机关和人员应不专断、不偏私、不滥用裁量权。程序正当，指程序的规定和执行要符合工作目的的实际需要。程序正当与否足以影响实体的公平能否实现，没有程序的正当，就没有实体的公平。在市场准入制度中，对程序正当原则应当按照以下理解：凡是足以影响实体公平的程序都必须受到严格约束，不依照程序进行的行为无效。

坚持压力锅产品生产许可工作的公正原则，一是要求行政主管部门、办事机构和检验单位及其工作人员，在对待所涉及的压力锅产品生产企业、单位和个人，从使用的技术法规、程序到结果等都必须一视同仁，统一按照《实施细则》要求开展工作，公正地作出是否获得生产许可证的决定。二是公正对待每个参与对象，提供平等的参与机会。违反规定的责任人应承担相应的法律责任。

二、公开原则

行政公开是现代市场经济条件下对行政管理活动的基本要求之一。公开的目的，既是为了便于行政相对人参与整个行政管理活动过程，更是为了保障行政管理活动的公正性。市场准入是一项典型的行政许可活动，对公开有着更加严格的要求。一方面，只有把申请条件、审查程序等事项充分向行政相对人公开，行政相对人才能顺利提出申请和配合行政机关做好相关工作；另一方面，必须向全社会公开市场准入的各方面规定，以便全社会对准入工作及其结果进行监督，保证市场准入的公正性。公开是公正的基本要求，是市场准入制度有效实施的重要保证，是一项必须坚持的基本原则。

三、效能原则

效能包括三个方面：一是工作效果，二是工作效率，三是工作的投入产出比。在行政管理活动发展的过程中，这三个方面是先后提出的，是依次提高的要求。特别是对行政管理活动的低投入、高产出，是在现代依法行政水平不断提高基础上，提出的一项新的、更高的要求。传统的行政管理活动仅仅是达到管理目的，不计效率，更不计投入。随着社会生活的复杂化，国家管理的时效性要求日益突出，对工作效率的要求也被提到日程上。随着现代国家管理水平的不断提高，行政管理活动中的财政控制日益增强，在国家管理经费有限的条件下，需要尽可能多地完成国家管理事项，因此，行政管理的投入产出比也就受到了越来越多的强调和重视。行政管理活动必须按照最符合管理目的的需要、最高效率、低成本的方式进行。压力锅产品市场准入制度效能的体现在：

(1) 科学设定准入条件、审查程序，并监督有关规定得以有效实施，实现准入目的；

(2) 严格按照《中华人民共和国行政许可法》、《中华人民共和国工业产品生产许可证管理条例》(以下简称《管理条例》)规定的时限完成准入工作，并在工作中尽量为企业提供方便，以保证工作时间；

(3) 设置关键控制点，重点加强对关键控制点的严格监管，相对减少次要环节的监管投入，达到用最少投入最大限度地保证产品质量的目的，降低企业成本，减轻企业负担。

四、条件审查为主、行为审查为辅的原则

这是生产许可制度的一项特有原则。条件审查的含义是，对企业实施生产许可审查的主要依据是企业的质量保证条件，只要企业具备规定的条件就应当发放生产许可证。准许企业从事相关产品生产经营活动，只是意味着该企业具备生产合格产品的能力，并不意味着该企业的所有产品都是合格产品。而行为审查则是指对企业的生产经营活动进行审查。凡是企业生产经营活动违反法律法规和市场准入制度规定的，即不予许可。因此，企业的质量保证条件和生产经营行为对产品质量的影响同样重要。市场准入实行以条件审查为主，以行为审查为辅的原则，对确有证据表明企业行为违反有关法律法规规定的，不予许可。

五、安全性审查原则

安全性审查原则是压力锅产品市场准入制度自身的特有原则。其含义是市场准入的审查重点是涉及安全、健康的问题。在准入审查内容上，要重点围绕保证产品安全的项目进行设定。

第五节　压力锅产品市场准入制度的主要内容

压力锅产品市场准入制度的主要内容是指组织落实该项制度的一系列具体措施的总称。根据《中华人民共和国产品质量法》(以下简称《产品质量法》)、《管理条例》等法律法规的规定，压力锅产品市场准入制度由 4 项制度组成即生产许可制度、强制检验制度、市场准入标志制度和监督检查制度。

一、生产许可制度

生产许可制度，是指行政部门通过对压力锅产品生产企业的生产和检验条件的审查以及对产品检验等的评定，同意其从事生产的行政管理制度。根据生产许可制度的规定，凡从事压力锅产品生产加工的公民、法人或其他组织，必须具备保证产品质量安全的基本生产和检验条件，其产品必须符合规定的质量安全要求，并按规定程序获得压力锅产品生产许可证，方可从事压力锅产品的生产。没有取得压力锅产品生产许可证的企业不得擅自组织生产；没有取得压力锅产品生产许可证的企业，也不得接受他人委托为他人或其他组织生产压力锅产品。凡违法擅自生产食品用纸包装、容器等制品的，一经查处即依法予以处理。

二、强制检验制度

强制检验制度是指行政管理部门为保证压力锅产品的质量安全，要求企业在产品生产许可申报、产品出厂或产品发现问题时，必须按规定自行检验或送政府部门指定的产品质量检验机构进行检验，以确认产品是否安全和合格的管理制度。这是企业必须履行的法律义务。产品未经检验或经检验不合格的一律不准出厂销售。

强制检验形式主要有企业产品出厂检验、产品质量安全评价检验、比对检验以及执法性抽查检验等。

三、市场准入标志制度

市场准入标志制度是指获得生产许可证的企业生产的压力锅产品出厂销售时必须加印(贴)市场准入标志——“QS”标志，没有加贴“QS”标志的不准进入市场销售。“QS”标志由“质量安全”英文(Quality Safety)字头“QS”和中文“质量安全”字样组成。标志的尺寸可以根据需要，按比例自行缩放，但不能变形、变色。

取得生产许可证的企业，应当自准予许可之日起 6 个月内，完成标注生产许可标志和编号。生产许可证编号标注于产品或者包装、说明书上，生产许可标志(QS)具体标注位置按产品实施细则的规定。根据产品特点难以标注和裸装产品，可以不标注生产许可标志和编号。

“QS”标志属于质量标志，实行标志管理制度，其作用主要有 3 个方面：一是表明本产品取得生产许可证，二是表明本产品经过出厂检验，三是企业明示本产品符合产品质量安全基本要求。加贴“QS”标志有利于为企业创造良好的公平竞争市场环境，有利于消费者识别合格产品，有利于保护消费者的合法权益。

四、监督检查制度

徒法不足以自行。为保证上述制度的贯彻执行，对准入制度实施所涉及的有关主体以及对象，还应配套制订监督检查制度。主要包括：

1. 对获证企业监督管理

根据《管理条例》规定，对获证企业的监督管理包括日常监督、定期监督检查、年度报告审查等。日常监督由县级以上许可证管理部门负责，主要通过巡查，并对企业存在的不符合必备条件的问题改进情况实施回访。同时，根据不同类型发证产品的特点，对发证产品定期进行监督检查。在监督检查中发现产品存在质量安全问题、企业不能持续满足生产合格产品必备条件的获证企业，要书面通知企业限期整改。为督促企业持续稳定地保持必备生产条件，对获证企业还要开展年度报告审查工作。年度报告审查要根据企业等级不同分别采取书面审查、生产条件现场审查等不同方式，重点核实企业的生产条件是否发生变化，有无质量事故等，对不符合要求的企业要依法进行处理，确保生产许可工作的有效性。

2. 无证查处

《管理条例》规定任何企业未取得生产许可证，不得生产列入目录的产品。任何单位和个人不得销售或者在经营活动中使用未取得生产许可证的产品。生产许可证管理部门按照条例赋予的调查权、查阅权、扣押权、封存权，严格实施无证查处，并报请当地政府组织有关部门依法取缔违法企业，从源头上彻底根除无证非法生产。

3. 对发证监管部门的监督

按照权责一致的原则，建立健全审查、检验、发证等各个环节的岗位责任制度，严格实行过错责任追究制度。通过实行过错责任追究，强化责任意识，严防照顾情面、降低标准、搞地方保护和突击发证。对工作中出现严重违法、违纪、违规行为的，要追究主要责任人、直接责任人的责任，以及管理部门的责任。

4. 对审查机构的监督

对审查机构的监督主要通过对审查材料的审查、对实地核查企业的抽样复查、根据群众举报进行检查等方式进行。重点检查审查工作质量、工作效率和工作纪律三个方面。对不按照《实施细则》规定的要求实施审查，以及在审查中故意刁难企业、吃拿卡要等违法违纪现象，要严肃追究有关人员责任。

5. 对发证检验机构的监督

生产许可证管理部门应对发证检验机构实施监管，通过查阅检验报告、组织开展比对试验、查处违规违纪行为等手段，切实加强对检验机构的监督管理，确保生产许可证检验工作的科学、公正和高效。

考试大纲与练习题

一、考试大纲

1. 学习目的与要求

通过学习压力锅产品市场准入制度的基本知识和相关理论，掌握和理解市场准入制度的概念、实施压力锅产品市场准入制度的目的、指导思想、作用、主要内容和基本原则。

2. 考核知识点与考核要求

掌握市场准入制度概念，熟悉压力锅产品市场准入的目的、作用、主要内容和基本原则。

二、练习题

1. 简述压力锅产品市场准入制度的概念。
2. 简述实施压力锅产品市场准入制度的目的和作用。
3. 简述实施压力锅产品市场准入制度的主要内容。
4. 简述实施压力锅产品市场准入制度的基本原则。
5. 简述强制检验制度的内容。

第二章 压力锅产品市场准入制度的管理体制

第一节 管理体制概述

压力锅产品市场准入工作的管理体制由行政管理部门、审查机构和检验机构组成。承担具体工作的人员有各级政府办事人员、生产许可核查人员(包括注册审查员、注册高级审查员和技术专家)。

1. 国家质检总局和各级质量技术监督局

根据《行政许可法》的规定,只有行政机关或法律法规授权的具有公共事务职能的组织才能实施行政许可。根据《管理条例》的规定,质检部门统一负责生产许可管理工作。因此,质检部门是负责管理、监督实施压力锅产品行政许可的主管部门,承担组织市场准入工作的主要责任。国家质检总局根据《行政许可法》和《管理条例》的要求,统一管理压力锅产品的生产许可工作。

省级质量技术监督局负责本行政区域内压力锅产品生产企业生产许可申请的受理;汇总企业申请及审查材料以及生产许可的监督和管理工作。

县级以上质量技术监督局负责本行政区域内压力锅产品生产许可的监督检查工作。

2. 全国工业产品生产许可证审查中心

由国家质量监督检验检疫总局设立的全国工业产品生产许可证审查中心(以下简称全国许可证审查中心),作为专门落实国家质检总局生产许可有关工作的办事机构。压力锅产品市场准入的具体工作由全国许可证审查中心按照国家质检总局的委托和要求具体开展。

3. 审查机构

压力锅产品生产许可审查机构由国家质检总局专门发文指定,对国家质量监督检验检疫总局负责。审查机构负责组织或配合组织起草《压力锅产品生产许可实施细则》;跟踪产品国家标准、行业标准以及技术要求的变化,及时提出修订、补充产品实施细则的意见和建议;组织对企业进行实施细则宣贯;培训生产许可审查员和审查组长;组织企业实地核查;汇总审查上报材料等工作。

4. 检验机构

在市场准入审查中,要对申请准入的压力锅产品质量进行检验,检验合格是获得准入

的必要条件。国家质检总局专门发文指定压力锅产品生产许可检验的检验机构，赋予相应资质，开展生产许可发证检验、强制检验、与企业的检验能力比对工作。

5. **工作人员**

参与市场准入工作的具体工作人员，主要指生产许可受理人员、核查人员和监督管理人员。核查人员包括注册审查员、注册高级审查员和技术专家，由以上人员组成审查组，对申请准入的企业开展实地核查工作。只有经过审查机构组织的统一培训并考试合格的人员，才能成为生产许可核查人员。

第二节 行政管理部门

一、国家质量监督检验检疫总局

国家质量监督检验检疫总局在压力锅产品市场准入工作中的职责主要有：

1. 根据《管理条例》等有关规定，组织市场准入工作的贯彻实施。
2. 制定并发布《实施细则》。
3. 设立压力锅产品生产许可审查机构。
4. 指定承担压力锅产品生产许可检验任务的检验机构。
5. 对生产许可申请事项作出是否准予许可的决定，对符合条件的企业颁发证书。
6. 公布获证企业名录。
7. 对生产许可证工作机构及其工作人员进行监督管理。
8. 对压力锅产品生产许可证制度的实施情况进行监督管理。
9. 建立压力锅产品生产许可证信息管理体系。
10. 受理生产许可证工作的有关投诉，处理生产许可证有关争议事宜。

二、省、自治区、直辖市质量技术监督局

省、自治区、直辖市质量技术监督局(以下简称省级质量技术监督局)负责本行政区域压力锅产品的生产许可监督和管理工作。主要职责为：

1. 负责受理企业的压力锅产品生产许可申请。
2. 负责对压力锅产品获证企业的监督管理。
3. 负责对企业的违法行为进行查处。
4. 配合国家质量监督检验检疫总局建立健全压力锅产品市场准入信息管理体系。
5. 协助国家质量监督检验检疫总局对压力锅产品生产企业审查工作进行监督检查。
6. 承担国家质量监督检验检疫总局交办的其他事项。

三、全国许可证审查中心

国家质量监督检验检疫总局设立全国许可证审查中心，作为国家质检总局生产许可的办事机构，承担压力锅产品市场准入的相关工作。主要职责有：

1. 研究起草压力锅产品市场准入工作文件。

2. 审核、汇总压力锅产品审查机构报送和申报材料。

3. 打印和寄送压力锅产品生产许可证书。

4. 负责组织实施对企业审查工作的抽查。

5. 管理压力锅产品市场准入工作资料和档案。

6. 协助国家质量监督检验检疫总局开展压力锅产品市场准入信息管理体系建设。

7. 完成国家质量监督检验检疫总局交办的其他事项。

第三节　审 查 机 构

压力锅产品生产许可审查机构是国家质量监督检验检疫总局批准设立的压力锅产品技术审查机构。

一、审查机构的主要职责

1. 接受国家质检总局的委托，组织或参与起草《实施细则》。

2. 跟踪压力锅产品国家标准以及技术要求的变化，及时提出修订、补充《实施细则》的意见和建议。

3. 组织对《实施细则》的宣贯。

4. 审查、汇总申请取证企业的有关材料。

5. 负责培训、推荐注册、聘用和监督管理生产许可核查人员。

6. 负责生产许可的抽查。

7. 配合建立健全市场准入信息管理体系。

8. 完成国家质量监督检验检疫总局食品生产监管司交办的其他事项。

审查机构是生产许可的技术机构，不具备行政管理职能。

二、审查机构的基本条件

1. 有健全的管理制度和有效的运行机制。

2. 有开展压力锅产品审查工作相适应的工作人员。

3. 有掌握生产许可证工作的有关法律法规和规定、了解生产许可证的工作机制和程序的工作人员。

4. 有了解压力锅产品的行业状况和国家产业政策的工作人员。

5. 有适宜的办公场所和办公设施。

6. 无从事压力锅产品生产、销售、监制、监销的行为。

三、审查机构的监管

国家质量监督检验检疫总局负责审查机构的监管工作。审查机构在从事生产许可工作时，不得有以下行为：

1. 不按规定期限完成审查工作。
2. 出具虚假审查结论。
3. 擅自增加实施细则以外的其他条件。
4. 不向企业说明企业有权选择有资质的检验机构送样检验。
5. 从事或者介绍企业进行生产许可有偿咨询。
6. 向企业推销生产设备、检验设备或者技术资料。
7. 聘用未取得相应资质的人员从事企业实地核查工作。
8. 妨碍企业正常生产经营活动,索取或收受企业财物。
9. 违反法律法规和规章的其他行为。

第四节 检 验 机 构

压力锅产品生产许可检验机构是国家质量监督检验检疫总局指定的承担压力锅产品生产许可产品检验任务的检验机构。国家质量监督检验检疫总局负责对检验机构的监管工作,包括对机构和人员的检验资质进行监督;对检验工作的科学性、公正性、时效性进行监督;对检验过程、记录和结果进行监督和必要的抽查复核。压力锅产品审查机构负责对检验机构的技术规范提出要求。

一、检验机构的职责

根据《管理条例》、《实施办法》以及《实施细则》的规定,检验机构主要的职责有:

1. 生产许可发证检验。对企业实地核查结果合格的,应当及时进行产品抽样检验,抽封样品 7 日内送达具有生产许可产品检验资格的检验机构,进行发证检验。

2. 企业试生产产品的检验。企业自其申请受理之日起可以试生产所申请取证的产品。企业试生产的产品,必须经国家质检总局指定的检验机构,依照《实施细则》规定批批检验。检验合格方可销售。

3. 企业日常生产中的委托检验。企业出厂检验项目不得委托检验,部分关键控制项目无检验能力的企业,应委托有资质的质检机构,每三个月至少进行一次关键控制项目检验,检验机构应当向企业出具《检验报告》。

4. 定期比对检验。根据《实施细则》的规定,企业获证后,应当对《实施细则》中规定的关键控制项目进行检验。企业具备关键控制项目检验能力的,自行检验,并每半年与国家质检总局指定的检验机构进行检验比对一次,检验机构向企业出具《检验比对报告》。

5. 加严检验。质量技术监督部门对出现严重质量问题的压力锅产品,或者在监督抽查、定期监督检查、年审、换证检查中发现达不到规定要求的压力锅产品,应当进行加严检验,并书面通知该企业。质量技术监督部门指定具备发证检验或者定期监督检验资格的质检机构,在 30 日内 3 次随机抽取该企业产品,对不合格项目(需要时加关联项目)进行检验。3 次检验均合格后不再进行加严检验。如果不合格继续发生,直至连续 3 次检验合格为止。

二、检验机构应具备的条件及确定原则

压力锅产品生产许可检验机构必须按照国家法律、行政法规的规定通过计量认证、审查认可或实验室认可，并经国家质检总局食品生产监管司指定后，方可承担压力锅产品生产许可检验任务。指定检验机构时应考虑下列因素：

1. 满足检验机构的基本条件。
2. 压力锅产品生产企业的数量、规模、区域分布。
3. 压力锅产品生产许可审查机构的意见。
4. 核实情况。

三、检验机构的监管

检验机构应当依照国家标准和要求进行产品检验，检验人员应当客观、公正、及时地出具检验报告，在规定时间内完成检验工作，质量检验报告经检验人员、复核人员签字后，由检验机构负责人或者其授权人员签署。检验机构和检验人员对质量检验报告负责。

检验机构在从事检验工作时，不得有下列行为：

1. 不按照实施细则规定的标准、要求和方法开展检验工作。
2. 伪造检验结论或者出具虚假检验报告。
3. 从事与其指定检验任务相关的产品的生产、销售活动，或者以其名义推荐或者监制、监销相关产品。
4. 从事或者介绍企业进行生产许可的有偿咨询。
5. 超标准收取检验费用。
6. 违反规定强行要求企业送样检验。
7. 违反法律法规和规章的其他行为。

第五节　生产许可核查人员和审查员教师

压力锅产品生产许可证核查人员（以下简称核查人员）是指在实施压力锅产品市场准入制度过程中，从事企业实地核查的人员，主要对企业生产必备条件是否符合《实施细则》的要求，是否具备持续生产合格产品能力进行实地核查。核查人员包括注册审查员（以下简称审查员）、注册高级审查员（以下简称高级审查员）和技术专家。

核查人员掌握着生产企业能否获得生产许可的第一手材料，核查人员素质的高低，决定着对企业实施实地核查工作的科学公正性，关系到国家和人民的切身利益。因此，核查人员须经培训、考核合格，取得核查人员资格，方可从事相应的核查工作。

一、核查人员的职责

1. 贯彻执行压力锅产品生产许可相关政策、法规和规章制度。
2. 受审查机构的委托，参加生产许可企业实地核查及获证企业的监督抽查工作。

3. 服从国家质检总局的领导，接受社会各界的监督，严格遵守各项廉政纪律。

4. 服从用人单位的管理，不得擅自变更用人单位交办的审查任务。

5. 审查员在从事企业实地核查工作中，有向上级管理部门提出意见和建议以及申诉的权利。

6. 承担审查机构交办的其他相关工作。

二、核查人员的种类

（一）审查员

1. 审查员培训

审查机构组织审查员培训工作时，经国家质量监督检验检疫总局审核确认后举办审查员培训班。拟从事生产许可企业实地核查工作的人员，可向审查机构提出申请，经审查合格，可以参加审查机构举办的审查员培训班。参加培训的人员应符合以下条件：

（1）年龄在65周岁（含65周岁）以下；

（2）大专（含大专）以上学历或中级（含中级）以上技术职称；

（3）熟悉相关产品生产工艺、产品质量标准和质量管理体系；

（4）从事质量工作满5年。

2. 审查员注册

审查员注册设置“生产许可注册审查员”和“生产许可注册高级审查员”两个级别。

培训合格、申请审查员注册的人员，可向审查机构申请审查员注册。审查机构材料进行确认审核，报国家质检总局批准后，予以注册。全国许可证审查中心负责打印审查员证书和胸卡，并颁发审查员证书。

审查员证书有效期为3年，期满应及时换证。核查人员不得持过期证件、胸卡从事企业的实地核查。审查员申请换证应符合以下条件：

（1）年龄在65周岁（含65周岁）以下；

（2）在证书有效期内至少完成6次相关产品生产许可企业实地核查；

（3）每年至少参加15 h相关产品生产许可工作培训；

（4）遵守审查员行为规范，无违法违规行为。

符合换证条件的审查员在期满前3个月向审查机构申请换证。审查机构对符合换证条件审查员的上述材料确认审核，报国家质量监督检验检疫总局批准后，由全国许可证审查中心负责打印审查员证书和胸卡，并颁发审查员证书。

（二）高级审查员

审查员可晋升为高级审查员。高级审查员应具备丰富的核查经验、较强的应变能力和组织协调能力，精通相关的法律法规和产品实施细则，在从事企业实地核查中起到骨干带头作用。

1. 高级审查员面试

审查员可向审查机构提出晋级申请并符合以下条件：

(1) 年龄在65周岁(含65周岁)以下；

(2) 在注册证书有效期内，至少完成10次相关产品生产许可企业实地核查并担任审查组长6次以上；

(3) 每年至少参加20 h相关产品生产许可工作培训；

(4) 遵守审查员行为规范，无违法违规行为。

审查机构将符合晋级条件审查员的上述材料确认审核，由国家质检总局统一命题、统一组织面试，面试合格颁发面试合格证书。

2. 高级审查员注册

审查员晋级面试合格后可向审查机构申请注册。审查机构对申请晋级人员的申请材料确认审核，经国家质量监督检验检疫总局批准后，予以注册，全国许可证审查中心负责打印高级审查员证书和胸卡，并颁发高级审查员证书。高级审查员证书有效期为3年，有效期满应及时申请换证。核查人员不得持过期证件、胸卡从事企业的实地核查。高级审查员申请换证应符合以下条件：

(1) 年龄在65周岁(含65周岁)以下；

(2) 在证书有效期内至少完成6次相关产品生产许可企业实地核查；

(3) 每年至少参加15 h相关产品生产许可工作培训；

(4) 遵守审查员行为规范，无违法违规行为。

高级审查员在证书有效期内，满足前款规定条件，可换发高级审查员证书，证书有效期仍为3年。

(三) 技术专家

为了保证核查工作质量，解决专业技术难题，必要时，审查机构可指派一名技术专家参加企业实地核查工作，为核查组提供相关的专业知识和技术咨询，协助核查组开展企业实地核查工作。但技术专家不参与审查结论的决策。

技术专家在从事企业实地核查咨询期间的住宿、差旅及劳务费，由使用单位支付。

申请技术专家资格的人员应符合以下条件：

(1) 大学本科(含大学本科)以上学历或高级技术职称；

(2) 从事相关专业工作满10年；

(3) 精通专业知识并属于相关领域的技术权威。

审查机构对备案申请材料确认后，经国家质量监督检验检疫总局批准，予以备案并发放技术专家胸卡。

(四) 观察员

为保证实地核查工作的顺利、公正进行，实行观察员制度。观察员由被核查企业所在地省级质量技术监督局委派，人数为1名。

三、核查人员的管理

（一）核查人员的聘用

在聘用审查员时，用人单位应事先征得审查员的同意，并与本人签订《合作协议书》。该《合作协议书》中要写明用人单位与被聘用审查员双方的责任、义务以及审查员人身意外伤害保险等有关事宜。

各级审查员的使用均由压力锅产品审查机构按规定选派。

对被核查企业有亲属或直接利益关系的审查员，在选派时应采取回避的原则。

审查员与用人单位发生争议时，由省级质量技术监督局负责协调。涉及法律的，按法律程序解决。

（二）核查人员行为规范

1. 坚决贯彻执行国家的方针政策，服务经济建设大局。
2. 依法行政，严格执行法律、法规和规章制度。
3. 爱岗敬业，有强烈的事业心、责任感。
4. 恪尽职守，有计划、有部署、有检查、有落实、严格执行请示汇报制度。
5. 认真学习、努力实践、不断提高写作能力、语言表达能力和专业技术能力等业务素质。
6. 廉洁正直，不以权谋私、假公济私、贪赃枉法；不刁难企业、妨碍企业的正常经营；不借办事之机，吃、拿、卡、要、报。
7. 精神饱满、热情服务、谦虚谨慎、文明待人，不推诿、扯皮、拖沓、应付，树立生产许可工作人员良好的形象。
8. 严格遵守职业道德，保守秘密。

（三）核查人员证书

注册人员证书是核查人员从事企业实地核查时证明其具备核查人员资质的有效证件，核查人员在从事企业实施核查时应主动向企业出示有效证件并佩戴胸卡，企业有权拒绝无证、无卡人员进行实地核查。

注册证书持有者应当妥善保管证书，证书遗失或者损毁，应当及时向省级质监局或审查机构提出补领申请。

四、审查员教师

审查员教师是指承担压力锅产品生产许可审查员培训班授课任务的人员。审查员教师必须经过培训、考试合格取得相应的资质后，方可从事审查员培训班的授课工作。压力锅产品生产许可审查员教师由国家质量监督检验检疫总局实施统一培训与注册管理。审查机构受国家质量监督检验检疫总局的委托，承担审查员教师的培训、注册和日常管理工作。

（一）审查员教师的职责

1. 宣传、贯彻生产许可有关政策、法规、规定。

2. 受国家质检总局委派，完成规定的授课任务。

3. 服从国家质检总局的领导，接受社会各界监督，严格遵守各项廉政纪律。

4. 审查员教师在从事培训工作中，有向各级生产许可工作管理部门提出有关意见和建议的权利。

5. 承担国家质检总局委托的其他相关工作。

（二）审查员教师培训

审查机构负责推荐符合条件的人员参加培训。参加审查员教师培训应具备下列条件：

（1）本科（含本科）以上历或副高级（含副高级）以上技术职称；

（2）从事质量工作满 5 年；

（3）具有生产许可高级审查员资质。

审查机构对申请人员进行培训，经考核合格颁发《考试合格证书》。

（三）审查员教师注册

经审查员教师培训并考试合格的人员应向审查机构提出注册申请，经审查机构审核后报国家质量监督检验检疫总局批准后，予以注册。全国许可证审查中心负责打印和颁发审查员教师证书。

审查员教师证书有效期为 3 年，期满换证。申请人应在期满前 3 个月向审查机构提出换证申请。申请换证的人员应符合以下条件：

（1）在注册证书有效期内至少完成 64 h 审查员培训的授课工作；

（2）在注册证书有效期内至少参加 48 h 相关产品生产许可工作培训；

（3）高级审查员证书在有效期内；

（4）无违法违规行为。

（四）审查员教师管理

1. 日常工作

审查员教师的使用采取以各培训承办单位自主选择授课教师为主，国家质检总局派遣授课教师为辅的方式。

用人单位应按有关规定为授课教师提供相关的服务和劳务报酬。

授课教师与用人单位发生争议时，由审查机构协调。涉及法律的事项，按法律程序解决。

教师授课结束后，由学员填写《教师授课质量反馈表》，审查机构负责汇总、备案。

2. 资格的暂停与注销

凡出现下列情况之一者，视情节轻重给予暂停六个月或注销其审查员教师资格的处置：

（1）无故不服从使用单位选择或不服从国家质量监督检验检疫总局选派授课；

（2）不履行教师职责，无故违约不按期授课；

（3）违反考试纪律，故意泄露考题或协助考生舞弊；

（4）无特殊情况在注册有效期内从未授课或考核不合格；

（5）因本人健康或其他原因不能继续从事授课工作；

（6）对受到暂停处置的教师，在暂停期间对其过错行为认识深刻，并认真纠正的，可在暂停期结束后，由本人提出恢复注册申请，经国家质量监督检验检疫总局食品生产监管司批准，予以恢复注册；

（7）凡受到2次以上（含2次）暂停处置的，其资格予以注销；

（8）对于受到注销处置的教师，不得再次申请注册；

（9）凡符合暂停、恢复注册和注销条件的，均由用人单位报全国许可证审查中心审核，经国家质量监督检验检疫总局批准，并书面通知本人。

考试大纲与练习题

一、考试大纲

1. 学习目的与要求

通过学习压力锅产品市场准入制度管理体制的基本知识和相关理论，了解压力锅产品市场准入制度的管理体制、各职能部门的职责，各类工作人员的工作分工。

2. 考核知识点与考核要求

了解压力锅产品市场准入制度的管理体制，掌握各职能部门的职责以及各类工作人员的工作分工。

二、练习题

1. 简述审查机构的职责。
2. 简述检验机构的职责和应具备的条件。
3. 简述生产许可核查人员的职责。
4. 简述生产许可核查人员的行为规范。

第三章 压力锅产品生产许可实施程序

行政许可的实施程序是指行政许可的实施机关从受理行政许可申请到作出准予或不准予、中止、撤销、撤回行政许可等决定的步骤、方式和时限的总称。在《实施细则》中明确地规定了实施程序，严格规范了各级质检部门行政许可行为，坚决依法行政，防止滥用权力。

按照相关法律法规及《实施细则》的规定，压力锅产品生产许可证的发证工作主要分为以下 8 个环节：申请与受理、实地核查、产品检验、材料审核汇总、复核决定、证书发放、公告、变更及延续。具体流程图如下。

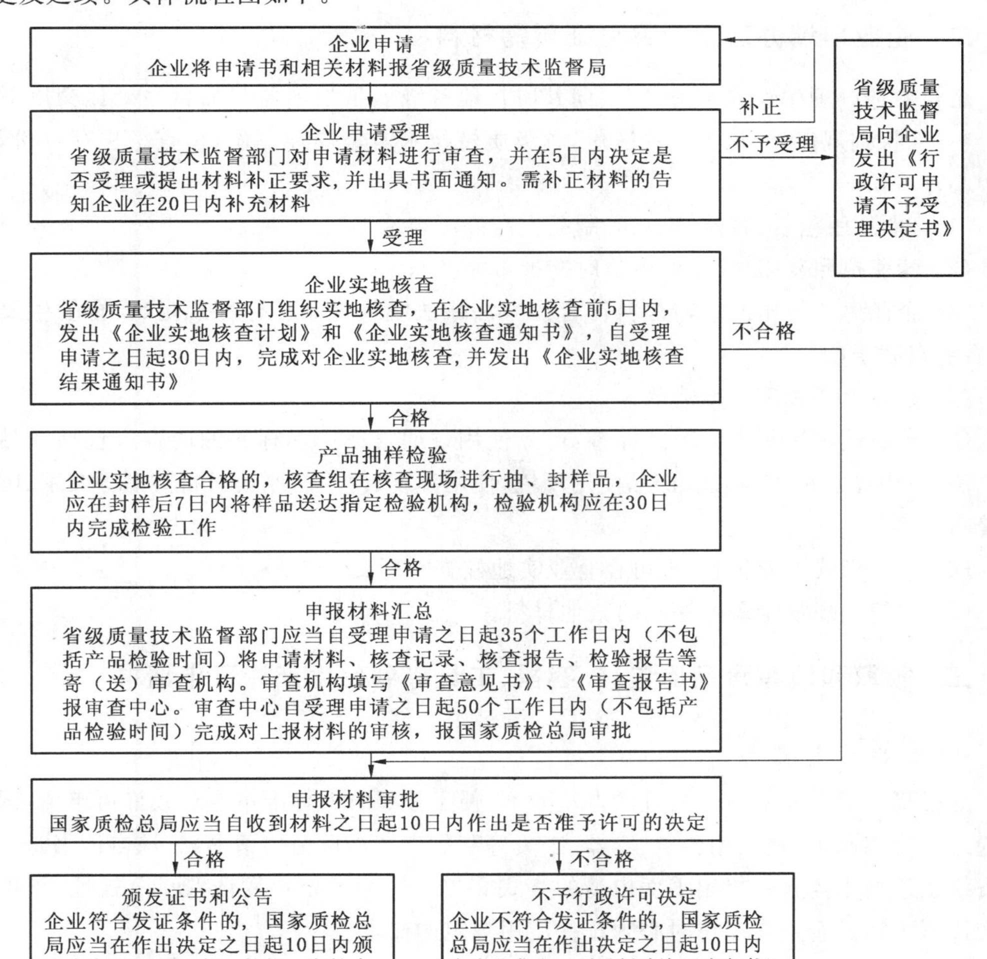

第一节　企业申请

一、申请压力锅产品生产许可的企业应当具备的条件

1. 有营业执照。营业执照的经营范围应当覆盖所申请生产或加工的产品。

2. 有与所申请生产的产品相适应的专业技术人员。

3. 有与所申请生产的产品相适应的生产条件和检验手段。

4. 有与所申请生产的产品相适应的技术文件和工艺文件。

5. 具有健全有效的企业质量管理制度和产品质量责任制度。

6. 产品质量符合国家标准、行业标准以及保障人体健康和人身、财产安全的要求。

7. 法律、行政法规有其他规定的，还应当符合其规定。

二、企业申请办理生产许可证所需材料

企业申请办理生产许可证，应当向其所在地省级质量技术监督局食品处提交以下申请材料（除特别规定外，均为一式三份，省级质量技术监督局存一份，审查机构存一份，审查中心存一份）：

（1）《食品用包装、容器、工具等制品生产许可申请书》；

（2）营业执照复印件（企业申请时需携带原件）；

（3）企业生产使用的原辅材料符合国家法律法规及强制性标准规定、安全卫生要求的《企业自我声明》；

（4）企业生产管理制度清单；

（5）产品使用说明书或产品标签：产品使用说明书或产品标签的内容应包括产品使用方法、使用注意事项、用途、产品使用环境、使用温度、使用的原辅材料类型等文字、图示及警示内容。

（6）产品型式检验报告（也可在企业实地核查时提交）；

（7）法律法规规定需要提交的其他材料。

三、领取和填写食品用包装、容器、工具等制品生产许可申请书

（一）领取申请书

为提高行政机关对行政处理的办事效率，便于按照统一标准审查行政许可申请，国家质检总局特编制了《食品用包装、容器、工具等制品生产许可证申请书》。该申请书是企业向省级质量技术监督局提出书面申请的格式文本。适用于企业发证、换证、迁址、扩项的生产许可申请。企业在申请时必须统一使用规定的文本。

压力锅产品生产许可证申请书文本，企业可以从当地省级质量技术监督局领取，也可以从相应的网站上下载。

（二）填写申请书

食品用包装、容器、工具等制品生产许可证申请书格式文本包括：封面、申请企业基本情况，申报产品基本情况，企业主要负责人和技术人员情况，主要生产设备、工艺装备明细，主要原、辅材料产品明细和供应方目录，主要检测仪器、设备明细，主要工艺流程及关键控制点，集团公司所属企业明细等内容。

申请书必须打印或用钢笔填写，字迹应清晰整齐。每个栏目均应填写，所填内容如产量、销售额、固定资产、设备规格型号等要准确、真实，不得虚假。对已填报项目确需更改时，要重新填报，不得涂改。每份申请书均应盖章。

凡申请书填写不符合要求的，省级质量技术监督在受理申请时，应要求企业补正；凡企业隐瞒或提供虚假材料，一经查实，将不予受理，并依照法律法规从严处理。

1. 申请书封面的填写

《食品用包装、容器、工具等制品生产许可证申请书》封面的填写，应注意以下几点：

(1) 产品类别：填写列入工业产品生产许可证产品目录的产品名称，即“压力锅”；

(2) 产品名称：填写《实施细则》中规定的产品名称，即“不锈钢压力锅”、“铝压力锅”；

(3) 企业名称：填写企业营业执照上的注册名称，并加盖公章；

(4) 联系电话：填写有效的企业联系电话；

(5) 联系人：填写企业负责办理申请生产许可证的工作人员姓名；

(6) 申请类别：根据企业申请的情况分别在发证、迁址、增项、其他后面的“□”中打“√”，集团公司增加所属单位在“增项”后面的“□”中打“√”；

(7) 申请日期：填写企业的实际申请日期，用中文数字填写，如：“二零零六年六月六日”。

2. 申请企业基本情况的填写

企业填写申请书中的申请企业基本情况，应注意以下几点：

(1) 企业名称、住所、经济类型等：应与企业营业执照上的注册名称、住所、经济类型等相一致；

(2) 生产地址：填写申请企业实际生产场地的详细地址，要注明省(自治区、直辖市)、(地)、区(县)、路(街道、社区、乡、镇)、号(村)等；

(3) 邮政编码、电话、传真、电子邮箱等应按企业实际情况填写；

(4) 组织机构代码：按组织机构代码证填写；

(5) 营业执照注册号：用阿拉伯数字填写企业营业执照上的注册编号；

(6) 成立日期：与营业执照的注册日期相同；

(7) 经营期限：与营业执照的规定相同；

(8) 固定资产：按企业实际情况填写；

(9) 注册资金：同营业执照；

(10) 法定代表人：应与企业营业执照一致；

（11）联系人：同封面；

（12）从业人员总数、专业技术人员数：按企业实际填写；

（13）年总产值、年销售额、年缴税总额等经济指标，均填写上一年度实际完成情况；实际生产时间未满一年的企业，该三项指标可不填写；

（14）其他需要说明的情况。

3. 申报产品基本情况的填写

企业填写申请书中的申报产品基本情况，应注意以下几点：

（1）项目总投资：项目总投资额；

（2）年设计生产能力：年设计生产数量；

（3）产品单元、产品品种：按照《实施细则》的规定填写；

（4）产品标准：填写：GB 15066—2004 或 GB 13623—2003；

（5）申报类别：同封面。

4. 企业主要负责人和技术人员情况的填写

企业填写申请书中的企业主要负责人和技术人员情况，应注意以下几点：

（1）企业主要负责人和技术人员指与生产该产品有直接关系的人员，主要包括企业主要负责人（包括企业法定代表人和个体负责人）、负责产品开发设计、生产、工艺、采购、设备管理、检验等主要人员；

（2）职务栏：一般应填写担任的行政职务，如总经理、总工程师、车间主任等；

（3）职称栏：一般按工程技术人员职称资格证书填写；

（4）工作年限：从事本岗位工作的年限；

（5）工作岗位：一般按其所在的部门或岗位填写。

5. 主要生产设备、工艺装备明细的填写

企业填写申请书中的主要生产设备、工艺装备明细，应注意以下几点：

（1）名称：对照《实施细则》要求，填写企业实际具备的生产设备、工艺装备，一般应按生产工艺流程的顺序填写，填写设备名称时不得填写俗名和别名；

（2）规格型号：指设备的铭牌、说明书中标明的尺寸、规格、等级等；

（3）数量：按企业实际所配备的生产设备、工艺装备的数量填写；

（4）完好状态：指设备的完好程度，一般分为完好或按照设备、工艺装备的实际状态填写；

（5）使用场所：指生产设备、工艺装备实际使用的场所或工序，如某车间、某工序等；

（6）生产厂及国别：对国产设备，填写生产企业的全称；对进口设备，填写制造国家及公司名称；对自己制造的设备，填写“自制”；

（7）生产日期：按设备的铭牌、合格证或说明书中标明的生产日期填写；

（8）购置日期：按设备台账中设备购进日期填写；自制设备按设备档案中竣工日期填写。

6. **主要原、辅材料产品明细和供应方目录的填写**

企业填写申请书中的主要原、辅材料产品明细和供应方目录，应注意以下几点：

(1) 名称、规格型号：按所采购的原、辅材料对应的产品标准规定的名称、规格型号填写；

(2) 年需要量：每年实际需要使用的数量；

(3) 标准名称和编号：指所使用原、辅材料执行的标准名称和编号。所采用的标准可以是国家标准、行业标准或企业标准，标准版本应现行有效；

(4) 供应方目录：填写原、辅材料生产厂家的全称。使用的原、辅材料是已列入生产许可证管理范围的产品，必须采用已获证企业的产品。

7. **主要检测仪器、设备明细的填写**

企业填写申请书中的主要检测仪器、设备明细，应注意以下几点：

(1) 名称：对照《实施细则》的要求，填写企业在出厂检验中需要的检测仪器、设备，填写设备名称时不得填写俗名和别名；

(2) 规格型号：按检测仪器、设备的规格型号填写；

(3) 精度等级：按检测仪器、设备的精度等级填写；

(4) 数量：按企业实际所配备的检测仪器、设备的数量填写；

(5) 完好状态：按检测仪器、设备的检定状态填写；

(6) 使用场所：按检测仪器、设备的实际使用场所填写；

(7) 生产厂国别、生产日期、购置日期：同生产设备。

8. **主要工艺流程和关键控制点的填写**

企业应按申报产品的情况填写主要工艺流程图，并标明实际生产需要设置的关键控制点和参数。

9. **集团公司所属单位明细的填写**

企业填写申请书中的集团公司所属单位明细应注意：

(1) 所属单位名称：填写与集团公司一起申请办理生产许可证的所属单位名称；

(2) 与集团公司关系：填写子公司、分公司、生产基地及其他情况。

（三）其他申请材料

对申请书以外的其他申请材料，企业应对照《实施细则》的要求认真、及时准备，并注意证照的有效性、合法性，以免因贻误取证时间而造成损失。

四、提交申请

根据属地管理的原则，企业应当向其所在地的省级质量技术监督局提出申请。申请书可以采用送达方式提交，有条件的也可以通过电子邮件等方式提交。申请书均为一式三份，省级质量技术监督局存一份，审查机构存一份，全国许可证审查中心存一份。

第二节 申请受理

受理是指行政机关经过对公民、法人或其他组织提出的申请进行形式审查后，认为其行政申请事项属于本行政机关职权范围，申请材料齐全、符合法定形式，或者申请人按照本行政机关的要求提交全部补正申请材料的，而对其申请予以接受的行为。

一、企业申请材料的审核内容

对企业申请材料进行书面审查，是决定受理企业申请以及保证实地核查工作顺利进行的关键环节。因此，受理许可申请的省级质量技术监督部门要对申请材料进行认真、严格的审查。

申请材料书面审查只对企业提交的申请材料目录及材料的格式进行审查，主要包括企业申请材料的完整性、准确性和有效性。完整性是指规定的材料是否均已提供；准确性是指申请材料的填写内容是否准确；有效性是指企业提供的相关材料是否合法有效。具体可从以下方面进行审查：

(1) 企业申请取证产品是否确属生产许可证目录中的产品；

(2) 是否按《实施细则》的要求提供完整的申请材料，包括材料的种类和数量；

(3) 填写的企业名称与企业公章、企业营业执照名称、相关附件中的名称等是否一致；

(4) 企业营业执照中的经营范围应包含申请取证产品，营业执照应经过年检且在有效期内；

(5) 产品型式检验报告是否由指定的具有资质的检验机构出具，并在有效期内(一年内)；

(6) 法律法规要求申请生产许可证企业应提供各类证明如环保等证明是否齐全；

(7) 企业申请取证产品是否符合《实施细则》规定的其他特殊要求；

(8)《实施细则》要求具备的其他资料是否齐备。

经审核，经办人应在申请书“省、自治区、直辖市质量技术监督局受理申请意见”栏中签署意见，并签字盖章。

二、企业申请材料的处理

省级质量技术监督部门在对企业申请材料进行审核后，应根据具体情况作出以下三种处理：

(一) 予以受理

经审查，企业材料符合要求的，应当受理申请，受理申请的质量技术监督部门应在收到申请材料之日起 5 日内向企业发出《行政许可申请受理决定书》。

向企业发出《行政许可申请受理决定书》主要有以下几个方面的作用：

1. 证明企业的申请符合行政许可法受理事项的规定，行政部门已经正式受理其办理

生产许可证申请的证明；

2. 告知申请企业自通知书签发之日起，行政机关应当在规定的时间内完成其申请的全部审查工作并作出申请企业是否可以获得生产许可证的决定；

3. 督促行政机关提高工作效率，接受企业的监督；

4. 申请企业自收到《行政许可申请受理决定书》之日起，可以对申请取证的产品组织小批量试生产。

（二）不予受理

出现下列情况之一的，企业申请不予受理，受理申请的质量技术监督部门应在收到申请材料之日起5日内向企业发出《行政许可申请不予受理决定书》。

1. 申请产品依法不需要取得生产许可的，应当及时告知申请人不受理。

2. 申请事项依法不属于工业产品生产许可主管部门职权范围的，应当即时作出不予受理的决定，并告知申请人向有关行政机关申请。

3. 依据《行政许可法》第七十八条的规定，行政许可申请人隐瞒有关情况或者提供虚假材料申请行政许可的，行政机关经查实后，应不予受理或者不予行政许可，并给予警告；行政许可申请属于直接关系公共安全、人身健康、生命财产安全事项的，申请人在一年内不得再次申请该行政许可。

4. 依据《行政许可法》第七十九条的规定，被许可人以欺骗、贿赂等不正当手段取得行政许可的，行政机关应当依法给予行政处罚；取得的行政许可属于直接关系公共安全、人身健康、生命财产安全事项的，申请人在三年内不得再次申请该行政许可。

5. 依据《管理条例》第五十五条的规定，企业被吊销工业产品生产许可的，3年内企业再次申请同一列入目录产品的工业产品生产许可的，不予受理。

（三）需要补正

申请材料不齐全或不符合要求而需要补正的，应当一次性告知企业需要补正的内容，并于当场或者在5日内向企业发出《行政许可申请材料补正告知书》。逾期未告知企业的，自收到申请材料之日起即视为受理。

申请材料存在可以当场更正的错误的，应当允许申请人当场更正。

行政机关受理、不予受理或者需要补正的，均应当出具加盖本行政机关专用印章和注明日期的书面凭证。

三、集团公司的生产许可

集团公司是市场经济发展的一种新型模式，对于不同形式的集团公司，其申请生产许可证的程序也有所不同。各集团公司可以根据实际情况，对照细则的要求，申领生产许可证。

（一）申请和审查方式

1. 集团公司及其所属子公司、分公司或者生产基地（简称所属单位）具有法人资格的，可以单独申请办理生产许可证；不具有法人资格的，不能以所属单位名义单独办理生产许可证。

2. 各所属单位无论是否具有法人资格，均可以与集团公司一起提出办理生产许可证申请。

3. 集团公司与所属单位一起申请办理生产许可证时，应当向集团公司所在地省级质量技术监督局提出申请。企业审查和审批程序按照《实施细则》有关规定执行。

4. 其他经济联合体及所属单位申请办理生产许可证的，参照集团公司办理。

（二）申请材料

集团公司与所属单位一起申报生产许可证的，需要提交如下材料：

(1) 集团公司和所属单位申请书；

(2) 加盖各自公章的集团公司和所属单位营业执照复印件；

(3) 集团公司出具的与所属单位关系证明原件；

(4) 集团公司和所属单位企业实地核查记录和企业实地核查报告；

(5) 集团公司和所属单位产品检验抽样单和产品质量检验报告；

(6) 其他，例如《集团公司待发证企业登记表》。

（三）新增所属单位

集团公司取得《生产许可证书》后，新增所属单位申请生产许可且需要与集团公司一起办理生产许可证的，新增所属单位按《实施细则》的规定审查合格后，将集团公司原《生产许可证书》收回，换发新的《生产许可证书》，生产许可证有效期不变。

（四）生产许可证书和标志标注

1. 具有法人资格的集团公司所属单位单独办理生产许可证的，其产品外包装、说明书和产品上应当标注所属单位的名称、住所和生产许可证标志和编号。

2. 所属单位和集团公司一起办理生产许可证的，应当在其产品外包装、说明书和产品上分别标注集团公司和所属单位的名称、住所，以及集团公司的生产许可证标志和编号，或者仅标注集团公司的名称、住所和生产许可证标志和编号。

四、企业申领生产许可证费用的收取

（一）收费的原因

工业产品生产许可证工作作为政府部门依法实施的行政性行为，其收费要纳入政府的财政监管范围之内，即如何收费以及收取标准都应当按照国家的规定来严格执行。

（二）收费的依据

《管理条例》第六十七条规定：国务院工业产品许可证主管部门和省、自治区、直辖市工业产品生产许可证主管部门办理工业产品许可证的收费项目依照国务院财政部门、价格主管部门的有关规定执行，工业产品生产许可证的收费标准依照国务院价格主管部门、财政部门的有关规定执行。这意味着企业在申请生产许可证的同时，要按照财政、物价主管部门规定的项目和标准交纳一定的费用。

(三) 收费的项目

按照国务院财政、价格主管部门的有关规定，工业产品生产许可证收费项目为：对企业进行实地核查的审查费、公告企业获证信息的公告费、对产品进行检验的检验费。

压力锅生产许可证审查费收费标准主要依照《财政部、国家计委关于调整工业产品生产许可证审查费等收费项目归属部门等问题的通知》(财综[2002]19号)规定执行。审查费具体为：一个企业申请一个发证产品单元2 200元，同一次审查时每增加一个申证单元加收审查费440元。

压力锅产品生产许可证产品质量检验费是承担生产许可证产品质量检验任务的检验机构，根据《压力锅产品实施细则》的规定，为申请取证企业检验其产品质量是否符合标准要求所需要的费用。收费标准应经国务院或省级价格、财政部门批准。

(四) 费用的缴纳

企业在提交申请并被受理的同时，向省级质量技术监督局交纳审查费；在进行产品检验时，直接向检验机构缴纳产品检验费。

(五) 费用的收支

压力锅产品生产许可证审查费、产品检验费的收支要严格执行"收支两条线"的规定。

1. 审查费由省级质量技术监督局代收并汇缴国家质检总局，国家质检总局全额缴入中央国库。开展压力锅产品生产许可证工作所需经费纳入国家财政预算。

2. 产品检验费由承担压力锅产品生产许可证检验任务的产品质量检验机构在进行产品质量检验时向受检企业收取，并按照财务隶属关系分别缴入中央和地方同级财政专户，支出由有关机构按照批准的预算安排使用。

(六) 费用的管理

压力锅产品生产许可收费应当依照国务院价格、财政主管部门的有关规定执行，严格遵守国务院财政纪律，坚持公开透明；所收取的费用必须按规定全部上缴国库，不得截留、挪用、私分或者变相私分。财政部门也不得以任何形式向其返还或者变相返还收取的费用。

五、受理期间的企业生产销售

申请企业自收到《行政许可申请受理决定书》之日起，可以对申请取证的产品组织小批量试生产；企业试生产的产品，必须经国家质检总局指定的检验机构，依据产品实施细则规定批批检验，检验合格的，应当在包装或者说明书上标明"试制品"后，方可销售；国家质检总局作出不予行政许可决定的，企业应当自收到《不予行政许可决定书》之日起停止生产。

第三节 企业实地核查和产品检验

行政许可的审查程序是指行政机关对已经受理的行政许可申请材料的实质内容进行核查的过程，是行政机关作出行政许可的必要环节。压力锅产品生产许可的审查，主要采用实地核查和产品检验相结合的方式进行。

一、企业实地核查

（一）企业实地核查的组织形式

省级质量技术监督部门在受理企业申请后，应尽快按规定组织审查组对企业进行实地核查。由压力锅产品生产许可审查机构组织审查组。

（二）企业实地核查的主要过程

1. 编制实施核查计划

（1）实施核查计划的内容

实施核查计划是指对已受理企业实施实地核查前制定的实地核查计划，包括以下内容：被核查企业名称、地址、联系电话、申证单元名称、审查组成员名单、计划完成时间及相关要求。编制计划时要充分考虑拟核查企业规模、产品复杂程度、企业分布情况、生产许可工作进程要求等，做到合理、高效，以保证整个生产许可工作的顺利进行。

编制核查计划的目的是保证审查活动的有序进行。核查计划经审查组织机构的负责人批准后实施，批准后的核查计划表和企业实地核查通知书，审查机构要提前 5 日通知企业和核查组成员。

核查计划一经批准，必须严格执行，不得随意更改。如确需调整变更的，应事先报审查机构同意。对没有列入计划的企业，审查组一律不得擅自开展审查。

（2）编制核查计划时应注意的事项

1）同一个审查组负责核查的企业，要考虑路途和时间的统一，同一区域的企业，要尽可能安排在同一时间段，以节省费用和提高效率；

2）每个审查组编制一个核查计划，以便于审查组有计划地开展工作；

3）审查工作的时限应视工作量而定，即根据申证产品的复杂程度、申证单元的多少及企业规模大小而定，一般由 2～4 人组成，审查日期一般为 1～3 天。

2. 组织实地核查审查组

实地核查审查组由压力锅产品生产许可审查机构负责组织，一般按企业的规模、产品的复杂程度，确定 2～4 名审查员组成审查组，且不得全部来自同一单位，要由技术机构、省级质量技术监督局等不同单位人员共同组成。审查人员应由具有相关专业能力，经国家统一考试并取得审查员资格的人员担任。核查组由核查组长、核查员和技术专家（需要时）组成。审查组实行组长负责制。

3. **核查资料准备**

企业实地核查前，审查组在审查组长的领导下，准备好核查资料，并就实地核查实施计划等事项与企业进行沟通和确认。准备的资料包括：

(1) 审查依据的文件。与压力锅产品有关的法律法规、产品实施细则、技术标准等。

(2) 审查工作文件。如企业实地核查计划、企业实地核查通知书、企业意见反馈表、企业实地核查记录表等。

(3) 企业申请材料。

(4) 抽样单、封条等。

4. **审查组进行实地核查**

实地核查工作一般包括以下 7 个基本工作程序：

(1) 审查组预备会议

为保证实地核查工作的顺利进行，审查组长应在核查开始前召开审查组预备会，其主要内容有：介绍被审查企业概况、拟审查的内容；审查时间、进度安排；确定审查组成员分工；明确审查要点和注意事项；重申审查工作纪律和审查员工作守则。

(2) 召开首次会议

会议由审查组全体人员和企业主要负责人及当地质量技术监督局人员参加。会议由审查组长主持。首次会议的具体内容有：

1) 向企业出示审查通知，介绍审查组的任务，介绍审查组成员的组成，各审查员的身份和工作单位，介绍地、市级质量技术监督局派出的观察员；

2) 说明企业生产条件审查的依据、范围；

3) 宣布审查进度和审查分工；

4) 说明审查活动的原则，审查活动的原则是客观、公正、科学；

5) 说明审查的基本做法是采取随机抽样的方法，具有一定的风险性；

6) 说明审查的主要方式：审查文件、察看现场、考察操作、交谈、考试等；

7) 承诺保密原则，审查组向企业承诺绝不将企业的技术、工艺、配方、审查结论等商业秘密透露给第三方；

8) 回答企业提出的疑问；

9) 企业介绍准备工作情况；

10) 请企业明确和配备陪同人员；

11) 向企业递交《企业对审查工作的反馈意见表》，请企业监督审查组的工作；

12) 宣布企业生产条件审查活动开始。

(3) 实地核查

审查员按照各自分工，依据《压力锅产品生产许可企业实地核查办法》的核查项目和核查内容，对企业生产条件逐一进行详细的检查评价，按核查发现的实际情况做好核查记录，并按“合格”、“一般不合格”、“严重不合格”，分别对各个核查项目作出评价结论。实地核查应注意的问题：

1）详细核对企业是否具备必备的生产设备和出厂检验设备；

2）审查组长要与审查组成员及企业领导沟通；

3）审查员在审查时，发现了涉及其他审查员分工范围内的情况和问题时，应及时与其他相关审查员沟通予以确认；审查时要做好记录，对不合格项要进行确认；

4）审查时，每个审查人员要有一名企业人员陪同，以便于调阅各种资料，对发现的不合格项，要与企业人员进行核对，并要得到企业的确认；

5）审查管理文件时，要重点关注其适应性，有很多中小企业的质量管理文件、作业指导书是从其他企业抄过来的，没有按本企业实际情况编写。重点检查其是否与本企业的情况相符，并要检查企业的相关原始记录；

6）食品安全质量尤为重要，要重点检查环境、设施是否符合规定；危险品的存放、三废处理等影响质量安全项目是否按规定执行，在同一场所内是否有危险品生产车间；

7）原辅材料的检查，向企业索要原辅材料检验报告，如果使用国家标准规定以外的助剂，检查企业是否有相关安全证明材料。检查企业生产线、库房是否有危险品；

8）企业是否有型式试验报告，对不具备关键检验项目的企业，是否与有检验资质的检验机构签订委托检验协议；

9）核对申请书填写的企业名称、住所、生产地址、申请产品单元、产品种类等内容。如与实际有差异，应及时向省级质量技术监督局反映并进行修正。

（4）审查组内部会议

审查组内部会议的召开，一般在完成具体核查活动后，如在核查中遇到特殊情况，也可以临时召开审查组内部会议。

完成审查活动后的内部会议：审查组成员介绍各自负责的核查情况，主要介绍存在的问题；填写核查记录；互相讨论，确定企业实地核查中的不合格项和审查报告。有争议的问题应取得一致意见，如不能取得一致意见，由审查组长确定，并向省级质量技术监督局汇报；企业存在的问题构不成不合格项的，需向企业提出整改意见。

注意事项：如发现核查中有缺项或互相矛盾、不一致的地方，应立即补查；清理归还从企业借用的工具、文件、资料。

核查中遇到特殊情况的内部会议：

1）发现企业有严重弄虚作假情况，包括：用其他企业的产品代替本企业产品提供核查；筛选合格产品，隐藏不合格品；设置隐蔽库房、生产网点，逃避核查；其他违法行为。此时应召开审查组内部会议，并及时向省级质量技术监督局汇报，记录有关情况，审查组成员签名后，交省级质量技术监督局处理。

2）审查员在分工范围内遇到自己不能继续核查的复杂问题，审查组可随时召开内部会议集体讨论。

（5）与企业管理层沟通

审查组在末次会议之前就核查的不符合项、核查报告和核查结论等重大事项与企业管理层交换彼此意见，为末次会议作好充分的准备。

(6) 末次会议

审查组在完成全部的核查活动,确定了企业存在的不合格项和形成企业生产条件核查报告后,可通知企业召开末次会议,末次会议的参加人员与首次会议应基本一致。末次会议由审查组长主持,内容主要有:

1) 说明抽样检查的风险性和核查结果的客观性、代表性;

2) 由审查组长及成员向企业通报核查情况,主要谈存在的问题;

3) 审查组宣读企业生产条件核查报告,征求企业意见;

4) 审查组长说明企业存在的不合格项及有关问题,要求企业整改,并说明对企业整改的期限和跟踪验证方式;

5) 企业对实地核查报告进行核实,完成签字、盖章的手续;

6) 核实企业信息:该企业被准予生产许可后,企业所取证书的内容(包括企业名称、住所、生产地址、申请单元名称、产品品种等证书明细的内容);

7) 告知企业填写《企业对审查工作的反馈意见表》,并对企业给予核查工作的支持和配合表示谢意;

8) 宣布企业生产条件实地核查工作结束。

不能当场确定核查结论的,审查组自受理企业申请之日起30日内向企业发出《企业实地核查结果通知书》,以书面形式通知企业核查结论。

5. 核查结果的报告和通知

审查组应当在完成实地核查工作后3日内向压力锅产品生产许可检验机构提交《企业实地核查报告》。

压力锅产品生产许可检验机构应当自受理企业申请之日起30日内,向企业发出《企业实地核查结果通知书》。

6. 实地核查应提交的文件

企业实地核查工作结束后,审查组应在规定的时限内将全部核查资料上报压力锅产品生产许可检验机构。

审查组应提交以下核查资料:

(1) 企业申请书及其他申请材料;

(2) 企业实地核查记录;

(3) 实地核查不合格报告及整改要求;

(4) 企业实地核查报告;

(5) 产品抽样单;

(6) 审查部要求的其他材料。

(7) 实地核查活动中形成的其他必要的材料等。

(三) 企业实地核查的时限要求

压力锅产品生产许可检验机构应当自受理企业申请之日起30内,完成对企业实地核查和抽样,并将实地核查结论以书面形式告知被核查企业。

（四）企业实地核查的异常处理

1. 实地核查计划未执行

（1）企业无正当理由，造成未按实地核查计划进行实地核查的，由企业承担后果，按企业审查不合格处理。

（2）审查组无正当理由，造成未按实地核查计划进行实地核查的，由审查组承担后果，追究审查组长的责任和相关直接责任人的责任，由审查机构视情况另行制定企业实地核查计划，组织实地核查。

（3）由于不可抗力的原因，造成未按实地核查计划进行实地核查的，由审查机构视情况另行制定实地核查计划并组织。

2. 企业停工停产

如审查组到达企业后或开始核查后发现企业因停电、以销定产、待料加工等原因停产至放假等情况。审查组长应及时与企业领导沟通，了解相关情况，根据具体情况作出相应处理。

3. 企业要求推迟审查或撤销申请

如审查组到达企业后，企业提出推迟核查要求，应根据具体情况处理。当企业有正当理由且推迟时间较短，请示审查机构商讨下次审查时间，延期审查。并请企业写出书面材料并加盖企业公章，上报审查机构撤销申请，收回受理通知书，审查组撤离；其他无特殊情况，企业要求推迟核查将不予认可，审查组应按照原计划实施核查。

4. 在实地核查过程中发现严重或否决性不合格项

当在实地核查过程中，发现严重或否决性不合格项时，核查工作应继续按计划进行，不可中断核查，保证实地核查工作的完整性；必要时，审核组长应协调各方关系，确保核查工作按计划和要求、圆满完整地完成实地核查工作。

二、产品抽样和检验

对申请领取生产许可证的企业，在实地核查合格后，还要对其进行产品抽样与检验。

（一）产品抽样

产品抽样应按《实施细则》的规定进行。用于发证检验的产品，一般由审查组在实地核查合格的情况下进行抽取。抽样要在企业的成品库的待销产品中随机进行，该产品必须是经出厂检验合格的，抽样方法、抽样数量和抽样基数应符合《实施细则》的规定。对企业实地核查不合格的，不再进行产品的抽样。

（二）送样时限要求

样品封存后，审查组应告知企业所有承担该产品生产许可证发证检验机构的名单及联系方式，由企业自主选择。

审查组要告知企业在封存样品之日起 7 日内送（寄）达检验机构进行检验。

（三）产品检验要求及时限要求

压力锅产品的检验分为型式检验、出厂检验、发证检验和关键控制检验。

1. **型式检验**

型式检验包括产品标准中所有项目，正常生产时根据标准规定时间进行检验，另外有标准中列出特殊情形的也应进行型式检验。

2. **出厂检验**

产品出厂前，依据标准规定的出厂检验项目进行逐项检验，经检验合格方可出厂销售。

3. **发证检验**

企业实地核查合格的，审查组应当根据《实施细则》规定的压力锅产品生产许可抽样方法，抽、封样品，填写《生产许可发证检验抽样单》一式四份，告知企业所有承担产品检验任务的检验机构名称和联系方式，由企业自主选择，并告知企业在封存样品之日起7日内送达检验机构进行检验。

检验机构应当在收到企业样品之日起30个工作日内完成检验工作，并出具《检验报告》一式三份（审查机构、企业、审查中心各一份）。产品检验时间不计入本《实施细则》规定的期限。

发证检验合格是企业获得《生产许可证书》的必备条件之一。对于省级质量技术监督局已经受理的企业，应当积极配合产品抽封样品和检验工作，如无正当理由拒绝产品抽封样品和检验的，按企业审查不合格处理。

4. **关键控制项目检验**

《实施细则》中除对发证检验项目进行了规定以外，同时还列出了关键控制项目。关键控制项目是生产企业取得生产许可证后，在每年的监督检查中应重点监控的项目。企业获得《生产许可证书》后，应当对实施细则中规定的关键控制检验项目进行检验。企业具备关键控制检验项目检验能力的，定期自行检验，并每年与国家质检总局指定的检验机构进行检验比对1次，检验机构应当向企业出具《检验比对报告》；企业不具备关键控制检验项目检验能力的，应当每3个月送有相应资质的检验机构检验1次，检验机构应当向企业出具《检验报告》。

第四节　材料的汇总和审核

一、企业申报材料的报送

对企业的审查包括实地核查和产品检验两部分，全部合格的为企业审查合格，其中一项不合格的即判为企业审核不合格。审查机构根据每家企业所有上报材料的复核结果填写《审查意见书》。

审查机构将同批企业材料汇总复核的结果填写《审查报告书》。审查机构应当自受理申请之日起 40 个工作日(不包括产品检验时间)内将企业申请材料、《企业实地核查报告》、《检验报告》、《审查意见书》、《审查报告书》原件各一份报送审查中心。

在办理生产许可证过程中，企业发生名称变更，导致上报材料中企业名称、住所名称、生产地址名称不一致的，可由企业及时报送相关证明材料，允许其在许可决定前进行变更，以提高行政许可的效率。

二、企业申报材料的保管

审查机构应当将企业的申请材料、《企业实地核查记录》、《企业实地核查报告》和《检验报告》等原始材料存档备查，保存期限为 3 年。

第五节　决定与公布

一、申报材料的复核

审查中心对审查机构上报的企业申报材料进行复核，以核实审查机构的核查工作是否符合规定程序和时限，产品检验机构是否具有法定检验资格，企业申报材料是否符合规定的要求，核查人员是否符合规定的资质，在所有材料符合要求的基础上，对核准企业进行编号，最后将复核意见上报国家质检总局审定。

审查中心自受理申请之日起 50 个工作日(不包括产品检验时间)内完成对上报材料的审查，报国家质检总局审批。

二、生产许可决定

国家质检总局应当自受理申请之日起 60 个工作日(不包括产品检验时间)内作出是否准予生产的决定，准予生产的，应当自作出准予生产的决定之日起 10 个工作日内向企业发放《生产许可证书》正本、副本；不准予生产的，应当自作出不准予生产决定之日起 10 个工作日内向企业发出《不予行政许可决定书》。

三、发证证书

国家质检总局对作出准予许可决定的企业发放《生产许可证书》正本、副本，证书上加盖“国家质量监督检验检疫总局”公章，证书生效日期为作出准予许可决定的日期。生产许可证书由全国许可证审查中心填写打印，并将证书发(寄)给省级质量技术监督局，再由省级质量技术监督局发给申证企业。

(一) 生产许可证证书

压力锅产品生产许可证的式样由国家质检总局统一规定、统一印制，并包含正本和副本。在《生产许可证书》正本，载明有企业名称、企业住所、生产地址、产品名称、证书编号、发证日期、有效期。其中，生产许可证副本中载明产品明细，包括产品品种、型号、规格及企业监督检查记录。企业监督检查记录包括：变更记录、日常监督检查情况、重大质量事

故、企业自查情况记录等。集团公司的《生产许可证书》还应载明与其一起申请办理的所属单位的名称、生产地址和产品名称。

《生产许可证书》有效期为3年。有效期届满，企业继续生产的，应当在《生产许可证书》有效期届满6个月前向所在地省级质量技术监督局重新提出生产许可申请。重新申请办理生产许可的，其申请、审批程序按照本实施细则的有关规定执行。

（二）生产许可证编号

生产许可证编号由英文字母QS和12位阿拉伯数字组成：QS×× ××××× ×××××。QS表示质量安全，12位阿拉伯数字前2位为受理省局编号，中间5位为产品编号，后5位为企业序号。生产许可证编号由企业自行加印（贴）在产品外包装、说明书或产品上。

取得生产许可证的企业，应当自许可之日起6个月内，完成加印（贴）标志和生产许可证编号。

四、获证企业公布

国家质检总局公布获证企业名录，是生产许可证制度实施的重要环节。根据国家质检总局公布的名录，县级以上质量技术监督局组织开展无证查处工作，可以限制和制约无证企业的生产和销售，提高生产许可证制度实施的有效性，保护获证企业的合法权益，保护消费者的质量安全，维护正常的市场秩序。

（一）公布内容

公布内容包括：

(1) 获证企业名称；

(2) 获得生产许可证的产品名称及产品明细；

(3) 企业住所；

(4) 生产地址；

(5) 生产许可证编号；

(6) 发证日期；

(7) 生产许可证有效期。

（二）公布形式

公布形式主要有两种：

(1) 国家质检总局在《中国质量报》或其他全国性报刊上统一公布；

(2) 国家质检总局通过网站(http://www.aqsiq.gov.cn)向社会公布。

第六节 生产许可变更、注销与延续

一、生产许可变更

生产许可的变更是指被许可人在取得生产许可后，因其拟从事活动的部分内容超出原准予生产许可的范围，而向行政机关申请对原生产许可准予其从事的活动予以改变。对于压力锅产品获证企业，其生产许可的变更分为以下两种情况。

（一）不需要重新核查和产品检验的变更

1. 变更的范围

不需要重新核查和产品检验的变更是指企业的名称、住所、生产地址名称发生变化而企业生产条件、检验手段、生产技术或者工艺未发生变化的，企业应当在变更名称后1个月内向所在地省级质量技术监督局提出变更申请。

2. 变更需提供的材料

申请变更的企业，应当提交下列材料：

(1)《食品用包装、容器、工具等制品变更生产许可证申请书》；

(2) 变更前、后的营业执照复印件；

(3) 当地工商行政管理、公安等相关部门出具的更名证明；

(4) 生产许可证正本、副本原件。

3. 变更的程序

(1) 企业应当在变更名称1个月内向所在地的省级质量技术监督局提出生产许可证名称变更申请。

(2) 省级质量技术监督局收到企业申请后，应当按照许可证申请材料受理审查的规定进行材料审查。

(3) 省级质量技术监督局根据对企业变更申请材料的审查结果填写《变更（补领）生产许可证审查意见书》，并在受理企业申请之日起5日内将企业申请材料和《变更（补领）生产许可证审查意见书》上报审查中心并抄报相关审查机构。

(4) 全国许可证审查中心自收到企业变更或补领证书申请材料之日起10日内提出复核意见报国家质检总局审批。符合规定的，国家质检总局在收到材料之日起10日内准予变更，颁发新的生产许可证书，有效期不变。不符合规定的，由国家质检总局向企业发出《不予变更（补领）生产许可证通知书》告知企业，并说明理由。

（二）需要重新核查和产品检验变更

需要重新核查和产品检验的变更是指企业在生产许可证有效期内，因扩项、企业生产条件发生变化以及国家法律法规、产品标准、技术要求发生重大变化，应按规定组织重新核查和产品检验，并换发相应的证书。

1. 企业扩项

获证企业增加产品单元、规格型号、产品升级以及集团公司企业与其所属单位一起取证的，获证后增加所属单位的，应按照生产许可证管理的有关规定以及《压力锅产品生产许可实施细则》的要求办理变更手续。变更时需要重新进行实地核查和产品检验。符合条件的，由国家质检总局作出准予许可的决定，换发生产许可证书，但证书有效期不变。

企业增加产品单元、规格型号、生产基地以及产品升级所需的材料由审查机构上报全

国许可证审查中心，主要有：

（1）《食品用包装、容器、工具等制品变更生产许可证申请书》；

（2）企业实地核查报告、产品质量检验报告；

（3）生产许可证正本、副本。

2. 企业条件重大变化

在生产许可证书有效期内，企业生产条件、检验手段、生产技术和工艺发生较大变化的（包括生产地址迁移、生产线重大技术改造等），企业应当按照《实施细则》的有关规定，重新申请生产许可。审查机构按照有关规定重新组织实地核查和产品检验。

3. 获证产品标准要求发生变化

在生产许可证书有效期内，国家有关法律法规、产品标准及技术要求发生较大改变的，由国家质检总局根据情况发文公布需要进行的补充实地核查要求，产品质量检验以及证书变更等规定。

二、证书补领

1. 补领的范围

企业因保管不慎或不可抗力等因素造成生产许可证书遗失或者毁损而需要重新补领证书的，应在遗失或者毁损证书后一个月内向所在地的省级质量技术监督局提出生产许可证补领申请。

2. 补领需提供的材料

申请补领许可证的企业，应当提交下列材料：

（1）《食品用包装、容器、工具等制品补领生产许可证申请书》；

（2）营业执照复印件；

（3）省级以上主要报纸上刊登的遗失声明。

3. 变更的程序

（1）企业应当在遗失或者毁损证书 1 个月内向所在地的省级质量技术监督局提出生产许可证名称补领申请。

（2）省级质量技术监督局收到企业申请后，应当按照许可证申请材料受理审查的规定进行材料审查。

（3）省级质量技术监督局根据对企业补领申请材料的审查结果填写《变更（补领）生产许可证审查意见书》，并在受理企业申请之日起 5 日内将企业申请材料和《变更（补领）生产许可证审查意见书》上报全国许可证审查中心并抄报审查机构。

（4）全国许可证审查中心自收到企业补领证书申请材料之日起 10 日内提出复核意见报国家质检总局审批。符合规定的，国家质检总局在收到材料之日起 10 日内准予补领，颁发新的生产许可证书，有效期不变。不符合规定的，由国家质检总局向企业发出《不予变更（补领）生产许可证通知书》告知企业，并说明理由。

三、证书更正

对生产许可证书内容有误的，可以通过规定的程序予以更正。

1. 对于名称有误的证书更正，所需材料由省级质量技术监督局签署意见并盖章后将相关材料报送审查机构，审查机构上报全国许可证审查中心，需提供的上报材料有：

(1)《生产许可证更正登记表》；

(2) 营业执照复印件，由企业加盖公章；

(3)《生产许可证书》正本、副本原件。

2. 对于产品内容或生产地址有误的证书更正，所需材料由省级质量技术监督局签署意见并盖章后将相关材料报送审查机构，审查机构上报全国生产许可证审查中心，主要上报材料有：

(1)《生产许可证更正登记表》；

(2) 需要更正的《生产许可证书》正本或副本原件。

四、证书注销

根据《实施办法》第一百一十五条的规定，有下列情形之一的，许可审批机关应当注销生产许可，并办理有关手续：

(1) 生产许可有效期满未按规定重新申请取证的；

(2) 法人或者其他组织依法终止的；

(3) 生产许可依法被撤销、撤回，或者生产许可证依法被吊销的；

(4) 因不可抗力导致行政许可事项无法实施的；

(5) 法律、法规规定的应当注销生产许可的其他情形。

五、生产许可的延续

根据《实施细则》的规定，压力锅产品生产许可证的有效期为 3 年。有效期届满，企业需要继续生产的，应当在生产许可证期满 6 个月前向所在地省级质量技术监督提出换证申请，重新组织实地核查和产品检验，其实施程序与上述生产许可证发证程序相同。

基于便民原则的考虑，省级技术监督局应履行事前告知的义务，提醒已获证企业及时提出延续生产许可的申请，告知在规定的时间内带有关材料到规定的地点办理延续手续。

考试大纲与练习题

一、考试大纲

1. 学习目的与要求

通过学习，熟悉压力锅产品生产许可证申领的主要工作程序，掌握申请受理、企业实地核查、材料汇总和生产许可变更延续等环节的基本要求。

2. 考试知识点与考核要求

熟悉压力锅产品生产许可证的主要工作内容、工作流程、实地核查。

掌握企业的申请条件、申请书填写、生产许可证证书和标志的含义。

二、练习题

1. 简述压力锅产品生产许可证申请条件。
2. 简述企业办理压力锅产品生产许可的步骤。
3. 申请压力锅产品生产许可应准备哪些申请材料？
4. 企业实地核查工作的主要程序包括哪些？
5. 压力锅产品生产许可证产品如何抽样？如何选择发证检验机构？
6. 审查机构如何对申请材料进行汇总审核？如何报送材料？
7. 压力锅产品生产许可的时限是多少？
8. 压力锅产品生产许可证的内容是什么？有效期是多少？
9. 简述集团公司及其子公司、分公司或生产基地应如何办理生产许可证？办理时应提交哪些材料？
10. 获证企业发生怎样变化需办理生产许可证的变更、注销与延续？

第四章 压力锅产品行业和产品概述

第一节 行业概述

一、行业状况

我国压力锅产品从20世纪60年代开始引进，经过四十多年的发展，压力锅产品经历了几次大的技术改造和创新，使产品不论在外观质量上，还是各种安全装置方面均有了较大的改进。但由于压力锅产品的特点，如果使用不当或产品偷工减料还是会危及使用者的人身安全。

压力锅产品是由锅身、锅盖、手柄、限压装置、安全装置、开合盖安全装置、密封圈等装配而成。压力锅的主体——锅身与锅盖由于使用铝及铝合金或不锈钢板材冲压而成，因此压力锅产品分为铝压力锅和不锈钢压力锅两种。压力锅的工作原理是利用锅体密封产生压力和较高烹调温度，从而大大缩短烹调所需时间，达到省时、节能的目的。由于压力锅的种种优点，该产品自20世纪80年代以来，得到消费者广泛的使用，从而使压力锅行业得到了迅猛发展。

由于压力锅产品涉及结构安全和接触食品卫生安全的内容，如果结构安全不严格控制，可能导致爆锅伤人的危险；接触食品安全不合格会导致消费者的身体健康受到危害。因此，20世纪80年代末到90年代初，压力锅爆炸伤人一度成为消费者投诉最多的三大热点之一，因此，国家自1994年开始对压力锅产品实施了生产许可制度。通过实施生产许可证制度，压力锅整体质量水平大幅上升，产品合格率由原来的20%提高到90%以上。实践证明，实施生产许可证制度，对提高压力锅行业整体产品质量、保护消费者利益起到了重要的作用。此外实行生产许可证制度严格管理，对推动标准的进步起到了积极的作用。1992年制定的压力锅第一个强制性国家标准GB 13623—1992发布后，由于结构要求发生重大变化，因此该标准的执行一度受阻，标准的推广执行一直比较困难，直到标准实施后的1994年，仍有大部分企业不执行国家标准，当年的国家监督抽查合格率仅为14%。自实施许可证制度后，通过审查使压力锅行业大多数企业完成了执行强制性国家标准的工作，当年的国家监督抽查合格率为80.9%，同时，对压力锅产品安全性能的提高起到巨大的推动作用，也使压力锅爆锅事件得以减少。部分企业生产的产品已接近或达

到国外先进水平。总体来看，压力锅生产企业中的大中型企业的产品质量好于小型企业。目前，中国已成为压力锅产品的生产大国，产量在世界上处于领先地位，压力锅产品的出口量逐年增加，部分企业还为国外企业做贴牌生产，很多企业的产品取得了美国、德国、日本等国的安全认证。产品销往欧美和日本等国家和地区。

中国有13亿人口，因此我国的压力锅产品需求市场是巨大的。生产的产品包括高中低档，生产企业遍布全国各地，但产地主要还是集中在交通运输比较发达的沿海地区，如广东省和江浙地区。

从企业市场分布上看，年产值超过5 000万元的大型企业和中型企业的产品主要为出口和在大城市中销售，并且随着我国加入WTO后，我国压力锅产品的出口越来越多，产品出口地分布于美国、日本、欧洲、美洲、中东和东南亚等地区。产品的性能和式样不断改进，并且多功能、融合高科技技术的压力锅产品也已出现，如：电脑、电话智能控制的电压力锅、高科技的表面涂层技术的应用等。随着压力锅行业综合水平的提高，对压力锅产品质量提供了保证。

二、压力锅产品企业状况

目前我国已有80余家获证的生产企业，还有10余家专门生产出口压力锅产品的企业。压力锅企业中大多数是中小企业，产品质量无法保障，销售的产品充斥在国内的各个批发及零售市场。部分大中型企业主要在大的商场和超市上销售，这些企业产品品种齐全、质量有保障，这部分企业也是主要出口产品的生产企业。

目前压力锅生产企业少了，企业规模大了，年产量提高了，质量也在上升。压力锅行业年产量达3 000万口，总产值约30亿元，每年创利税近3亿元，上缴国家税收1.5亿元。压力锅行业目前有近2万名员工就业，有1千余名技术人员在做保障产品质量的各项工作。

第二节　产品概述

一、压力锅产品的分类

1. 压力锅产品结构型式

压力锅产品从产品结构型式可分为四类：

(1) 旋合式压力锅；

(2) 落盖式压力锅；

(3) 压盖式压力锅；

(4) 其他结构压力锅。

2. 压力锅产品的金属基体

金属基体可分为两类：不锈钢基、铝基(铝合金)。

不锈钢压力锅是以不锈钢板材加工成型的。按锅底结构分为单复底压力锅和多复底压力锅。多复底不锈钢压力锅性能最佳。

铝压力锅是以纯铝或铝合金板材加工成型的。铝压力锅又可按表面处理方式分为抛光压力锅、洗白压力锅和氧化压力锅。氧化压力锅可分为草酸氧化压力锅、硫酸氧化压力锅、瓷质氧化压力锅、硬质氧化压力锅等几种。硬质氧化压力锅表面层厚而硬，具有良好的耐磨性。

3. **表面涂层**

目前在国内生产销售的有铝基聚四氟乙烯。

二、产品质量状况

1. 虽然压力锅产品质量整体水平基本保持稳定，但仍存在如下问题：

(1) 卫生要求不合格，这对人体是有害的；

(2) 部分企业的产品强度达不到产品的国家标准的要求。对不合格的产品，安全系数低，爆锅的可能性就大；

(3) 部分企业的产品手柄牢固性不符合标准要求。会导致使用时因手柄断裂或将手碰到手柄上的紧固螺钉，造成烫伤；

(4) 产品泄压压力达不到标准要求。泄压结构如同虚设，降低了压力锅产品的安全性。

2. 产品质量出现不合格的问题其原因从生产企业角度分析可归纳为：

(1) 管理原因

一般产品质量不合格的企业为小企业，是老板责任制，老板又主抓经营，往往忽视生产管理和质量管理。企业中没有技术人员和管理人员，生产只靠普通员工来管理，这样低水平管理，难免生产出低水平的产品。

(2) 执行标准不严格

有些企业未按标准生产是由于对标准在理解上不够准确；而有些企业却是主观上不完全按标准生产，为节省成本偷工减料。

(3) 进货质量把关不严

由于压力锅密封圈和手柄大部分企业都是外购的，压力锅的许可证审查就要求企业严把进货检验关，一些企业对进货的质量把关不严，管理不完善造成手柄强度不够和密封圈卫生指标超标。

3. 产品质量出现不合格的问题其原因从社会角度分析可归纳为：

(1) 消费市场还不够成熟，有些消费者只图价格便宜，不注重产品质量，从而产生多层次的市场需求。这在很大程度上，给质次价廉的产品提供了市场，是造成质量低下产品充斥市场的原因。一般来讲，大城市的大商场、大超市经销的产品质量较好，大中型企业，尤其是名牌企业为维护自己的品牌，严格按照现行标准实施生产。而在批发市场和一些小商店经销的产品就较为复杂，由于人们购买水平的多层次，这些市场的入场门槛也较低，加之一般消费者鉴别能力不强，给不合格产品流入市场留有空间。

(2) 企业间的不公平竞争，是制约压力锅行业发展的因素。随着生产企业的增多和产量的增加，市场竞争显现出来，小企业无法从产品质量上与大中型企业、名牌企业竞争，只能从价格上抢占市场，而低价的代价是以质量换取的。

4. 针对以上问题，国家质检总局连续多年对压力锅产品进行了国家监督抽查，并责成各地质量技术监督部门严格按照产品质量法等有关法律、法规的规定，对产品质量不合格的企业依法进行处罚，限期整改。同时，公布一批抽查中较好的产品及其生产企业，引导消费者正确选购。国家质检总局加大力度，继续对该类产品质量进行跟踪抽查，促使压力锅行业整体质量水平的提高，为消费者创造安全、放心、满意的消费环境。

目前在我国已建立了压力锅的完善管理体系，压力锅产品被列入生产许可的实施范围，通过发放生产许可证对压力锅生产企业严格把关，设置行业准入门槛，杜绝没有实力的企业进入。同时加大国家监督抽查的力度，确保产品质量。

我国现已制定压力锅的相应的产品标准和卫生指标标准，如 GB 15066《不锈钢压力锅》、GB 13623《铝压力锅安全及性能要求》、GB 9684《不锈钢食具容器卫生标准》、GB 11333《铝制食具容器卫生标准》和针对涂覆层的卫生标准 GB 11678《食品容器内壁聚四氟乙烯涂料卫生标准》。但由于民用产品发展很快，新产品不断涌现，相应的国家标准和行业标准还跟不上市场发展的需求。

三、国内对压力锅产品的监管现状

1984 年 4 月 7 日，国务院以国发[1984]54 号文发布了《工业产品生产许可证试行条例》，正式在全国实施生产许可证制度。1984 年 7 月原国家经贸委以经质[1984]526 号文发布了《工业产品生产许可证管理办法》，压力锅产品属于国家公布的实行生产许可证制度的 87 种产品中的产品，在 1985 年开始的实行许可证制度，于 1987 年开始发放压力锅生产许可证。当时的法律依据是《工业产品生产许可证管理目录》、《工业产品生产许可证管理办法》和压力锅产品标准 ZB Y73 006—1985《压力锅》。第一次共有 73 家企业获证，共发放 73 个压力锅生产许可证证书。

1995 年开始第一次换发生产许可证，仍依据《工业产品生产许可证管理目录》、《工业产品生产许可证管理办法》及压力锅产品标准 GB 13623—1992《铝压力锅安全及性能要求》和 GB 15066—1994《不锈钢压力锅》。第二次共有 92 家企业获证，共发放 93 个压力锅生产许可证证书。

2002 年第二次换发生产许可证，仍依据《工业产品生产许可证管理目录》、《工业产品生产许可证管理办法》和《压力锅生产许可证换(发)证实施细则》，以及压力锅产品标准 GB 13623—1992《铝压力锅安全及性能要求》和 GB 15066—1994《不锈钢压力锅》。第三次共有 55 家企业获证，共发放 55 个压力锅生产许可证证书。经过近几年的发展，目前共有 86 家获证企业。

压力锅实行生产许可证后产品质量逐步上升，实行生产许可证制度，引入国际标准的质量管理体系的模式，规范了生产企业，使一些不具备生产能力和相应技术人员及质量保证能力的企业被排除在市场外，而使一些有实力的企业得以发展和壮大。产品质量不断提高，工艺水平不断改进，出口量不断增加，已经形成良性发展的趋势。

国家质量监督检验检疫总局对压力锅产品的连续国家监督抽查促进了压力锅产品生产企业质量意识的提高，表现为：一是促进企业加强了质量管理，使压力锅产品质量整体水平保持稳定；二是使行业内两级分化加剧，大企业的名牌产品的产品质量、产销量、出口量以及市场占有率均有明显的提升，而一些小企业仍处于低质低价的恶性竞争中。

表 4-1 是近年来对压力锅产品国家监督抽查结果的汇总。

表 4-1 近年来对压力锅产品国家监督抽查结果的汇总

监督抽查年份	生产企业数	监督抽查企业数	实际抽样企业数	合格企业数	检验标准	企业合格率	产品合格率
1994 年	73 家	33	28	4	GB 13623—1992	14%	14%
1997 年	60 多家	49	39	31	GB 13623—1992 GB 15066—1994	79.5%	80.9%
1998 年	80 多家	41	41	32	GB 13623—1992 GB 15066—1994	78.0%	78.0%
2000 年	92 家	42	42	38	GB 13623—1992 GB 15066—1994	90.5%	91.3%
2001 年	90 多家	25	25	21	GB 13623—1992 GB 15066—1994	84%	84%
2002 年	92 家	37	37	33	GB 13623—1992 GB 15066—1994	94.6%	86.8%
2003 年	55 家				GB 13623—1992 GB 15066—1994	100%	100%
2004 年	61 家	28	28		GB 13623—2003 GB 15066—1994	82.1%	82.1%
2005 年	74 家	43	43	40	GB 13623—2003 GB 15066—2004	93%	93.2%
2006 年	80 家	41	41	36	GB 13623—2003 GB 15066—2004	87.8%	87.8%

四、发证产品的类别和范围

第一批实施市场准入制度管理的压力锅包括 2 种产品（详见表 4-2），进入第一批市场准入制度管理产品的原则是目前已在我国境内有生产和销售、有产品标准或有类似产品标准可作为其产品性能的依据、有相应的卫生标准要求的产品。增补品种时将另行发布目录。

对在中华人民共和国境内生产、销售或者在经营活动中使用的压力锅产品列入生产许可发证范围。实施市场准入制度管理的压力锅产品适用范围包括公称工作压力在 50 kPa～120 kPa，容积不大于 18 L 各种规格型号的不锈钢压力锅产品、铝及铝合金压力锅产品（见表 4-2）。

表 4-2　第一批实施市场准入制度管理的压力锅产品目录

产品分类	产品单元	产品规格	执行产品标准
压力锅	不锈钢压力锅	最小规格～20 cm 22 cm～24 cm 26 cm～28 cm 30 cm～最大规格	GB 15066—2004
	铝压力锅	最小规格～20 cm 22 cm～24 cm 26 cm～28 cm 30 cm～最大规格	GB 13623—2003

第三节　常用的原辅材料要求

压力锅产品的质量，特别是安全质量是和其所使用的原材料质量密切相关的。因此，控制原材料的质量是保证压力锅产品质量的关键一环。为了保证压力锅产品质量，用于压力锅产品的原材料应具备必要的条件第一是安全可靠性，材料的成分必须确保产品卫生安全要求，材料的技术性能必须确保产品使用性能的安全可靠；第二是适用性，材料的技术性能要满足产品的制造、使用过程中对它提出的各种技术要求；第三是经济性，就是材料的使用在经济效果上是合理的、节约的。同时，由于合理使用材料而使产品的成本降低。其中，原材料的安全可靠性对压力锅产品的安全性能起着决定性的作用。所以要对压力锅产品的原材料作出明确的、严格的要求。

目前国内的压力锅产品分为两大单元，一个单元是：用不锈钢钢板加工成型的不锈钢压力锅。另一个单元是：锅身用铝或铝合金板材加工成型的铝压力锅。下面就这两个单元压力锅产品的原材料进行分别简述。

一、不锈钢材料

在腐蚀介质中具有较高的抗腐蚀性能的钢，称为“不锈钢”。不锈钢是含铬量在11％～30％的铁基耐蚀合金。

不锈钢按成分分为：铬不锈钢、铬镍不锈钢、铬镍不锈钢和铬锰氮不锈钢。不锈钢按其组织状态又可分为：马氏体型钢、铁素体型钢、奥氏体型钢、奥氏体——铁素体型钢、沉淀硬化型钢。

奥氏体型钢：含 11％～30％Cr、4％～22％Ni(有的含 Mn 及 N，用来代替 Ni)组织为奥氏体。奥氏体型不锈钢无磁性、具有良好的韧性、塑性、焊接性、耐腐蚀性。但不可通过热处理方法强化，仅能通过冷加工进行强化。另外，切削加工性能较差。

奥氏体型不锈钢在国外被广泛应用在与食品接触的器具上，最典型的配方中含18.00％～20.00％Cr 和 8.00％～10.50％Ni。

国内不锈钢压力锅产品所用的主要材料，在 GB 15066—2004《不锈钢压力锅》中，明确要求：“锅身、锅盖应采用符合 GB/T 3280 中规定的 1Cr18Ni9、0Cr18Ni9 或采用性能不低于上述规定的其他不锈钢。”

0Cr18Ni9 钢是奥氏体型不锈钢，它具有良好的塑性、韧性、冷加工性，在氧化性酸和大气、水等介质中耐腐蚀性良好，耐腐蚀性优于 1Cr18Ni9。适于制造拉伸、冲压成型的炊具和压力锅产品。

目前，国内压力锅生产企业广泛地应用 0Cr18Ni9 钢和性能相当于 0Cr18Ni9 钢的 304 钢制造压力锅。

如果选材不当或原材料质量不符合标准要求，会导致压力锅产品外观差、机械性能差、有害物质含量超标等问题。因此，不锈钢压力锅所用的原材料必须符合国家有关标准的要求。

有关标准如下：

GB 15066—2004　不锈钢压力锅

GB 9684－1988　不锈钢食具容器卫生标准

GB/T 3280－2007　不锈钢冷轧钢板

GB/T 222－2006　钢的成品化学成分允许偏差

二、铝及铝合金材料

铝的密度小(2.7 g/cm^3)，仅约为铁的三分之一。铝极易氧化形成致密而坚固的氧化膜，使铝不再继续氧化，因而铝在大气中具有良好的抗蚀性。固态铝呈面心立方晶格，塑性很高，但强度很低。易于进行冲压、拉伸等压力加工。被广泛应用在与食物接触的炊具、容器上。铝含量不低于 99.00%时为纯铝，其牌号用 1×××系列表示。旧牌号 L_1、L_2、L_3 工业纯铝具备很好的加工特性，很高的延展性，曾经普遍应用在铝压力锅的制造上。但因它的机械强度不高，所以目前压力锅生产企业广泛地采用铝合金。

在铝中加入一定的合金元素，如铜、锰、硅、镁、锌等，可以得到各种铝合金。铝合金的牌号 2×××～8×××系列表示。其中以铜为主要合金元素的铝合金 2×××，以锰为主要合金元素的铝合金 3×××，以硅为主要合金元素的铝合金 4×××，以镁为主要合金元素的铝合金 5×××，以镁和硅为主要元素并以 Mg_2Si 相为强化相的铝合金 6×××，以锌为主要合金元素的铝合金 7×××，以其他合金元素为主要合金元素的铝合金 8×××。

锰是 3×××系铝合金的主要元素。这些合金一般是不可热处理强化的合金，但具有比工业纯铝高 20%以上的强度。由于只有 1.5%左右的锰元素能有效地加进铝中，因此锰仅在极少数合金中用作主要元素。3003 就是其中的一个，它具有良好的可加工性及具有中等强度的铝合金。

铝锰合金除了有工业纯铝的优点外，是一种耐腐蚀性能良好，具有中等强度的铝合金。它适用于炊事用具等的制作。目前，国内铝压力锅生产企业普遍采用铝锰合金来制造压力锅产品。

如果制造压力锅的材料不符合要求，会造成压力锅产品外在质量、内在质量下降和有害物质含量超标。因此，铝压力锅产品所用的材料必须符合国家有关标准的要求。

有关标准要求：用来制作食品器皿的铝及铝合金带材应在合同中注明“食用”字样，且

铅、镉、砷每个元素的含量不得超过0.01%。

有关标准如下：

GB 11333—1989 铝制食具容器卫生标准

GB/T 3880.1—2006 一般工业用铝及合金板、带材 第1部分：一般要求

GB/T 3190—1996 变形铝及铝合金化学成分

三、金属材料上的涂覆层

聚四氟乙烯(PTFE)是一种含氟不粘涂料，是由四氟乙烯(TFE)聚合而成的全氟聚合物。聚四氟乙烯具有高分子量、直链式分子结构、单个分子间紧密而均匀排列的结构特性。

聚四氟乙烯(PTFE)的结构特点决定了它具有耐高温、耐腐蚀、高润滑、不粘附、无毒害的特性。聚四氟乙烯的不粘层是极为稳定的物质，可防酸、防碱，不容易与其他物质发生化学反应。

由于上述特性，生产企业采用聚四氟乙烯涂料作为铝压力锅内表面涂覆层。

QB/T 2421对聚四氟乙烯涂覆层规定了附着牢度、剥离牢度、抗划伤性、不粘性、耐热骤冷稳定性、耐碱性、耐酸性、耐盐水腐蚀性等要求。

如果聚四氟乙烯涂料质量不符合要求，它会影响涂覆层的质量，严重的会产生有害元素超标，所以要求涂履层必须符合有关标准要求。

有关标准如下：

GB 11678—1989 食品容器内壁聚四氟乙烯涂料卫生标准

GB 13623—2003 铝压力锅安全及性能要求

QB/T 2421—1998 铝及铝合金不粘锅

第四节 生产企业基本要求

一、压力锅产品基本工艺生产流程和关键工艺控制

1. 基本生产工艺流程图

(1) 不锈钢压力锅生产流程(以旋合式压力锅为例)：

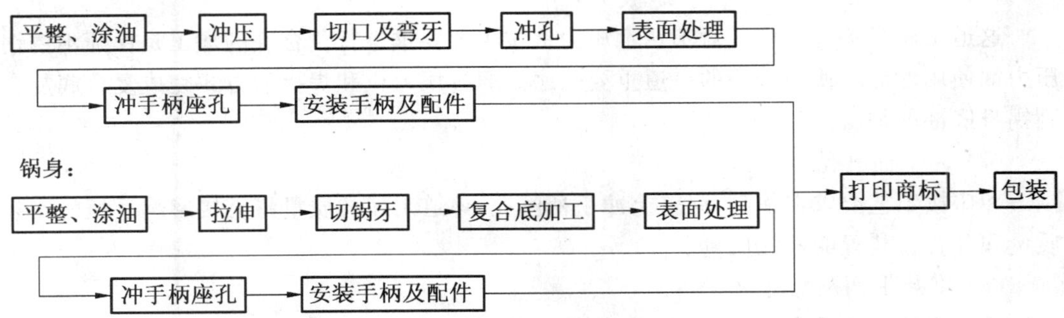

（2）铝压力锅生产流程（以旋合式压力锅为例）：

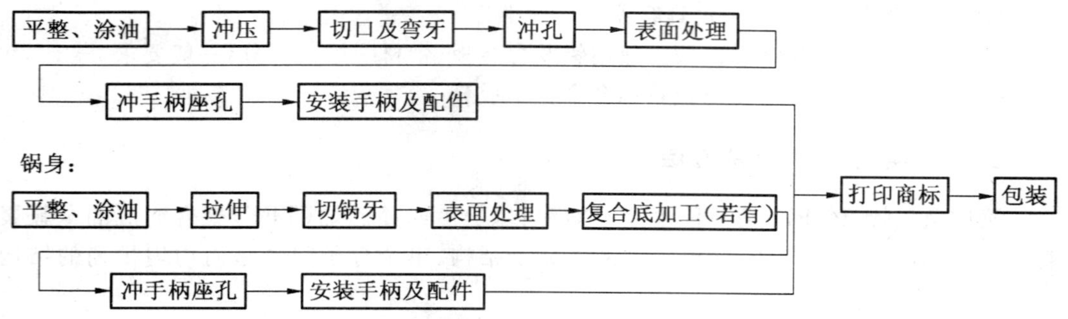

2. 工艺流程简介

（1）平整、涂油

利用平整机和手工涂油或机器涂油，使板材在拉伸前平整，涂油以使其在拉伸工艺加工更好。油的配置应满足下道拉伸工艺要求。

（2）拉伸（冲压）

这道工序是关键工序。主要使用油压机或拉伸机将金属基体加工成制品所需的形状。对拉伸工艺要制定有工艺要求和安全操作规程，对拉伸机或工装模具保养的不好，会严重影响制品的外观。另外拉伸机的吨位也要与相应的产品规格相适应。

（3）切口及弯牙

这道工序是关键工序。整理经拉伸（冲压）成型后的金属基体的边端部切口及弯牙。要严格按照工艺要求的需要，这道工序加工质量直接影响压力锅最终产品质量、安全和使用性能。

（4）锅盖冲孔

按照设计和工艺要求的需要在锅盖上冲限压阀、安全阀、报警阀、泄压阀等阀孔，一配合相应阀体的安装。

（5）表面处理

这道工序是关键工序。对铝压力锅是进行氧化处理，氧化处理是一个特殊工序，需要对工艺参数连续监控；对不锈钢压力锅是抛光处理。

（6）复合底加工

这道工序是关键工序。对不锈钢压力锅按工艺要求进行复合底的加工是保证不锈钢压力锅使用性能和使用寿命的一道重要工序。通过压力机和焊接的方式完成复合底复合到锅身底部的加工。

（7）冲手柄座孔

冲床按工艺要求在锅身、锅盖上冲手柄座孔，该道工序的质量将直接影响手柄的安装质量和开合盖装置的性能质量。

（8）安装手柄及配件

手动安装手柄及限压阀、安全阀、报警阀、泄压阀等配件。

(9) 打印商标

在锅体设计部位打印产品标准要求的永久性标识，这道工序按照各个企业的工艺流程的规定，会与上面所列的生产流程示例的先后顺序有所不同。

(10) 包装

对锅身、锅盖、密封胶圈，限压阀体安装到位，并检查其密封性能，贴标识标签，加产品说明书等，最后完成单个产品的包装盒后装入包装箱，封口，上紧固带完成包装过程。

对锅身内表面涂有不粘涂层的压力锅还应有以下工艺过程：

(1) 清洗

做金属表面涂覆层的准备工作，清洗可保证涂覆层与金属基体具有很好的附着力。各企业根据自己工艺要求对清洗工序进行要求，进行碱性或是酸性液的清洗，还应保证清洗槽及时清理更换，保证清洗的质量。

(2) 喷涂

将聚四氟乙烯、陶瓷、搪瓷等涂料喷涂在金属基体上。喷涂目前有自动和手动控制两种，该工艺主要控制喷涂在金属基体上的涂层要均匀，还要满足一定的厚度要求。要保证成品表面质量满足企业标称的使用功能，如不粘性能和抗硬器划伤的功能等。涂层还应具有良好的遮盖功能，避免金属基体与食物直接接触，以保证产品具有良好的防腐蚀性能，如防酸、碱、盐等。

(3) 烧结

高温加热固化，使涂料牢固附着在金属基体上。应保证该工序所用的生产设备满足工艺要求的能力。要连续监控烧结工序的时间温度等工艺参数，从而保证产品加工后能满足最终产品的涂覆层表面质量性能要求，还要满足最终产品在接触食物过程中的有害元素析出要求，达到国家有关卫生标准的控制规定。

(4) 包装

经完成的制品(或主体)及其配件、说明书、合格证等按要求包装，应保证有对使用者指导性的文件和标志。包装的质量要满足产品在储存和销售过程中的防护和搬运的需要。包装上还应有相应产品所要求的标志。

各生产企业在满足基本生产流程上，可以与细则中示例的生产流程有所区别，如前后顺序不同，一道工序分解成几道工序，或几道工序合并成一道工序时，都是可以接受的。

3. 关键工艺控制

(1) 锅身拉伸的过程控制

通过对锅身拉伸的过程控制，保证产品的成品率、成品的强度、成品的表面质量和使用性能。通过对模具的控制，保证连续生产合格产品，并要求保留可追溯性的记录备查。

(2) 锅盖弯牙的过程控制

通过对锅盖弯牙的过程控制，保证锅牙的质量，强度和配合的良好性。以保证成品的性能，强度和使用寿命。并要求保留可追溯性的记录备查。

(3) 表面处理工艺参数的控制

通过对表面处理过程参数的连续监控，来保证成品的表面质量和美观性。并要求保留可追溯性的记录备查。

(4) 复合底加工工艺参数的控制

通过对加工参数和过程的控制，保证成品的美观性和使用性能，以及使用寿命。并要求保留可追溯性的记录备查。

(5) 结构配件安装工艺过程控制

通过对限压阀，安全阀、报警阀、泄压阀、手柄、开合盖装置等结构配件的装配工艺控制，保证成品的使用性能和安全性能。并要求保留可追溯性的记录备查。

(6) 烧结的工艺参数的控制(若有)

该工序需要有严格的工艺控制，如加工设备达不到工艺要求，或者加工时没有严格按工艺要求进行过程控制，会使加工中使用的有害助剂残留在成品的基体上，影响卫生指标的析出量，对使用者人体造成危害。

二、企业必备的生产设备

压力锅产品的必备生产工艺是申请生产许可证企业需配置的生产加工设备，包括生产设备和工艺装备(如模具)等。必备的生产设备和工艺装备必须和申请的产品单元和产品规格相适用。严禁申请取证企业没有工艺加工设备，仅组装完成最终产品。在企业审查时要求企业在线生产最大申请产品规格的产品，以考证企业的生产设备和工艺装备的能力是否满足要求(见表 4-3)。

表 4-3　压力锅产品必备的生产设备

序　号	产　品　单　元	必备生产设备
1	不锈钢压力锅	拉伸机 冲压机 复合底加工设备 抛光机 工装、模具 装配流水线 除尘设施
2	铝压力锅	拉伸机 冲压机 表面处理用设备 抛光机 工装、模具 装配流水线 除尘设施

三、企业必备的检验设备

压力锅产品生产企业必备的检验设备见表 4-4。必备的检验设备包括原材料进货检验(密封胶圈)，生产过程检验(智能密封性测试仪)和出厂检验所需的检验设备，主要是考虑压力锅产品的特点，密封圈是涉及接触食品安全性能的重要部分，需要企业进货检验时严格把关控制其质量；对压力锅产品组装后的产品质量需要在装配线上做密封试验；出厂

产品必须按照产品标准 GB 15066 和 GB 13623 中规定的要求做出厂检验。

表 4-4 压力锅产品生产企业必备的检验设备

序号	产品单元	检验设备	
1	不锈钢压力锅	进货检验	1. 天平 0.1 mg～200 g 1/10 000 2. 玻璃温度计 0℃～200℃ ±1℃ 3. 水浴锅 37℃～100℃ ±2.5℃ 4. 恒温干燥箱 0℃～300℃ ±1℃
		生产过程检验	压力锅智能密封性测试仪 20 kPa～200 kPa ±2 kPa
		出厂检验	1. 压力表 0 MPa～0.1 MPa、0 MPa～0.16 MPa 0.4 级 0 MPa～0.6 MPa、0 MPa～1 MPa 1.5 级 2. 试压泵 SB200 或类似型号 3. 电炉 1.5 kW，2 kW，2.5 kW ±5% 4. 热电偶温度计 1.5℃ 5. 衡器 1/3 000 6. 天平 1/5 g 7. 扭力扳手 30 N·m 8. 管形测力计 KL-20 9. 粗糙度样板 10. 游标卡尺、秒表、防护罩、砝码等及带排气阀门的专用接头若干
2	铝压力锅	进货检验	1. 天平 0.1 mg～200 g 1/10 000 2. 玻璃温度计 0℃～200℃ ±1℃ 3. 水浴锅 37℃～100℃ ±2.5℃ 4. 恒温干燥箱 0℃～300℃ ±1℃
		生产过程检验	压力锅智能密封性测试仪 20 kPa～200 kPa ±2 kPa
		出厂检验	1. 压力表 0 MPa～0.1 MPa、0 MPa～0.16 MPa —0.4 级 0 MPa～0.6 MPa、0 MPa～1 MPa —1.5 级 2. 试压泵 SB200 或类似型号 3. 电炉 1.5 kW，2 kW，2.5 kW ±5% 4. 涡流测厚仪(低限分辨率为 0.1 μm) 5. 热电偶温度计 1.5℃ 6. 衡器 1/3 000 7. 天平 1/5 g 8. 扭力扳手 30 N·m 9. 管形测力计 KL-20 10. 游标卡尺、专用量具、秒表、防护罩、砝码等及带排气阀门的专用接头若干

考试大纲与练习题

一、考试大纲

（一）学习目的与要求

通过学习，了解压力锅产品的分类；了解压力锅产品存在的质量问题及产生问题的原因；熟悉实施市场准入制度管理的压力锅产品的发证范围；了解压力锅产品使用的原料及辅料。重点掌握压力锅产品的发证范围。

了解压力锅产品获证企业基本生产工艺流程环节及关键工艺控制；了解企业产品生产过程中应具有的必备生产设备和必备的检验设备。

（二）考核知识点与考核要求

1. 发证范围，要求能掌握发证产品范围及其种类。
2. 原材料，熟悉发证产品使用的主要原辅材料及要求。
3. 产品存在的质量问题及原因。
4. 基本生产工艺流程和关键工艺控制。
5. 必备生产设备及其工作原理介绍。
6. 出厂检验项目和必备的检验设备。

二、练习题

1. 压力锅产品存在的主要质量问题？
2. 我国对压力锅是如何监管的？
3. 实施市场准入制度管理的压力锅产品分类、规格划分？
4. 压力锅产品发证范围？
5. 常用的压力锅产品原料？
6. 锅身制造包括哪些工序？
7. 压力锅生产企业应对哪些关键控制环节制定操作程序？
8. 压力锅产品需要什么生产设备？

第五章 压力锅产品生产许可企业实地核查办法

第一节 概　　述

企业实地核查是指由国家质量监督检验检疫总局食品生产监管司指定的压力锅产品生产许可审查机构委派有资格的审查员，依照《实施细则》的要求，对企业申请取证的基本条件进行评价的活动。核查的目的是对企业申请取得生产许可证的基本条件进行实地核查，以确认申请企业是否具备持续稳定生产合格产品的能力，为国家质检总局食品生产监管司作出申请决定并颁发生产许可证证书，提供客观、公正、准确、可靠的技术评价资料。

企业实地核查过程是核查人员按照《实施细则》中企业实地核查办法，与在企业现场获得的核查证据、核查发现进行比对的过程，也是核查人员使用抽样检查的方法寻找客观证据的过程。在这个过程中，称职的核查人员的个人素质和专业能力及审核的方法、技巧，可以得到充分发挥。核查人员会在轻松自如并使企业心悦诚服的情况下，完成企业实地核查任务。

一、实地核查的原则

为实现企业实地核查目的，核查人员在对企业生产现场进行实地核查时，应坚持以下原则。

（一）客观原则

1. 客观证据的概念

客观证据就是支持事物存在及其真实性的证据。没有客观证据而获取的任何信息都不能成为不合格或不满足的判定依据。客观证据不足或未经验证也不能作为判定不合格或不满足的证据。客观证据必须以事实为基础，且可陈述、可追溯、可验证，不应含有任何个人的猜想、推理的成分；客观证据必须是有效的，如所提供的文件和记录应经批准或签字，应是实际使用、执行的结果，应能反映企业基本条件的真实状况和结果。

核查人员在进行判断时应排除其他干扰因素，包括来自企业的、自己情感上的影响判断独立、客观、公正的因素，对审查中采用抽样取证时如无不合格，就应确认，而不是非要找出问题才行。审查员应自始自终维护、保持审核判断的独立、客观、公正性，不能由于情面或屈服于外界压力而私自消化不合格项或增加合格项。

2. 客观证据的收集

核查人员在对企业实地核查时应首先把精力放在收集有关客观证据上。

(1) 收集客观证据的方式：

1) 与企业有关人员面谈；

2) 查阅文件和记录；

3) 现场观察和核对；

4) 对实际活动过程及结果的验证或检验；

5) 数据的汇总、分析；

6) 来自其他方面的信息，特别是相互过程间接口的有关信息。

(2) 所收集客观证据的形式：

1) 存在的客观事实；

2) 面谈人员关于本职范围内的陈述；

3) 现有的文件、记录等。

(3) 核查人员在收集客观证据时应注意以下几个问题：

1) 客观证据并不是越多越好，应按照随机抽样的方法，注意到抽取样本的数量与分层次、均衡适度的关联关系，从而获得适用的客观证据，过多过滥的信息反而会湮没真正所需的关键信息；

2) 客观证据必须是有效的，如所提供的文件是企业正在执行的，应是与企业申报生产许可证产品有关的，并且反映当前实际情况，客观证据收集覆盖的时段面可适当的追溯，但应反映近期有关情况；

3) 应注意查证客观证据之间的相关性及一致性，善于从两个以上相关的客观证据之间发现所存在的问题；

4) 应验证获得客观证据的真实性。企业提供的证据可能夹杂着不真实的信息，因此，要注意验证，如询问有关人员、观察实际结果；

5) 应注重以产品标准的技术要求为主线收集客观证据，收集的客观证据应能为企业基本条件是否满足生产产品的有效性提供证实；

6)核查人员在收集客观证据的同时应做好记录，记下在审查中所听到、看到的有用的真实信息，以便为审核判定提供证实。

(二) 核对原则

核对原则是指进行企业实地核查时，比照企业实地核查办法准确判定被审核企业基本条件合格与否的原则。核对原则是核查人员在企业现场进行企业实地核查中务必坚持的一个至关重要的最基本的原则。

企业实地核查不能脱离《压力锅产品生产许可企业实地核查办法》。核查过程中应紧扣核查主题，严格按照企业实地核查办法确定核查项目、核查内容、核查要点，制定抽样方案，寻找客观证据。核查人员应将审查所获得的审查证据与企业实地核查办法条款逐一比较核对后才能得出合格与否的结论，凡未进行切实核对过的条款，都不能判定为合格或

不合格。这里所说的切实核对，应包括有没有、做没做、做得如何三个依次递进的方面。

核查人员不应用自己所掌握的质量管理知识、自己工作单位的做法或自己的想法作为要求去进行审查判定，甚至强加于人，这样会遭到企业强烈反感甚至引发投诉乃至诉讼。

（三）独立的原则

核查人员核查判断时应坚决排除其他干扰因素，包括来自受核查企业的、核查人员感情上的等等影响核查人员独立判断的因素，自始至终维护、保持核查判断的独立性，不能因情面或畏惧而影响核查结果的公正性。

二、企业实地核查的方法

核查人员在进行企业实地核查时，对核查方法的有效运用是实现成功核查的关键之一。企业生产现场实地核查方法是核查人员在现场为及时收集到足够的适用的客观证据而采取的核查方法。核查方法可根据不同的产品类别、企业类型和实际情况来选用，既可独立使用，也可交叉使用。使用的有效性主要取决于核查人员个人的素质、经验和技巧等。本节就企业实地核查时，核查人员可能采取的核查方法进行介绍。

1. 现场扫描核查法

现场扫描核查法是对被核查企业现场进行全面观察，凭借核查人员的经验和职业敏感性，发现薄弱环节、确定核查重点的有效方法。一般是在首次会议之后对企业现场参观就开始了现场扫描核查。现场参观时，应围绕企业实地核查办法的要求，如：所用的原材料、生产环境是整洁、生产设备、检验设备的配置是否齐备、状态是否完好、运行是否正常；生产现场管理是否规范、是否存在安全隐患、是否采取必要的防护措施、易燃易爆危险品是否隔离；关键特殊过程是否受控等。必要时，可及时进行深入核查并向企业陪同人员确认。但应注意现场参观时间有限，不宜在某处拖延时间过长而影响整个核查计划进度，当发现情况可做简要记录以便分组后再做进一步核查。

该核查方法涉及面广、信息量大，但由于企业一般都会事先做充分准备，易被表面现象所影响。因此，要求核查人员具有较强的专业技术知识、较丰富的审核经验和较高的职业敏感性。

2. 操作流程核查方法

操作流程核查是按产品的工艺流程顺序或产品形成过程以及质量活动操作步骤依次核查的方法。该方法按核查方向不同分为顺向核查和逆向核查两种。顺向核查是按产品质量或质量活动从发生到实现的顺序进行核查的方法；逆向核查是按产品质量或质量活动从实现到发生的逆序进行核查的方法。

操作流程核查方法核查思路清晰、方法简便，容易发现“接口”问题或系统性问题。按企业实地核查办法进行核查时，适用于生产资源提供、采购质量控制、过程质量控制、产品质量检验等条款。

3. **逐条核查方法**

逐条核查方法是按照企业实地核查办法条款的核查内容逐条进行核查的方法。该方法可以比较清楚地了解各部门对同一条款要求的控制程度，审核目标集中，不易漏掉审核条款。但由于一个条款往往涉及企业的多个部门多个生产环节，需要走访与之相关的部门方可核查完某一条款，如此这般逐条核查下来，路线迂回穿梭于各部门之间，同一部门往往需要进出若干次，工作效率低，同时也影响审查组的形象。

4. **组织结构核查方法**

组织结构核查方法是按照企业组织机构、层次、职责及相互关系进行核查的方法。该核查方法按核查起点不同而分为自上而下和自下而上的核查方式。当核查企业的质量管理职责、方针、目标的展开、落实、技术文件管理等条款时可采用此核查方法。

5. **部门核查方法**

部门核查方法是核查特定部门内所有质量活动的核查方法。如对采购质量控制条款核查时经常采用该方法。运用该方法时应针对某个部门确定核查过程，分清主次，且应在各核查人员的统一协作的前提下完成核查，避免重复审查。

6. **重点发散核查方法**

发散核查是围绕某个重点展开核查的方法。在对企业实地核查时，核查人员应具备确认核查重点的基本能力。核查时应首先确认核查重点，并在核查过程中随时抓住重点。如围绕关键质量控制点、特殊过程等展开对技术工艺文件、检验规范、操作程序、设备工装、检测设备、检验记录、人员素质等条款内容的核查。在进行生产资源提供、过程质量管理、产品质量检验等条款时可采用此方法。

以上的核查方法，可根据实地核查的实际情况有机地组合或交叉使用。

7. **问题溯源核查方法**

问题溯源核查方法是针对某个问题进行原因追查的核查方法，也称为顺藤摸瓜方法。以问题为主导深入追查或核实，追溯到产生问题的本质原因。在核查检验、技术文件、不合格品等要素时可以采用。运用该方法，关键是要透过现象看本质，保持预防、改进的锐利目光。

8. **概括切入核查方法**

该方法是从了解核查项目基本情况、事实、数据入手，有目的、有重点地步步缩小范围，深入具体的核查方法。如企业实地核查办法中的质量管理职责、记录等综合要素，宜从掌握概括入手。核查人员应具备整体把握能力，以确保核查抽样的代表性。

三、实地核查活动过程控制的要点

企业实地核查是生产许可审查工作的中心环节，对实地核查现场审核活动过程实施有效控制，是确保审核顺利完成和审核结论客观公正、科学准确的关键。生产许可企业实地核查实行组长负责制，其重要职责就是要控制好企业实地核查的整个现场审核活动过

程。企业实地核查活动过程的控制要点为审查计划进度和节奏的控制、审查范围的控制、审查气氛的控制等方面。

1. **核查进度的控制**

企业实地核查是一项规范性活动，整个现场核查应有计划有节奏的进行，无特殊情况，均应确保按预定的计划进度如期完成全部核查活动。但现场实地核查过程中往往会因为一些特殊情况而不能准确按计划时间进行，审查组长应根据具体情况适时进行调整。

核查人员应注意保持核查节奏，各部门、各环节核查时间安排适度，不能因为自己对某个专业方面较熟悉或感兴趣，就核查的特别细致，抽取的样本特别多，也不能"不找到不合格项誓不罢休"在某个环节审查时间过长，以至于其他部门的审核时间不足而草草过场。

当发现有不合格线索需要追踪时，可延长核查时间直至得到客观的证据。

遇有事先难以预料的特殊情况，如临时停电不能按原计划安排到车间查看关键工序的操作，应及时作出调整，改变核查的顺序，但应注意尽量不要拖延整个审查日期。

2. **核查范围的控制**

核查范围是指企业申请单元所含盖的产品范围和部门、场所范围。

市场经济环境下，企业经营多元化，一个企业往往生产多种产品，但是并非所有都是工业产品生产许可证管辖范围内的产品。有的企业则同时申请几种规格的产品，甚至几个单元不同规格的产品。

一个企业有许多部门和经营生产场所，有的还有分支机构、分厂点等。

因此，只有企业申请单元所含盖的产品，以及与该类产品生产经营活动有关的部门和场所才是实地核查的核查范围。

现场实地核查必须注意严格控制好核查范围，在实地核查时，既不要随意扩大和超出核查范围，在企业申请单元所含盖的产品以外抽取样本，也不要缩小核查范围，漏查某些部门、分场所，或漏查某些单元某些规格的产品，以确保实地核查结果的完整性、有效性和客观公正性。

3. **核查气氛的控制**

企业实地核查是一项十分严肃的权威性的技术评审工作，核查中气氛过于紧张，往往会给企业造成很大的心理压力，不利于审核发现。

为使实地核查取得较好的效果，核查人员自始至终时时处处都应注意与企业建立一种平等公平的工作关系，要善于营造一种和谐、融洽和轻松的审查气氛。既要坚持原则，又要适度灵活；既要有权威性，又不可盛气凌人；既要善于核查发现，又不吹毛求疵。

当发现不符合事实时，要认真、仔细、耐心地听取对方的解释，切不可以批评和指责的口气对待企业。

四、实地核查特殊情况的处理

审查组在现场进行企业实地核查过程中，往往会遇到某些意想不到的特殊情况，这就需要核查人员灵活应对，妥善处理。

1. 实地核查计划未执行

未按企业实地核查计划进行实地核查的，要区别情况，分别处理：

(1) 企业无正当理由，造成未按企业实地核查计划进行实地核查的，由企业承担后果，按企业审查不合格处理；

(2) 审查组无正当理由，造成未按企业实地核查计划进行实地核查的，由审查组承担后果，追究审查组长的责任和相关直接责任人的责任；由审查机构视情况另行制定企业实地核查计划，组织实地核查；

(3) 由于不可抗力的原因，造成未按企业实地核查计划进行实地核查的，由审查机构视情况另行制订企业实地核查计划，组织实地核查。

2. 企业停工停产

如审查组到达企业后或开始核查后发现企业因停电、以销定产待料加工等原因停产甚至放假等情况。

出现此类情况将不能对企业的生产能力进行查看考核并作出评价。

审查组长应及时与企业领导沟通，了解相关情况，根据具体情况作出相应处理。如企业在短时间内能够恢复生产，则可按原计划先开首次会、必要时对核查日程作适当调整，核查有关文件记录，生产过程控制及操作相关的内容待开工时再查；但如企业在短时间内不能够恢复生产，应请示审查机构调整计划，并请企业书面说明情况，审查组撤离。

3. 企业申请书中未写明的分厂点

如审查组到达企业后或开始核查后发现企业申请产品一部分或全部在其他分厂点加工的情况，审查组应视该分厂点的距离、规模调整计划。如该分厂点就在当地，应安排时间进行核查，并应在企业申请书、审查计划、记录报告中写明；但若该分厂点就在异地，受时间和交通等限制，本审查组本次核查实施有困难时，应向审查机构说明情况，由审查机构另行安排对该分厂点的核查。

4. 企业申请书中未包括的其他许可证产品

如审查组开始核查后发现企业还有属于许可证管理的其他产品而没有申请的情况，审查组应根据具体情况进行适当处理。如属同一申请单元不同抽样规格段的产品，向企业说明后企业要求增加申请的，审查组可以将其纳入核查范围，并应在企业申请书、审查计划、记录报告中写明；如不属同一申请单元时，企业若要取证则需另行申报，为方便企业同时提高审查工作效率，审查组在征得省级质量技术监督局同意的前提下，可以将其纳入核查范围。

5. 企业要求推迟审查或撤销申请

如审查组到达企业后遇企业提出推迟核查要求，应根据具体情况处理。当企业因厂房改扩建或正在搬迁，请企业写出书面材料并加盖企业公章，报送省级质量技术监督局和

审查机构，审查组撤离；其他无特殊情况，企业要求推迟核查将不予认可，审查组应按照原计划实施核查。

如企业提出撤销申请，审查组应要求企业写出书面报告并加盖企业公章，分别报送省级质量技术监督局和审查机构，审查组撤离。

6. **现场参观即发现企业不具备生产设施和必备设备**

首次会议后现场参观时即发现企业生产设施简陋、生产设备缺乏、检验手段没有，根本不具备必备的生产设施、生产和检测设备等情况，审查组长应立即召开会议，如作出不合格结论，可终止现场核查，并由审查组长向企业负责人沟通。

7. **企业不配合审查组工作**

审查组到达企业后或在核查过程中如遇企业不配合审查组工作，致使核查无法继续进行时，审查组应及时向审查机构汇报，并将有关情况详细记录，该企业核查结论按不合格处理。

五、实地核查应提交的文件

企业实地核查工作结束后，审查组应在规定的时限内将全部核查资料上报审查机构。

审查组应提交如下核查资料：

1. 归还企业申请书及其他申请材料。
2. 企业实地核查记录。
3. 实地核查不合格报告及整改要求。
4. 企业实地核查报告。
5. 产品抽样单。
6. 审查机构要求的材料（如企业申请产品名称型号规格确认表、企业必备检测仪器设备核查表、人员考试试卷等）。
7. 实地核查活动中形成的其他必要的材料等。

第二节 条款解释及核查要点

本实地核查办法的制定主要依据《中华人民共和国工业产品生产许可证管理条例》、《中华人民共和国工业产品生产许可证条例实施办法》、其他相关法律法规及《实施细则》。同时，引入了危害分析与关键控制点（HACCP）理念，如危害的应对措施、质量安全小组的建立、对危害环节进行分析及规定、要求企业对上述关键点控制、追溯要有记录以及召回、对工艺方面提出企业声明、清单、使用规程，对原辅材料的使用、检验作为关键控制点的一部分，并对此进行监督。

压力锅产品生产加工企业生产条件的实地核查评价分为质量安全管理职责、企业环境与场所要求、生产资源提供、采购质量控制、生产过程控制、产品质量检验、生产安全防护 7 个部分，共 7 章 26 条 46 个核查内容。

一、核查要点和评判原则

（一）质量安全管理职责

1. 组织领导

◎ 条款要求

> 核查内容
>
> 企业领导中应有人负责质量安全工作。企业领导应当对可能影响产品质量安全的潜在紧急情况及事故制定应急措施。
>
> 核查要点
>
> （1）是否指定领导中一人负责质量安全工作。
>
> （2）其职责和权利是否明确。
>
> （3）企业领导是否制定了对可能影响产品质量安全的潜在紧急情况和事故的应急措施。

◎ 条款解释

要求压力锅产品生产企业的领导层如厂长、副厂长或总工程师中，应有一个人全面负责企业的质量工作，以确保实施有效的质量管理，对生产许可证产品实物质量进行有效的控制；应对负责质量工作的企业领导的职责与权限进行明确的规定；定期向最高管理层报告企业质量管理状况。

对可能影响产品质量安全的潜在紧急情况和事故如错用原辅材料，或安全性能未加评价等情况，企业领导应制定相应的应急预案和处置措施。

核查压力锅产品生产企业的领导是否履行了质量职责，应从以下两方面进行核查、证实：

（1）查看企业是否有文件规定或其他材料能够证明企业领导层中有人负责企业的质量管理工作；

（2）查阅企业的质量工作会议等有关记录，以核实该领导是否在主持质量工作，是否切实解决了企业的一些质量问题，而不是“虚挂”；

（3）是否制定有在影响产品质量安全的紧急事故情况下的应急措施。

◎ 评判原则

合格：有明确文件任命，且职权明确。质量负责人对自己有关质量安全职责清晰，制定有在影响产品质量安全的紧急事故情况下的应急措施。

一般不合格：无文件任命、或质量安全负责人对自己的职责部分不清晰；在影响产品质量安全的紧急事故情况下的应急措施要求不完善或不可行。

严重不合格：无任命、职责不明确；无在影响产品质量安全的紧急事故情况下的应急措施。

2. 管理职责

条款要求

核查内容

企业应制定质量安全管理制度，规定各有关部门、人员的质量职责、权限和相互关系，特别是检验部门和人员的职责权限。

核查要点

（1）是否制定了质量安全管理制度。

（2）是否规定了产品质量有关的部门、人员的质量职责、权限和相互关系。

（3）是否规定了检验部门和人员的职责权限。

条款解释

要求压力锅产品生产企业具有质量管理制度相关文件，并通过制定质量管理制度，明确包括最高领导层在内的与取证产品相关的所有部门和人员的质量职责、权限以及相互关系，以保证企业内部的各项质量活动能够按照有关规定，正常有序地进行，从而实现原辅材料采购、生产加工过程、产品质量检验、成品包装、贮存等生产过程的全过程质量管理控制。

质量管理制度中必须明确管理、执行和验证工作人员的职能。这些人员应能依照规定的职责、权限独立开展工作。管理人员是指从事与质量有关的各管理部门的人员，如主管质量、技术、工艺、生产、供销、设备等部门的人员；执行人员是指从事生产过程中的具体操作人员，如生产加工、半成品转运、库存管理等方面的工作人员；验证人员是指对质量进行监控或提出证据的有关人员，如质量管理体系方面的审查员、原辅材料进厂的验证人员、半成品和成品的检验人员、计量器具的检定人员。

在该文件中各部门间的接口清晰、明确，工作关系相互协调。必须规定各有关部门、人员的质量职责、权限和相互关系，各部门应能依照规定的职责、权限独立开展工作（该类文件可以用“岗位质量责任制”的形式体现）。

对此项要求的核查，主要是查阅文件，审查企业质量安全管理制度的制定情况。同时，辅之以座谈了解，询问有关部门、人员是否知道自己的质量职责和权限以及相互关系。

评判原则

合格：制定了质量管理制度，明确规定了各部门、人员的质量职责、权限和相互关系。

一般不合格：制定了质量管理制度，各部门、人员的质量职责的权限和相互关系规定不够明确。

严重不合格：无质量管理制度。

3. **有效实施**

◎ 条款要求

> 核查内容
> 在企业制定的规章管理制度中应有相应的考核办法并严格实施。
> 核查要点
> (1) 是否规定了质量考核办法。
> (2) 是否已开展有效实施并记录。

◎ 条款解释

应制定质量管理考核办法,办法应明确规定考核的组织部门、考核的频次、考核的内容、考核的工作程序、考核结果的评价等。应具备有关实施情况的记录。考核记录应记录详细,保存完整。各部门有关人员应充分了解并有效行使所赋予的职权。

企业在进行质量管理考核时,应把全部质量管理活动的综合情况与结果联系起来对照分析,对各项质量目标的完成情况进行评价,并将考核结果与质量经济责任相联系。

◎ 考核方式

可以采用集中或分散的形式,可采用适宜的定期考核方式。无论采用何种考核方式,均应该能证实考核效果,并应建立和保留考核记录。

◎ 评判原则

合格:考核记录中可查看到质量管理制度中包括的考核办法,能严格实施。

一般不合格:质量管理制度中包括考核办法,但考核记录不全。

严重不合格:质量管理制度中无考核办法。

(二) 企业环境与场所要求

1. **环境要求**

◎ 2.1.1 条款要求

> 核查内容
> 保持厂区内外环境整洁,厂区的地面、路面及运输等不应对产品的生产造成污染。应与有毒有害源保持一定距离。
> 核查要点
> (1) 厂区是否有整洁的生产环境,地面、路面及运输等是否未对产品的生产造成污染。
> (2) 是否与有毒有害源保持一定距离。

◎ 2.1.1 **条款解释**

企业厂区必须有整洁的生产环境；有毒有害源将直接影响压力锅产品的质量安全，应保持距离。

◎ 2.1.1 **评判原则**

合格：企业厂区有整洁的生产环境；有毒有害源与原辅材料及产品隔离存放。

一般不合格：企业厂区较整洁，有毒有害源与原辅材料基本隔离。

严重不合格：企业厂区生产环境恶劣，有毒有害源与原辅材料及产品未隔离存放。

◎ 2.1.2 **条款要求**

> 核查内容
>
> 厂房应按生产工艺流程及需求进行合理布局。同一厂房内以及相邻厂房间的生产操作不得相互妨碍。
>
> 核查要点
>
> (1) 厂房是否按生产工艺流程及需求进行了合理布置。
>
> (2) 同一厂房内以及相邻厂房间的生产是否相互妨碍。

◎ 2.1.2 **条款解释**

厂房按生产工艺流程及需求布局是指企业工序前后衔接合理有序无交叉，无污染。

◎ 2.1.2 **评判原则**

合格：厂房按生产工艺流程及需求合理布局，同一厂房内以及相邻厂房间的生产操作相互不妨碍。

一般不合格：厂房未按生产工艺流程及需求进行合理布局，同一厂房内以及相邻厂房间的生产相互不太妨碍。

严重不合格：厂房布局不合理，同一厂房以及相邻厂房间的生产操作相互妨碍严重。

2. **车间要求**

◎ **条款要求**

> 核查内容
>
> 生产区和储存区应有与生产规模相适应的面积和空间。
>
> 核查要点
>
> 生产区和储存区是否有与生产规模相适应的面积和空间用以安置设备、物料，便于生产操作，存放物料、中间产品、待验品和成品。

◎ **条款解释**

生产区和储存区应有与生产规模相适应的面积和空间用以安置设备、物料，便于生产操作，存放物料、中间产品、待验品和成品应分区存放。

◎ **评判原则**

合格：生产区和储存区应有与生产规模相适应的面积和空间，利于生产。

一般不合格：生产区和储存区与生产规模所需的面积和空间较拥挤，但仍能正常生产。

严重不合格：生产区和储存区空间拥挤，面积狭小，严重妨碍正常生产。

3. **生产设施**

◎ **条款要求**

核查内容 企业必须具备满足生产需要的工作场所和生产设施，且维护完好。 核查要点 是否具备满足生产需要的车间、仓库、检验室等工作场所和生产设施，且维护完好。

◎ **条款解释**

该项为否决项。

企业必须具备满足生产和检验需要的工作场所和设施。压力锅产品的生产企业由于生产产品的品种差异，其生产设施要求也会有所不同，但应不少于细则中规定的必备设备。企业的生产工作场所和设施应与规定的生产能力相适应，避免因生产加工场地的紧张，致使加工工艺流程不合理，工序之间相互干扰，从而造成影响产品质量的因素和安全事故的隐患。

◎ **评判原则**

合格：企业具备完好的工作场所和生产设施，能够满足生产和检验需要。

不合格：企业不具备满足生产需要的工作场所和生产设施。

4. **库房要求**

◎ 2.4.1 **条款要求**

核查内容 企业的库房整洁卫生、通风良好、地面平滑。 核查要点 企业的库房是否整洁卫生，通风良好，地面平滑。

◎ 2.4.1 条款解释

企业的库房整洁卫生、通风良好、地面平滑无裂缝，有防火、防潮。库房内的湿度应符合原辅材料、成品的存放要求，因此应查看库房内是否有监控湿度的装置，并有相应的防潮设施，如通风或去湿机等。应检查有无相应的防火设施等。

◎ 2.4.1 评判原则

合格：企业的库房整洁卫生、通风良好、地面平滑。

一般不合格：企业的库房基本做到整洁卫生、通风良好、地面平滑。但无监控湿度的装置，或者防火设施已过期。

严重不合格：企业的库房不够整洁卫生、无通风设施。湿度达不到规定要求，无防火措施和装置。

◎ 2.4.2 条款要求

> 核查内容
>
> 库房内存放的物品应保存良好，一般应离地、离墙存放。原辅材料、成品（半成品）及包装材料分别存放并明确标识。有毒、有害物品必须另行单独存放，并明确标识。
>
> 核查要点
>
> (1) 库房内存放的物品是否保存良好，并离地、离墙存放。
>
> (2) 原辅材料、成品（半成品）及包装材料是否分别存放并明确标识。
>
> (3) 有毒、有害物品是否另行单独存放，是否明确标识。

◎ 2.4.2 条款解释

企业库房内存放的物品通常要求离地 100 mm 以上，离墙 200 mm 以上。“一般应离地、离墙”是指特殊情况可以不离地，不离墙存放，审查员可根据具体情况作出处理。要求企业按先进先出的原则出入库，主要是防止原辅材料、成品（半成品）存放时间过长，影响生产和使用。有毒、有害物品必须另行单独存放，并明确标识，以保证成品（半成品）及原材料免受污染，保障质量安全。

对产品进行标识是为了易于识别、防止混淆和非预期使用，并可实现对产品质量的追溯，也是为了保证下一工序产品的使用者或直接消费者清楚辨别材料的用途及安全使用范围。

产品标识包括类别标识、加工状态标识、检验状态标识和可追溯性标识等。

产品标识应真实、清晰，可辨，不易被污损、挪用或丢失，标识应紧随产品实物停放或流转，且不影响下道工序使用或加工。

应制定有关可追溯标识的方法，可追溯性产品标识应具有唯一性，以便于实现追溯。

◎ 2.4.2 **评判原则**

合格：库房内存放的物品离地、离墙存放，保存良好；原辅材料、成品（半成品）及包装材料分别存放并明确标识；有毒、有害物品另行单独存放，并已明确标识。

一般不合格：库房内存放的物品基本离地、离墙存放；原辅材料、成品（半成品）及包装材料分别存放，但未明确标识；有毒、有害物品单独存放，但未明确标识。

严重不合格：库房内存放的物品未离地、离墙存放；原辅材料、成品（半成品）及包装材料混放，且有毒、有害物品未单独存放。

（三）生产资源提供

1. **设备工装**

◎ 3.1.1 **条款要求**

核查内容 企业应具有本《实施细则》中规定的必备生产设备和工艺装备。其性能和精度应能满足生产的要求。 核查要点 （1）是否具有本《实施细则》中规定的必备生产设备和工艺装备。 （2）生产设备和工艺装备的性能和精度是否能满足生产的要求。

◎ 3.1.1 **条款解释**

该条款为否决项。

企业必须具有《实施细则》中对应申证单元要求的必备生产设备和工艺装备，并且这些生产设备和工艺装备的性能和精度满足对应的申证单元的产品加工要求。这是企业按标准组织生产所应具备的最基本的生产条件，也是考核企业是否具备许可证产品生产能力的最低条件。当企业不具备生产许可证实施细则中规定的某种生产设备和工艺装备及其性能和精度，在企业生产条件现场审查时，则判定该企业不具备生产某种产品的生产能力。

企业应具备《实施细则》中 4.1.1 压力锅基本生产流程中所需的生产设备，不容许采用外协加工。其他零部件容许采用外购件，可不具备完成该零部件工艺过程所需要的生产设备和工艺装备。

◎ 3.1.1 **评判原则**

合格：企业具备《审查细则》中规定的必备生产设备和工艺装备，并且这些生产设备和工艺装备的性能和精度满足对应的申证单元的产品加工要求。

不合格：企业不具备《审查细则》中规定的必备的生产设备和工艺装备，或这些生产设备和工艺装备的性能和精度不能满足对应的申证单元的产品加工要求。

◎ 3.1.2 条款要求

> 核查内容
>
> 设备应卫生整洁。设备的布局和生产流程应当合理。
>
> 核查要点
>
> 设备是否卫生整洁，设备的布局和生产流程应当合理。

◎ 3.1.2 条款解释

与压力锅产品直接接触的设备表面应光洁、平整、易清洁；设备的布局和生产工艺流程合理。

◎ 3.1.2 评判原则

合格：设备整洁。设备的布局和生产流程合理。

一般不合格：设备基本整洁，设备的布局和生产流程不够合理，但未造成对产品与原材料的质量影响。

严重不合格：设备凌乱脏污，布局和生产流程不合理，容易对产品与原材料的质量造成影响。

◎ 3.1.3 条款要求

> 核查内容
>
> 生产设备和工艺装备应有明显的状态标志，并定期维修、保养和验证。设备安装、维修、保养的操作不得影响产品的质量。生产设备应有专门人员使用、维修、保养和记录，并由专门人员管理。
>
> 核查要点
>
> (1) 是否因设备和工艺装备安装、维修、保养不到位影响产品质量。
>
> (2) 生产、检验设备是否有使用、维修、保养记录，并由专人管理。

◎ 3.1.3 条款解释

生产设备应有明显的状态标志，可防止出现意外的使用错误，保障生产安全。生产设备应建立相应的设备档案，设备档案应明确记录相应设备专门管理人员姓名，应规定定期维修、保养的时间间隔，维修、保养记录应清晰记录设备的维修、保养和验证情况。

◎ 3.1.3 评判原则

合格：生产设备有明显的状态标志，生产设备建立了相应的设备档案。设备有专门管理人员定期维修、保养、验证并记录。

一般不合格：生产设备无明显的状态标志。生产设备建立了相应的设备档案但不够完善，无专人管理。设备有维修、保养、验证但未按规定进行，且记录不够完整。

严重不合格：生产设备无状态标志，生产设备未建立相应的设备档案。设备无维修、保养、验证及记录。

2. **检验设备**

◎ 3.2.1 **条款要求**

核查内容

企业应具备《实施细则》中规定的必备检验设备，其性能应符合产品质量标准的检验要求。

核查要点

（1）是否有审查细则中规定的必备检验设备。

（2）所具备检验设备和计量器具性能是否符合产品质量标准的检验要求。

◎ 3.2.1 **条款解释**

该条款为否决项。

企业必须具有《实施细则》中要求的必备检验设备和精密度。这是企业按标准组织生产所应具备的最基本的生产条件，是考核企业是否具备许可证产品生产能力的最低条件。也是考核企业是否具备许可证产品质量把关的要求。企业必须具有《实施细则》中要求的必备检验设备；实地核查时，应检查其现有检测设备、适用范围和精密度、以及计量器具的有效性（可检查档案，必要时进行现场核实）。

◎ 3.2.1 **评判原则**

合格：具备了《实施细则》中规定的必备检验设备，且适用范围、精密度符合产品质量标准的检验要求；

不合格：不具备审查细则中规定的必备检验设备和精密度。

◎ 3.2.2 **条款要求**

核查内容

出厂检验设备有明显的合格标志，并定期检定或校准。

核查要点

出厂检验设备是否有明显的合格标志，是否定期检定或校准。

◎ 3.2.2 **条款解释**

企业必须配备用于检验的仪器、仪表、量具、衡器等，应有定期检定或校验（准）合格证明材料。

◎ 3.2.2 **评判原则**

合格：所具备检验设备和计量器具有明显的合格标志，并进行了定期校验（准）的证

明材料。

一般不合格：所具备检验设备和计量器具无明显的合格标志，部分检验设备没有定期校验（准）的证明材料。

严重不合格：所有检验设备和计量器具无任何证明材料证明经过计量检定或校验（准）。

3. **人员要求**

3.3.1 条款要求

核查内容

企业领导应了解与生产有关的法律法规（如企业的质量责任和义务等），并具有一定的质量安全管理常识。了解企业领导在质量安全管理中的职责与作用。企业领导应有相关的专业技术知识。应了解产品标准、主要性能指标等；了解产品生产工艺流程、检验要求。

核查要点

（1）是否有基本的质量安全管理常识。是否了解卫生法对企业的要求（如企业的质量责任和义务等）；是否了解企业领导在质量安全管理中的职责与作用。

（2）是否有相关的专业技术知识。是否了解产品标准、主要性能指标等；是否了解产品生产工艺流程、检验要求。

3.3.1 条款解释

作为企业领导，对企业的生存与发展、对企业质量管理工作、对所生产产品质量的持续稳定与提高起着至关重要的决定作用。企业领导了解产品质量法规（如：《中华人民共和国产品质量法》、《中华人民共和国食品卫生法》、《中华人民共和国计量法》、《中华人民共和国标准化法》、《中华人民共和国工业产品生产许可证管理条例》、《中华人民共和国安全生产法》等）和企业应承担的产品质量责任，熟悉本厂质量管理体系的运行和质量管理体系评价的方法，熟悉主管的业务知识和质量管理体系文件；质量负责人应具有质量管理知识，熟悉相关的法规和专业技术知识，职责明确。

3.3.1 评判原则

合格：企业领导比较熟悉和了解的质量安全管理常识，了解《产品质量法》和《食品卫生法》等对企业的要求；了解其在质量安全管理中的职责与作用；企业领导比较熟悉和了解相关的专业知识，了解产品标准和主要性能指标，了解产品生产工艺流程、检验要求。

一般不合格：企业领导具备基本的质量安全管理常识，部分了解产品质量法和食品卫生法等对企业的要求，并部分了解其在质量安全管理中的职责和作用；具备部分相关的专业知识，或了解产品标准和主要性能指标，但不够了解产品生产工艺流程、检验要求。

严重不合格：企业领导不具备基本的质量安全管理常识，不了解产品质量法和食品卫生法等对企业的要求，不了解其在质量安全管理中的职责和作用；不具备相关的专业知识，不了解产品标准和主要性能指标，不了解产品生产工艺流程及检验要求。

◎ 3.3.2 条款要求

核查内容

企业技术人员应掌握专业技术知识，并具有一定的质量安全管理知识。

核查要点

（1）是否熟悉自己的岗位职责。

（2）是否掌握相关的专业技术知识。

（3）是否有一定的质量安全管理知识。

◎ 3.3.2 条款解释

企业能否生存发展，其产品质量和技术力量是决定因素之一。产品的技术开发需要技术力量，良好的技术人才素质是企业在激烈的市场竞争中生存发展的关键。因此专业技术人员应掌握申请产品的专业基础知识，熟悉生产产品的质量特性和生产加工工艺技术要求，掌握该产品的检验方法，具备一定的质量管理知识和经验，并应具有从事取证产品设计开发活动的相关学历和工作经历，能够满足相关岗位的专业能力要求等。这里所说的技术人员是指企业内技术工作岗位从事技术工作的专业人员，包括产品设计、工艺、设备工装等方面的专业技术人员。技术人员对产品生产质量的持续稳定与提高起重要作用。因此应具备以下方面知识：

（1）熟悉自己的技术岗位职责和质量职能。

（2）掌握相关的专业技术知识，并能解决生产过程中的技术难题。

（3）掌握行业产品技术质量水平和发展动态。

（4）熟悉产品生产流程。现场核查时，可抽查 5 名～10 名（不足 5 名全抽）技术人员（必须包括专业技术人员）进行座谈，或查阅有关档案文件和培训记录。

◎ 3.3.2 评判原则

合格：企业技术人员熟悉自己的岗位职责并掌握相关的专业技术知识，且具有一定的质量安全管理知识。

一般不合格：企业技术人员基本了解自己的岗位职责，较熟练掌握相关的专业技术知识，质量安全管理知识较少。

严重不合格：企业技术人员不了解自己的岗位职责，不具备相关的专业技术知识，缺乏质量安全管理知识。

◎ 3.3.3 条款要求

核查内容

生产操作人员应熟悉自己的岗位职责，能熟练地进行生产操作。应能看懂相关的图纸、配方和工艺文件。电工、叉车工等特殊岗位工作人员应持证上岗。

核查要点

(1) 生产操作人员是否熟悉自己的岗位职责，是否能熟练地进行生产操作。

(2) 是否能看懂相关的图纸、配方和工艺文件。

(3) 电工、叉车工等特殊岗位工作人员是否持证上岗。

◎ 3.3.3 条款解释

生产操作人员应熟悉本岗位职责权限和规定，熟悉相关的技术文件和操作规程，具备生产加工所需的基本知识和技能，能够按照设计图纸、工艺规程、作业指导书进行生产加工；能正确熟练地操作设备，能对设备进行必要的维护，并能开展产品的自检和互检工作。可现场抽查 3 名～5 名工人（重点抽查关键工序、特殊工序操作工人）进行实际操作和提问考核。

电工、叉车工等属特殊岗位工作人员，应持有劳动部门颁发的特殊岗位培训合格证书。可审查电工、叉车工是否有相应的合格证书。

◎ 3.3.3 评判要求

合格：生产操作人员熟悉自己的岗位职责，并熟练地进行生产操作；生产操作人员能看懂相关的图纸、配方和工艺文件；电工、叉车工等特殊岗位工作人员具备特殊岗位培训合格证书。

一般不合格：生产操作人员不够熟悉自己的岗位职责，能进行生产操作但不够熟练；基本看懂相关的图纸、配方和工艺文件，电工、叉车工等特殊岗位工作人员具备特殊岗位培训合格证书。

严重不合格：生产操作人员不熟悉自己的职责，不能熟练进行生产操作，看不懂相关的图纸、配方和工艺文件；电工、叉车工等特殊岗位工作人员不具备特殊岗位培训合格证书。

◎ 3.3.4 条款要求

核查内容

检验人员应熟悉产品检验规定，具有与工作相适应的质量安全知识、技能和相应的资格。

核查要点

(1) 是否熟悉产品检验相关规定。

(2) 是否具有与工作相适应的质量安全知识、技能和相应的资格。

◎ 3.3.4 条款解释

对检验人员的要求至关重要，检验人员的素质和业务水平能够直接影响到产品的质量，企业的生产经营活动必须具有一支保证产品质量检验人员队伍。检验人员应熟悉所申请产品的专业基础知识，熟悉本岗位职责权限和规定，掌握生产产品的质量特性和生产加工工艺技术要求，掌握该产品的标准和检验方法，具备一定的质量管理知识和经验，并能正确熟练地操作检验仪器设备等。这里所说的检验人员是指企业内从事质量检验活动的专（兼）职人员，包括外购外协件进货检验、生产过程中的工序检验、半成品检验、完工产品的最终检验以及出厂检验人员。审查时，可抽查 1 名～3 名检验人员进行提问，现场观察其检验操作，查阅有关档案文件和培训记录，并询问其相关产品标准、检验要求等相关专业技术知识和质量管理知识。

◎ 3.3.4 评判原则

合格：检验人员熟悉产品检验相关规定，并具有与工作相适应的质量、卫生知识和相应的资格。

一般不合格：检验人员了解产品检验相关规定但不够熟悉；具有相应的资格，具有一定的质量和卫生知识、技能，但不够熟练。

严重不合格：检验人员不了解产品检验相关规定，不具备与工作相适应的质量和卫生知识、技能和相应的资格。

◎ 3.3.5 条款要求

核查内容

企业应对与产品质量安全相关的人员进行必要的培训和考核。企业应对直接接触产品的从业人员进行卫生法规和相应技术、技能的培训，并保存相关记录。

核查要点

企业是否对直接接触产品的从业人员进行卫生法规和相应的技术培训，是否保存了相关记录。

◎ 3.3.5 条款解释

企业对相关从业人员进行培训既能提高员工的素质水平，又是产品质量的重要保证。因此企业应有目的，有计划地采取多种形式对员工进行必要的培训，提高人员素质。培训的方式灵活多样，可包括上岗培训、在职培训、脱产培训、专业培训、院校代培等方式。应注意对于产品质量相关的各类人员进行培训，包括对企业的厂级领导、管理人员、技术人员、检验试验人员和操作工人等进行有效的培训。特别是要加强对操作工人的培训，因为操作工人在生产第一线，其知识水平和操作技能的高低，直接影响企业的产品质量。通过培训，应使每个岗位的工人都熟悉自己的职责和操作规程，会正确熟练地使用和维护设备，能看懂图纸和相关技术文件，并能够按技术标准完成生产任务。

为提高培训工作的质量，保证培训的有效性，企业应制定人员培训与考核制度，明确考

核要求，对培训活动及其效果进行必要的考评。并应保留培训记录，建立人员培训档案。

3.3.5 评判原则

合格：质量安全相关人员经过培训并考核合格，或能胜任所担任的工作。企业对直接接触产品的从业人员进行了卫生法规和相应的技术培训，并保存了相关记录。

一般不合格：质量安全相关人员经过培训但无考核，或部分能胜任所担任的工作。企业对直接接触产品的从业人员进行了卫生法规和相应的技术培训，无相关记录。

严重不合格：质量安全相关人员未经过培训，或虽培训但考核不合格，或不能胜任所担任的工作。企业未对直接接触产品的从业人员进行卫生法规和相应的技术培训，未保存相关记录。

4. 技术标准

条款要求

核查内容

企业应有并执行与申证产品相关的现行有效的国家标准、行业标准及地方标准。企业应制定并执行密封圈、手柄、限压阀、安全阀的企业内控标准。

核查要点

（1）是否有并执行与申证产品相关的现行有效的国家标准、行业标准及地方标准。

（2）是否制定并执行了密封圈、手柄、限压阀、安全阀的企业内控标准。

条款解释

产品标准是对产品应满足的要求作出全面规定，以确保其适用性的标准。产品标准是企业组织生产及企业产品交付的依据，国家法律法规对企业依照产品标准进行生产作出了明确规定。企业生产的申证产品必须执行相应产品的国家标准。企业在产品的生产过程中，除具备产品国家标准外，还应具备产品检验、测试、产品设计、工艺及原辅材料等相关标准。因此，企业应具备的技术标准包括产品标准和相关标准（产品卫生标准、相关的检验标准和原辅材料标准等）。企业对相关的国家标准、行业标准、地方标准的掌握能够体现企业对产品质量的重视，也能体现出企业的专业性。产品实施细则发布时，所引用的标准均为现行有效标准，但所有标准都会被修订，企业应采用各种方法寻求使用标准的最新版本，确保企业所使用的标准为有效标准。

企业制定的产品标准必须经当地标准化部门备案。企业标准备案的前提条件有两个，一是企业产品标准要达到相关强制性标准在健康、安全、环保等方面的要求；二是企业标准中技术指标的高低，可参照相关国家、行业推荐性标准，由企业根据市场需求自行确定，但应当不低于国家强制性产品标准的要求。《中华人民共和国标准化法》规定："国家鼓励企业制定严于国家标准或行业标准的企业标准。"

企业应制定关键零部件如密封圈、手柄、限压阀、安全阀的企业内控标准。

◎ **评判原则**

合格：企业具备所生产产品的国家标准和相关标准，并且企业具备相应的技术标准，以及制定了密封圈、手柄、限压阀、安全阀的企业内控标准。

一般不合格：企业具备所生产产品的国家标准和相关标准、相应的技术标准，以及密封圈、手柄、限压阀、安全阀的企业内控标准，但不够全面。

严重不合格：企业不具备所生产产品的国家标准和相关标准、相应的技术标准，以及密封圈、手柄、限压阀、安全阀的企业内控标准。

5. **设计文件**

◎ **条款要求**

> 核查内容
>
> 企业应有所生产的产品及相应工装模具的设计图纸，并按规定程序批准。
>
> 核查要点
>
> (1) 是否具有设计的规定程序。
>
> (2) 企业是否具有所生产产品的设计图纸和相应工装模具设计图纸。
>
> (3) 所生产产品的设计图纸和相应工装模具设计图纸是否按规定程序经过批准。

◎ **条款解释**

企业对新产品的设计和开发应制定设计开发控制程序，对所生产的申证产品及相应的加工工装模具应有设计图纸，该设计图纸是按照规定的设计开发控制程序制定和批准发布的。

◎ **评判原则**

合格：企业制定了设计和开发控制程序，申证产品和相应的工装模具均有获得批准的图纸。

一般不合格：企业制定了设计和开发控制程序，但申证产品和相应的工装模具的设计图纸不完整，或图纸未获得批准。

严重不合格：企业未制定设计和开发控制程序，申证产品和相应的工装模具均没有获得批准的图纸。

6. **工艺文件**

◎ 3.6.1 **条款要求**

> 核查内容
>
> 企业应具备生产过程中所需的各种规程、作业指导书等工艺文件。
>
> 核查要点
>
> 企业是否制定了生产过程中（如锅身拉伸、锅盖弯牙、表面处理、复合底加工等）所需的各种规程、作业指导书等工艺文件。

◎ 3.6.1 **条款解释**

（1） 企业的工艺文件主要包括：①工艺流程图；②作业指导书、操作规程；③其他工艺文件。

（2） 工艺文件是指导工人进行生产操作和企业进行工艺管理的各种技术文件。尽管由于企业习惯不同，工艺名称可能各不一致，但只要是决定产品制造、实现产品技术指标和完成产品质量检验的方法和过程的文件，以及选择确定必要的工艺装备，制定工时定额和原材料消耗定额等方面的文件，都可以称为工艺文件。

◎ 3.6.1 **评判原则**

合格：企业制定了生产过程中（如锅身拉伸、锅盖弯牙、表面处理、复合底加工等）所需的工艺文件。

一般不合格：企业部分制定了生产过程中所需的工艺文件。

严重不合格：企业未制定生产过程中所需的工艺文件。

◎ 3.6.2 **条款要求**

核查内容

企业的工艺文件应正确、完整、统一，并对关键控制点制定相应的工艺措施。

核查要点

（1） 工艺文件是否正确、完整，工艺参数是否明确。

① 检查工艺文件，确定各工序的工艺参数和设备工装、模具的技术要求是否正确、明确。

② 检查工艺文件目录明细表、工艺过程卡、工序卡、作业指导书、检验规程等工艺文件内容是否完整。

（2） 各部门使用的工艺文件是否统一。

（3） 对关键控制点是否制定相应的控制措施。

◎ 3.6.2 **条款解释**

（1） 工艺文件的正确性是指工艺文件规定的内容是否正确、合理；执行了该工艺文件是否可以达到产品技术指标要求，是否可以保证产品质量，是否符合产品设计要求和相关标准的规定；工艺文件的审批、发布、更改是否符合规定要求。

（2） 工艺文件完整性是指工艺流程中各工序必需的工艺文件是否齐全；是否可以满足企业生产、检验、交付等全过程的工作需要。

（3） 工艺文件的统一性是指各有关部门使用的工艺文件应一致，各种工艺文件规定的参数应保持一致等。

◎ 3.6.2 **评判原则**

合格：企业的工艺文件正确、完整、工艺参数明确，各部门使用的工艺文件统一并对关键控制点制定了相应的控制措施。

一般不合格：企业基本具备工艺文件并正确完整，但各部门使用的工艺文件不够统一，且未对关键控制点制定相应的控制措施。

严重不合格：企业不具备正确、完整的工艺文件，各部门使用的工艺文件不统一，且未对关键控制点制定相应的控制措施。

7. **文件管理**

◎ **条款要求**

核查内容

企业应制定技术文件管理制度，文件的发布应经过正式批准，使用部门可随时获得文件的有效版本，文件的修改应符合规定要求。企业应有部门或专(兼)职人员负责技术文件管理。

核查要求

(1) 是否制定了技术文件管理制度。

(2) 发布的文件是否经正式批准。

(3) 使用部门是否能随时获得文件的有效版本。

(4) 文件的修改是否符合规定。

(5) 是否有部门或专(兼)职人员负责技术文件管理。

◎ **条款解释**

(1) 企业如果没有一套正确、统一的技术文件，就不可能稳定地生产出合格产品。因此，企业应制定技术文件的管理制度，加强企业技术文件的统一管理。

(2) 企业的技术文件是企业有效组织生产、指导生产，保证生产过程处于受控状态所必须具备的技术依据。企业技术文件主要包括标准文件，设计文件，工艺文件，检验文件，包装、贮存文件，其他相关文件。

(3) 企业的技术文件应有识别其修订状态的控制清单，以保持其有效性。文件的编制、审核、发布应按规定要求进行，经过正式批准后，在受控状态下使用。

(4) 在企业里使用的技术文件应是文件的有效版本，企业应重视和加强技术文件管理，以保证在生产过程中不使用无效版本的技术文件。

(5) 无效版本的技术文件指作废的技术文件(原有标准、文件已修订为新的版本)、技术文件内容未按规定变更或变更了未按规定审核批准的技术文件等。

(6) 企业技术文件的管理制度中应对文件的修改作出规定，包括文件修改内容的提出，修改内容的审核、批准，原有文件的收回及修改后文件的发放等。

(7) 企业应设部门或专(兼)职人员负责企业的技术文件管理。有的企业由档案室管理技术文件，有的企业管理性文件和技术性文件由一个部门统一管理或由两个部门分别管理。不论是由部门进行管理还是专(兼)职人员进行管理，其职能和责任是一致的，都应

按以上要求对技术文件进行控制。审查时应查看企业的人员任命书或职能配置文件，查证是否有部门或专(兼)职人员对技术文件进行管理；查看企业技术文件控制清单，查证是否能够识别企业技术文件的现行修订状态；查看企业文件发放、收回记录，查看文件管理制度等。

◎ **评判原则**

合格：企业制定了技术文件管理制度，执行有效。即发布的文件经过正式批准，使用部门可随时获得文件的有效版本，文件的修改符合规定，并有部门或专(兼)职人员负责技术文件管理。

一般不合格：企业制定了技术文件管理制度，但不够完善，执行不够严格。

严重不合格：企业未指定技术文件管理制度，发布的文件未经正式批准，使用部门不能随时获得文件的有效版本，文件的修改不符合有关规定，且无部门或专(兼)职人员负责技术文件管理。

(四) 采购质量控制

1. 原辅材料采购

◎ **4.1.1 条款要求**

核查内容

企业应制定原辅材料采购的管理制度，对原辅材料供应商进行选择、管理，对原辅材料的采购、检验或验证实施有效控制，保证产品所用原辅材料满足规定要求。企业如有外协加工等委托服务项目，应制定相应的质量安全管理控制办法。

核查要点

(1) 是否制定了采购质量控制制度，制度内容是否完整合理。

(2) 是否制定了外协加工等委托服务项目的质量安全管理控制办法。

(3) 质量安全管理控制办法是否完整合理。

◎ **4.1.1 条款解释**

该项是对企业采购制度的要求。采购质量控制是指企业为保证原辅材料和对外委托项目的质量符合要求所进行的一系列质量活动。在企业的生产过程中，外购的原辅材料是企业最终产品的组成部分，它们的质量直接影响到成品的质量，因此，应对采购过程进行质量控制。采购质量控制一般包括采购文件的控制、对供方的评价及控制、采购产品的验证控制。企业应在采购质量控制制度中体现上述控制要求，以确保所采购产品的质量满足生产加工的需要。

企业进行采购质量控制的物品，应是企业生产加工其申证单元产品所需要的原辅材料，即应是在“供方—企业—顾客”的产品供应链之内的采购物品。企业采购质量控制的

类型和程度应取决于采购的物品对产品质量影响大小。

企业的外协加工、委托检验、委托运输及外包业务等都属于采购质量控制的范畴，企业可参考对原辅材料的采购要求，对此类项目加以管理。

◎ 4.1.1 评判原则

合格：企业制定了采购质量控制制度，制度的内容完整合理；企业制定了外协加工等委托服务项目的质量安全管理控制办法且该办法内容完整合理。

一般不合格：企业制定了采购质量控制制度，但制度内容不够完整合理；制定了外协加工等委托服务项目的质量安全管理控制办法，但内容不够完整合理。

严重不合格：企业未制定采购质量控制制度，企业未制定外协加工等委托服务项目的质量安全管理控制办法。

◎ 4.1.2 条款要求

> 核查内容
>
> 原辅材料必须提供检验合格证明或报告，对构成成品后与食品接触的原辅材料必须使用适用于食品用原辅材料。
>
> 核查要点
>
> (1) 原辅材料是否具备合格检验证明或报告。
>
> (2) 查看对构成成品后与食品接触的原辅材料产品标识及有关证明，核查原辅材料是否为适用于食品用原辅材料。

◎ 4.1.2 条款解释

该条款为否决项。

压力锅产品中危及产品质量安全的来源主要包括：

(1) 材质本身的毒性。

(2) 主要原辅材料的有毒物质；因此原材料的安全性能是保证产品质量安全的基本前提。压力锅产品生产企业在采购原辅材料时必须要求对方提供原辅材料检验合格证明或报告。检验合格证明或报告是指有自检能力的厂家提供的合格证明，或无自检能力的厂家委托有检验能力的厂家或机构提供的证明或检验报告。对构成成品后与食品接触的原辅材料产品标识及有关证明，核查原辅材料是否为适用于食品用原辅材料。

(3) 加工过程中添加的助剂不在规定控制范围内。

◎ 4.1.2 评判原则

合格：企业所使用的原材料具备合格检验证明或报告且原材料为食品用原材料。

不合格：企业所使用的原材料不具备合格检验证明、报告，原材料为非食品用原材料。

4.1.3 条款要求

> 核查内容
>
> 企业应对原辅材料供方进行评价，选择合格供应商。企业应保存关键材料供应商、选择评价和日常管理记录，保存原辅料进货检验/验证记录及供应商提供的合格证明。
>
> 核查要点
>
> 是否制定了供方评价准则；是否按规定进行了供方评价；是否对供方进行质量控制；是否保存相关记录。

4.1.3 条款解释

企业保存原辅材料的供方及外协供货单位的名单以及供货、外协的质量记录。它是证明产品质量稳定性的要素之一，有利于在今后进行供方评价时提供数据资料。

供方评价的目的是企业在签订采购合同前，选择合格的供方。通过建立供方的评价准则，实施供方的控制，使购进的原辅材料等满足合同及产品技术标准的要求，以达到满足最终产品质量的要求。

供方评价准则：

企业制定供方评价准则时，应主要考虑以下几个方面：

——供方的产品质量和产品信誉；

——供方的质量管理体系的质量保证能力；

——供方的生产能力、供货能力；

——供方的供货历史业绩。

供方质量控制：

对供方质量控制的类型和程度，取决于供方产品对企业最终产品质量的影响程度。可根据采购产品对企业最终产品质量影响的大小，将采购产品分为A类、B类、C类。如对提供A类产品的供方，不仅要求供方提供产品质量检验证明，还要对其产品进行质量检验以及要求其提供企业质量保证能力证明等。

对供方进行质量控制的方法(仅供参考)：

——签订产品技术要求和质量要求的协议或合同；

——签订包括要求供方建立质量管理体系的协议或合同；

——要求供方进行100%产品检验/试验或批次成品抽样检验/试验协议或合同；

——派人到供方生产现场进行询查检验或驻厂查验；

——企业应建立供方的供货质量记录(供方的供货质量记录实际上也是评价供方产品质量状况和质量保证能力的一种证实材料)。

企业必须从评价合格且经过批准的供方处进行采购。

4.1.3 评判原则

合格：企业制定了供方评价准则，按规定进行了供方评价，企业保存了供方及外协单位名单和供货、协作记录并对供方及外协单位进行质量控制。

一般不合格：企业制定了供方评价准则，但未按规定进行供方评价，企业保存了部分供方及外协单位名单和供货、协作记录，但未对供方及外协单位进行质量控制。

严重不合格：企业未制定供方评价准则，未保存供方及外协单位名称和供货、协作记录。

4.1.4 条款要求

> 核查内容
>
> 企业应制定原辅材料使用台账。
>
> 核查要点
>
> 企业是否制定原辅材料使用台账，对原辅材料的使用进行详细的记录。

4.1.4 条款要求

企业应制定原辅材料（特别是形成成品后与食品接触的）使用台账，对原辅材料的使用进行详细的记录。

4.1.4 评判原则

合格：企业所使用的形成成品后与食品接触的原材料均有使用台账。

一般不合格：企业所使用的形成成品后与食品接触的原材料使用台账不全。

严重不合格：企业所使用的形成成品后与食品接触的原材料均没有使用台账。

2. 采购文件

条款要求

> 核查内容
>
> 企业应制定采购计划、采购清单、采购协议、采购合同等采购文件，并按采购文件进行采购。
>
> 核查要点
>
> （1）是否有采购文件（如：采购计划、采购清单、采购合同等）。
>
> （2）采购文件是否明确了检验或验收规定。
>
> （3）采购文件是否经正式批准。
>
> （4）是否按采购文件进行采购。

条款解释

要求企业在采购前制定相应的文件，以此来保证采购物品的质量。采购文件指用以

规范采购人员行为，指导其正确地采购满足要求产品的作业文件。

采购文件一般包括采购计划、采购清单、采购协议、采购合同、采购物品技术标准，采购验收方案等。采购文件内容应能反映所采购产品的具体要求，如：原辅材料的名称、规格型号、数量、技术要求、质量标准、交货日期、交货方式及相应的质量控制方法等。企业制定的采购文件应符合国家有关法律、法规的规定。企业制定的采购文件应经审核、批准后执行。

◎ **评判原则**

合格：企业具备采购文件并明确了验收规定，企业的采购文件经过证实批准，并按采购文件进行了采购。

一般不合格：企业基本具备采购文件但未明确验收规定，企业的采购文件经过证实批准，但并未按照采购文件进行采购。

严重不合格：企业无采购文件。

3. **采购验证**

◎ **条款要求**

核查内容

企业应按规定对采购的原辅材料以及外协件进行质量检验或者根据有关规定进行质量验证，检验或验证的记录应该齐全。

核查要点

（1）是否对采购及外协件的质量检验或验证作出规定。

（2）是否按规定进行检验或验证。

（3）是否保留完整齐全的检验或验证记录。

◎ **条款解释**

本条款是对企业采购验证的要求。对采购产品的质量检验或验证的方式有多种，可以是在企业里进行采购物品的检验、试验，或查验供方提供的合格文件等，也可以在供方处进行采购品的检验或验证。企业可根据采购品的重要性、供方的质量保证能力、检验成本等具体情况，规定实施采购品检验或验证的方式和内容，如有的采购品，企业要进行严格的抽检或进行相关试验，有的只需进行简单的外观检查和查验合格证即可。

◎ **评判原则**

合格：企业对采购及外协件的质量检验或验证作出了明确规定；按规定进行了检验或验证；并保留了完整齐全的检验或验证的记录。

一般不合格：企业对采购及外协件的质量检验或验证作出了规定但未按规定进行检验或验证；企业保留了检验或验证的记录，但不够完整齐全。

严重不合格：企业未对采购及外协件的质量检验或验证作出规定，未保留检验或验证的记录。

（五）生产过程控制

1. 工艺管理

5.1.1 条款要求

> 核查内容
>
> 企业应建立质量安全小组或有专（兼）职人员，企业应识别工艺过程质量安全的危害因素，并设定关键控制点。
>
> 核查要点
>
> （1）是否对影响质量安全的危害因素进行识别。
>
> （2）是否对重要工序或产品关键特性设置了质量控制点。
>
> （3）是否在工艺流程图上标出了关键控制点。

5.1.1 条款解释

要求企业中有专兼职人员明确产品生产工艺过程中的关键控制点，并有人员对关键点进行控制。

关键控制点即关键质量控制点，是指按照生产过程的控制要求，在一定的时期内和一定的条件下，对需要控制的产品质量特性、关键部位、薄弱环节等要素进行特殊的管理，使该过程处于受控状态，使产品达到规定的质量要求。

关键控制点的设置：企业应根据生产加工工序和对直接影响质量控制的重要工序，在有关生产工艺文件中明确所设置的质量控制点，如在工艺流程图上标出关键的质量控制点。

5.1.1 评判原则

合格：企业对影响质量安全的危害因素进行了识别，并对重要工序或产品关键特性设置了质量控制点；企业在工艺流程图上标出了关键质量控制点。

一般不合格：企业对影响质量安全的危害因素进行了识别，对重要工序或产品的关键特性设置了质量控制点但不够准确，企业在工艺流程图上未标出关键质量控制点。

严重不合格：企业对影响产品质量安全的危害因素未进行识别，未对重要工序或产品的关键特性设置质量控制点，企业在工艺流程图上未标出关键质量控制点。

5.1.2 条款要求

> 核查内容
>
> 应对生产过程中原辅材料的使用进行监控，对构成成品后与食品接触的原辅材料不得使用非接触食品用原材料。
>
> 核查要点
>
> （1）成品与食品接触部分是否使用了接触食品用原辅材料。
>
> （2）生产过程中是否对所使用的原辅材料进行了有效的监控。

◎ 5.1.2 **条款解释**

该条款为否决项。

要求企业在生产过程中对申证产品所使用的所有原辅材料进行监控，确保生产过程中使用的构成成品后与食品接触的原辅材料符合质量安全要求。

使用不符合要求的原材料，将产生较大的危害。因此，必须加强对原材料的监控。

对原材料的要求

——铝及铝合金。无论使用纯铝或铝合金，均应符合相应的卫生标准要求，应对影响卫生与加工的原料性能进行检验或验证。

——不锈钢。无论使用什么牌号的不锈钢，均应符合相应的卫生标准要求，应对影响卫生与加工的原料性能进行检验或验证。

——喷涂料。无论使用何种喷涂原料，均应符合相应的卫生标准要求，应对影响卫生与加工的原料性能进行检验或验证。

——橡胶。无论使用何种橡胶，均应符合相应的卫生标准要求，应对影响卫生与加工的原料性能进行检验或验证。

——玻璃。无论使用何种玻璃，均应符合相应的卫生标准要求，应对影响卫生与加工的原料性能进行检验或验证。

凡实施生产许可证管理的产品，应从获得生产许可证的生产企业采购，尚未实施生产许可证管理的原料，应确保所采购的原料符合相应的卫生安全标准。

◎ 5.1.2 **评判原则**

合格：企业对构成成品后与食品接触部分未使用非食品用原辅材料，符合相关要求；

不合格：企业对构成成品后与食品接触部分使用了非食品用原辅材料。

◎ 5.1.3 **条款要求**

核查内容

企业职工应严格执行工艺管理制度，按操作规程、作业指导书等工艺文件进行生产操作。

核查要点

(1) 是否制定了工艺管理制度、规程等工艺文件。

(2) 是否按规定文件进行生产操作。

◎ 5.1.3 **条款解释**

工艺管理制度包括工艺文件管理部门、编制部门和执行部门的职责、权限及其相互关系以及操作工人严格按工艺规程、作业指导书等工艺文件进行生产、操作的纪律要求。工艺管理是过程质量管理的核心，是企业质量管理的关键所在，充分体现全面质量管理"预防为主”的核心质量管理原则。企业开展生产过程质量控制或质量管理，一是要提供生产所需的工艺文件，二是企业职工要按照工艺文件的规定正确的进行生产操作。

核查生产加工企业的工艺管理情况，主要是查看企业职工是否遵守企业工艺纪律，是否严格按工艺文件规定生产操作。

5.1.3 评判原则

合格：企业制定了合理的工艺管理制度，并按制度、规程等工艺文件进行了生产操作。

一般不合格：企业制定了工艺管理制度，但不完善，企业基本按制度、规程等工艺文件进行了生产操作。

严重不合格：企业没有工艺管理制度或企业未按制度、规程等工艺文件进行生产操作。

5.1.4 条款要求

核查内容

企业应制定关键控制点的管理办法，并按照规定进行控制。对生产过程中的关键控制工序建立可追溯性记录。

核查要点

（1）是否制定关键控制点的管理办法和操作控制程序，其内容是否完整。

（2）是否按程序实施质量控制。

（3）是否具备可追溯性记录。

5.1.4 条款解释

本条款是借鉴 HACCP（危害分析和关键控制点）的精神，确保产品质量安全。关键质量控制点主要设置在产品制造过程中难以控制或容易出现质量问题的生产工序。企业应在技术文件、工艺流程图上予以标明，并实施严格的质量控制。关键质量控制点的控制对象，是某一工序中直接影响产品质量的工艺参数。

确定了关键控制点以后，企业应着手分析关键工序的各项因素，对该工序的操作者、设备、工装、原材料、加工方法等因素进行分析，找出影响质量特性的主要因素，制定相应的质量控制程序。工序操作者应严格按照质量控制程序及作业指导书进行操作，确保关键质量控制点得到有效的控制。

压力锅产品生产过程中的关键控制点为：锅身拉伸、锅盖弯牙、表面处理、复合底加工、结构配件安装的过程控制。

核查员可抽查 3 名～5 名工人（关键工序操作工人各 1 名）对照企业的操作规程、作业指导书等工艺文件，进行现场考核。

5.1.4 评判原则

合格：企业制定了关键控制点的管理办法和操作控制程序，其内容完整；企业按程序

实施了质量控制；且具备可追溯性记录。

一般不合格：企业制定了关键控制点的管理办法和操作控制程序，但内容不够完整；企业基本按程序实施了质量控制，不具备可追溯性记录。

严重不合格：企业未制定关键控制点的管理办法和操作控制程序，企业未按程序实施质量控制，不具备可追溯性记录。

2. 过程检验

◎ 条款要求

> 核查内容
>
> 企业在生产过程中应按规定开展过程检验，应根据工艺规程的有关参数要求，对过程产品进行检验。作好检验记录，并对检验状态进行标识。（过程检验包括首件检验、巡回检验和成品检验。）
>
> 核查要点
>
> (1) 是否对产品质量检验作出规定。
>
> (2) 是否制定了过程检验的检验要求。
>
> (3) 是否按规定进行检验。
>
> (4) 是否做检验记录。
>
> (5) 是否对检验状况进行标识。

◎ 条款解释

过程检验是对企业生产过程检验的要求。此处的检验是指进货检验之后、出厂检验之前一个阶段的产品质量检验。产品的过程检验"应依据所策划的安排"，也就是生产企业自己的策划安排，"在产品实现过程的适当阶段进行"，过程检验的目的是为了及早发现不合格品，避免产生大量不合格品或将不合格品转入下道工序继续加工。

企业应进行过程检验，企业在技术文件中规定产品质量检验点，并根据检验规程对在制品进行质量检验，以达到在加工过程中实施质量控制的目的，过程检验可分为首件检验、巡回检验和完工检验等。产品检验状态标识可分为四种：合格、不合格、待检、已检待判定。

标识可根据企业产品的不同，采用标记、生产过程卡、印章、标签、划分合格品区域和不合格品区域等方法。

◎ 评判原则

合格：有过程检验规定，有检验记录和检验状态标识，检验过程符合规定。

一般不合格：过程检验规定不够完善，个别检验未按规定进行，检验记录不全，个别遗漏检验状态标识。

严重不合格：无过程检验规定或不按规定检验，无检验记录，没有检验状态标识。

3. 搬运、贮存

◎ 条款要求

核查内容

在搬运和贮存过程中应加强防护，防止原辅材料、半成品、成品出现损伤。

核查要点

（1）有无适宜的搬运工具、必要的工位器具、贮存场所和防护措施。

（2）原辅材料、半成品、成品是否出现损伤。

◎ 条款解释

（1）企业应根据产品特点，规定从原辅材料到成品的全过程的搬运要求、方法，防止因搬运不当而造成产品的损坏。

（2）企业应对原辅材料、成品的贮存作出规定。在库房管理时应考虑的要素包括按规定办理原辅材料、成品的入、出库手续；库房管理应做到账、卡、物相符；库房物资摆放整齐，仓储区有足够的空间，按先进先出的原则进行管理。

◎ 评判原则

合格：企业有适宜的搬运工具，必要的工位器具、贮存场所和防护措施；企业的原辅材料、半成品、成品未出现损伤。

一般不合格：企业满足核查要点中规定的两个条件之一。

严重不合格：企业无适宜的搬运工具、无必要的工位器具、贮存场所和防护措施；企业的原辅材料、半成品、成品出现损伤。

4. 包装、标识

◎ 条款要求

核查内容

申证产品应在产品明显位置上标有永久性警示性标识：使用前请阅读说明书。

在包装、说明书或产品标签上注明使用方法、使用注意事项、用途、产品使用环境、使用温度、使用的原辅材料类型、装配注意事项、清洗方法及使用不当有可能造成伤害等文字、图示及警示内容。

核查要点

申证产品是否在产品明显位置上标有永久性警示性标识：使用前请阅读说明书。

在产品包装、说明书或产品标签上注明使用方法、使用注意事项、用途、产品使用环境、使用温度、使用的原辅材料类型、装配注意事项、清洗方法及使用不当有可能造成伤害等文字、图示及警示内容。

◎ **条款解释**

该条款为否决项。

申证产品在明显位置上应标有永久性警示性标识:使用前请阅读说明书。该标识在正常方式下不可去除。

产品包装、说明书或产品标签上注明使用方法、使用注意事项、用途、产品使用环境、使用温度、使用的原辅材料类型、装配注意事项、清洗方法及使用不当有可能造成伤害等文字、图示及警示内容。

◎ **评判原则**

合格:申证产品在明显位置上标有永久性警示性标识:"使用前请阅读说明书"。

企业产品包装、说明书或产品标签标注的内容齐全。

不合格:申证产品在产品明显位置上没有标有永久性警示性标识:"使用前请阅读说明书"。或该标识不是永久性标识,在正常使用中可以去除。

企业无产品说明书或产品标签,或者产品包装、说明书或产品标签标注的内容不齐全。

(六) 产品质量检验

1. **检验管理**

◎ 6.1.1 **条款要求**

> 核查内容
>
> 企业应设立质量检验部门,并设置专(兼)职检验人员。对存在的质量问题,质量检验部门应具有否决权。
>
> 核查要点
>
> (1) 是否有检验部门或专(兼)职检验人员,能否独立行使权力。
>
> (2) 是否制定了检验管理制度和检验设备计量器具管理制度。
>
> (3) 质量检验部门是否对存在的质量问题具有否决权。

◎ 6.1.1 **条款解释**

(1) 检验职能是企业产品质量安全管理工作的一项重要职能,必须由相应的机构和人员从事检验管理。企业根据需要可设质量检验机构或专(兼)职人员负责产品质量检验。

(2) 机构或人员的设置应满足企业产品检验工作的需要,能够独立行使检验职权,以保证对产品质量检验结果作出合格或不合格的客观评价。

(3) 原辅材料的进厂检验、最终成品的出厂检验,都要严格按照质量检验管理规定的程序和方法予以实施。

(4) 企业应建立检验、试验和计量设备的管理规定,并对以下内容作出规定:

——检验、试验和计量设备管理部门的职责；
——采购流转要求；
——检验设备、计量器具使用前控制要求；
——检验设备的配备、使用、维护、保养、搬运要求；
——检验设备、计量器具的检定或校准的要求；
——检验设备、计量器具的检定状态的标识要求；
——检验设备、计量器具的偏离校准状态的控制要求；
——检验设备、计量器具的检定证书、档案的管理要求，
——检验操作人员的培训、资格要求；
——检验设备、计量器具的停用、报废设备的控制要求。

◎ 6.1.1 评判原则

合格：企业有检验部门或专(兼)职检验人员，并能独立行使权力，企业制定了检验管理制度和检验设备计量器具管理制度，并具有否决权。

一般不合格：企业有检验部门或专(兼)职检验人员，但不能独立行使权利。企业未指定检验管理制度和检验设备计量器具管理制度。

严重不合格：企业无检验部门或专(兼)职检验人员，未制定检验管理制度和检验设备计量器具管理制度。

◎ 6.1.2 条款要求

核查内容

企业应根据标准要求对所生产产品进行型式试验。如有委托检验项目，必须委托具有法定检验资质的机构进行检验。

核查要点

(1) 是否按标准规定对产品进行型式试验。

(2) 如有委托检验项目，是否委托有法定检验资质的检验机构进行检验。

◎ 6.1.2 条款解释

委托检验项目指企业对其产品的某些型式试验项目，暂时无法检验，而需要定期或不定期进行的检验的项目。需进行委托检验的项目，需委托有合法地位的检验机构进行检验，以确保产品质量安全可靠。重点审查型式试验是否委托有法定检验资质的检验机构。

◎ 6.1.2 评判原则

合格：企业按规定完成了型式试验。若委托检验是委托了具有法定检验资质的机构进行。

一般不合格：企业未按规定完成型式试验。企业型式试验委托单位为具有法定地位的检验机构。

严重不合格：企业未进行型式试验。或企业委托进行型式试验的检验机构无相应的

法定地位。

2. **出厂检验**

◎ **条款要求**

> 核查内容
>
> 企业应按产品标准的要求，对产品进行出厂检验，做好原始记录，并出具产品检验报告。
>
> 核查要点
>
> (1) 是否有出厂检验规定。
>
> (2) 是否具备出厂检验记录和报告。
>
> (3) 检验项目是否符合标准规定的要求。

◎ **条款解释**

该条款为否决项。

出厂检验又叫最终检验，是产品出厂前对产品质量状况所进行的检验，它是考核产品质量是否符合标准和设计要求的必要手段，并为产品符合规定要求提供证据。出厂检验是产品质量控制的重点。产品标准规定的出厂检验项目，在产品出厂前都必须逐项进行检验。企业必须根据有关标准规定制定出厂检验和试验规程，并严格执行，做好检验记录。

◎ **评判原则**

合格：按产品标准要求进行出厂检验和试验，检验记录和报告齐全。

不合格：无出厂检验记录或报告，或者检验项目不符合规定要求，或发现有未经检验产品出厂的情况。

3. **不合格品**

◎ **6.3.1 条款要求**

> 核查内容
>
> 企业应制定不合格品的管理办法，对检验不合格的产品，要根据不合格的严重程度，由检验、技术、质量安全管理部门按照规定的职责和程序，分别作出相应处置。
>
> 核查要点
>
> (1) 是否制定了对不合格品的管理办法。
>
> (2) 是否对在原材料及生产过程和成品中出现的不合格品进行处置。
>
> (3) 是否对不合格品的处置进行了记录。

◎ 6.3.1 条款解释

对不合格品进行控制的目的是为了防止不合格品非预期使用、装配或出厂。对检验不合格的产品，要根据不合格品缺陷的性质，由检验、技术、质量管理部门按照规定的职责和程序，分别作出相应处置并形成文件，进一步防止不合格品流入市场。

◎ 6.3.1 评判原则

合格：企业制定了对不合格品的管理办法，对不合格品进行了合理处置，并对不合格品的处置进行了记录。

一般不合格：企业制定了对不合格品的管理办法，对不合格品进行了处置但并未进行记录。

严重不合格：企业未制定对不合格品的管理办法，未对不合格品进行处置，无不合格品处置记录。

◎ 6.3.2 条款要求

核查内容 应建立销售记录，详细记录产品的销售流向，制定对已售出的不合格产品的召回制度。 核查要点 （1）是否建立了销售记录，详细记录了产品的销售流向。 （2）是否建立了不合格品召回制度。

◎ 6.3.2 条款解释

生产企业应建立销售台账，记录产品售出后的流向、流量，建立售出的不合格品的召回制度及具体处理办法。对不合格品分别采取相应措施，或改作它用。

◎ 6.3.2 评判原则

合格：企业建立了销售记录，详细记录了产品的销售流向，并建立了不合格品的召回制度。

一般不合格：企业建立了销售记录，但未详细记录产品的销售流向，无不合格品召回制度。

严重不合格：企业无销售记录，无不合格品召回制度。

4. 退货品

◎ 条款要求

核查内容 对退货品应制定退货品管理制度，对不合格退货品要按不合格品处理。 核查要点 （1）是否对退货品制定了相应管理制度。 （2）对不合格退货品是否按不合格品处理。 （3）对退货品处理是否保存了记录。

◎ **条款解释**

为保护消费者合法权益，要求企业建立退货品相应管理制度，根据退货原因及货物质量状态进行后续处理并做相应记录，对不合格退货品应隔离、标识，并加以评审、处置。处置方式可包括报废或改作他用等。

◎ **评判原则**

合格：企业对退货品制定了相应管理制度，并对不合格退货品进行了合理处置并保留了记录。

一般不合格：企业对退货品制定了相应管理制度，但并未对不合格退货品进行合理处置，也没有保留相应的记录。

严重不合格：企业无退货品相应管理制度，且未对不合格退货品进行合理处置。

（七）生产安全防护

◎ **7.1.1 条款要求**

> 核查内容
>
> 企业应根据国家有关法律法规制定及实施安全生产制度，并做好有效实施记录。
>
> 核查要点
>
> （1）是否制定了安全生产制度。
>
> （2）危险部位是否有必要的防护措施。
>
> （3）是否对易燃、易爆等危险品进行隔离和防护。
>
> （4）是否保存了实施记录。

◎ **7.1.1 条款解释**

生产安全是企业生存的基本条件，如存在重大安全隐患，不但产品质量无法保证，人身健康安全也得不到保障，更是社会的一大危害，此项是劳动保障的必要条件。

企业应根据厂房建设情况、产品生产工艺以及原辅材料的特性要求，依相关法律法规制定并实施安全生产制度，并根据制度的具体要求建立实施记录，以便查询。

◎ **7.1.1 评判原则**

合格：企业制定了安全生产制度，危险部位有必要的防护措施，并未对易燃、易爆等危险品进行隔离和防护并保存相应的实施记录。

一般不合格：企业制定了安全生产制度，危险部位有必要的防护措施，但未对易燃、易爆等危险品进行隔离和防护和保存相应的实施记录。

严重不合格：企业未制定安全生产制度，危险部位无必要的防护措施，未对易燃、易爆等危险品进行隔离和防护。

◎7.1.2 条款要求

> 核查内容
>
> 企业在生产、运输、贮存过程中，应防止有毒化学品的污染，生产厂不得同时生产有毒化学物品。
>
> 核查要点
>
> (1) 企业在生产、运输、贮存过程中，是否受到有毒化学品的污染。
>
> (2) 企业是否同时生产有毒化学物品。

◎7.1.2 条款解释

该条款为否决项。

企业生产中使用的各类有毒化学品必须专放、专管，杜绝污染产品的途径；申证企业不得在同一场所、区域同时生产有毒化学物品。

◎7.1.2 评判原则

合格：企业在生产、运输、贮存过程中，无有毒化学品的污染，生产厂区内未生产有毒化学物品。

不合格：企业在生产、运输、贮存过程中，未能有效防止有毒化学品的污染，或生产厂区内同时生产有毒化学物品。

◎7.1.3 条款要求

> 核查内容
>
> 废水、废气、废料排放、噪声污染及卫生要求等应符合国家有关规定。
>
> 核查要点
>
> (1) 三废排放是否符合规定，有相应的污染物排放许可证，粉尘处理是否有相应的除尘设施，废水、废气是否有相应的处理设备。
>
> (2) 是否存在危害人身健康情况。

◎7.1.3 条款解释

环境是人类赖以生存的条件，企业对环境造成严重污染，势必影响生态平衡及人身健康。因此，企业应执行环保方面的法律法规及三废排放的有关规定；根据生产过程中的噪声情况合理设置生产班次等。废弃物、有害烟(粉)尘、废水等不得随意倾倒和排放，应有相应的符合环保要求的处理措施。有相应的污染物排放许可证，粉尘处理是否有相应的除尘设施，废水、废气是否有相应的处理设备。

◎7.1.3 评判原则

合格：废水、废气、废料排放、噪声污染及卫生要求等均符合国家有关规定。有相应的

设施、设备以及污染物排放许可证。

一般不合格：废水、废气、废料排放、噪声污染及卫生要求和设施、设备等不完全符合规定要求或已不能完全满足使用，但有污染物排放许可证。

严重不合格：废水、废气、废料排放、噪声污染及卫生要求均不符合国家有关规定，无相应的实施和设备，也无污染物排放许可证。

二、不合格项的评定

（一）不合格项定义

GB/T 19000—2000 对不合格的定义为："未满足要求"。而"要求"则为"明示的、通常隐含的或必须履行的需求和期望"。

审查员对审查条款的判定将会影响到企业最终的审查结论，它可能导致企业不能通过实地核查，而不能获得生产许可证。所以，对审查条款的判定，特别是对不合格性质判定，是企业实地核查至关重要的一环。

对审查中提出的不合格项，应满足可追溯性的要求，即事后可重现不合格项的发生地点、任务、时间及何种情况。审查组提出的不合格项应得到企业的确认。

(1) 如遇到企业认为审查员有超范围审核问题，审查员应对照审查细则的要求进行辨别，明确审核范围并向企业说明。

(2) 企业认为判定不合格项依据不准确时，审查员应对审查依据重新加以确认，必要时重新审核该条款。当审查组确认不合格项的正确判定时，应向企业加以解释，说明审核的依据、方法以及相应的客观证据。说服企业加以确认，并尽快采取纠正措施。当确认判定结论有误时，更改不合格项，并向企业作出说明。

(3) 当企业对审查组的审查方式、审查方法有异议时，核查人员应说明审查方法的多样性。如认为企业提出的审查方法合理时，可采用企业提出的审查方法进行审查。

（二）不合格项性质的判定

《压力锅产品生产许可证企业实地核查办法》中将不合格项分为"严重不合格项"和"一般不合格项"两种：

严重不合格项通常指出现系统性或区域性失效。主要有：

——企业基本条件与《压力锅产品生产许可证企业实地核查办法》要求严重不符。如企业没有制定检验管理制度、检验规范等检验作业指导文件，从外购外协件的进货检验生产工序中的过程检验，从半成品检验到成品检验，整个产品形成全过程中所有环节的检验活动都失控等，从而形成系统性不合格。

——一个部门由多个一般不合格造成的区域性不合格。如在原辅材料采购中未进行供方评价或生产过程中未按工艺文件进行生产。

——性质较严重的不合格。如企业产品经出厂检验为不合格，但仍批准出厂，一般不合格项的判定标准为：

- 对满足《压力锅产品生产许可证企业实地核查办法》的规定要求而言，是个别的、偶然、孤立的性质轻微问题。如未做检验记录或检验结论不清楚等。

● 对企业基本条件满足《压力锅产品生产许可证企业实地核查办法》的有效性而言，是个次要的问题。如虽未在生产工艺流程图等技术文件中明确标出关键质量控制点，但是车间操作人员知道哪些工序为关键质量控制点且具备现行有效的控制作业指导书及操作控制的记录等。

（三）不合格项的确认

为证实实地核查的客观性、公证性，不合格项判定后，应向企业提出，并得到企业的确认。如企业对不合格项提出异议，审查员应认真分析原因，根据具体情况作出正确判断。

（四）否决项的确认

否决项所包括的内容是对企业能否正常生产，并保证产品质量安全的最基本要求。因此，否决项的不合格将直接决定企业是否通过实地核查。如在实地核查中，该类项目出现不合格，企业将不能通过实地核查。

（五）核查结论

在46个核查内容中，生产设施（2.3）、设备工装（3.1.1）、检验设备（3.2.1）、原辅材料采购（4.1.2）、工艺管理（5.1.2）、包装标识（5.4）、出厂检验（6.2）安全生产（7.1.2）共8个为否决项。

本办法确定核查结论依据以下原则：

合格（具备以下两种情况之一为合格）：

（1）无不合格项；

（2）一般不合格项不多于8个，无严重不合格项，无否决项。

不合格（具备以下三种情况之一为不合格）：

（1）否决项为1个及以上；

（2）严重不合格项为1个及以上；

（3）一般不合格项为9个及以上。

核查组依据本核查表和相应的审查细则对产品生产加工企业进行现场核查。核查工作结束后，核查组应当填写《产品生产加工企业必备条件现场核查报告》，核查结论分为："合格"或者"不合格"。

核查组应当将在企业查出的不合格项，填写到《产品生产加工企业不合格项改进表》中，并要求企业尽快进行纠正或采取纠正措施，同时将不合格项的分布情况填写到《产品生产加工企业必备条件现场核查报告》中。

考试大纲与练习题

一、考试大纲

（一）学习目的与要求

通过学习实地核查的方法，要求掌握核查的原则、核查过程控制的要点、特殊情况的处理方法。掌握压力锅产品生产许可企业实地核查办法的七个组成部分，了解本章所包括的46项条款的条款要求、核查要点、条款解释、评判原则；重点掌握8个否决项；要求掌握不合格项评定的原则以及核查结论的确定原则。

（二）考核知识点与考核要求

1. 实地核查方法和核查过程控制的要点。
2. 实地核查办法中所包括的8个否决项，要求达到"熟悉"层次。
3. 实地核查办法中其他条款，要求达到"熟悉"层次。
4. 不合格项的确定，要求达到"掌握"层次。
5. 不合格项结论的确定，要求达到"掌握"层次。

二、练习题

1. 压力锅产品生产许可实地核查办法由哪几部分组成？
2. 简述采购质量控制包含的内容。
3. 简述产品质量检验的核查要点。
4. 简述如何设置关键质量控制点。
5. 简述过程检验的目的。
6. 简述如何控制不合格产品。
7. 简述实地核查办法中对生产安全防护的基本要求。
8. 简述对压力锅产品的包装标志的要求。
9. 简述实地核查的基本方法。

第六章 压力锅产品生产许可检验规则

第一节 产品抽样

一、抽样规则

抽样方法是依据压力锅产品标准 GB 15066 和 GB 13623 中规定列出的。

样本应从生产企业成品库房中抽取样品。应尽量选择申请规格中最大规格的产品。以相同原料、同一工艺条件生产的同一型号的成品为一个检验批次。按表 6-1 中规定抽样基数和抽样数量进行抽样。

将所抽样品分为两份,一份送检验机构检验,一份留企业备查。审查组抽样人员与被抽查企业陪同人员对被抽查的样品确认无误后,双方在抽样单上签字、盖章,并当场加贴封条封存样品后送检验机构。封条上应有抽样人员签名、抽样单位盖章和抽样日期。

表 6-1 压力锅产品抽样基数和抽样数量

序号	产品单元	抽样基数	抽样数量
1	不锈钢压力锅	申请取证的最大规格的产品 300 口	随机抽取 6 口,密封圈 3 只 如需要,企业可提供破坏压力检验专用密封圈 6 只
2	铝压力锅	申请取证的最大规格的产品 300 口	随机抽取 6 口,密封圈 3 只 带涂层的产品另行抽取 3 口

二、抽样的工作方法

1. 抽样工作程序

(1) 向企业出具生产许可发证检验抽样单(适用于申请企业核查),或生产许可主管部门的抽样检验任务书(适用于监督检查),或企业委托书及检验机构的抽样通知(适用于已受理申请企业试生产产品检验)。

(2) 确定抽样方案

1) 确定抽样品种

根据《实施细则》的规定确定抽样品种。选择抽样品种时,注意抽样品种的批量应大于《实施细则》中规定的抽样基数。

2）确定样本总体(即抽样基数)

根据《实施细则》的规定确定抽样基数。以相同原料、相同生产工艺条件、相同执行标准生产的同一规格、同一等级的成品为一个检验批次。产品批量大于《实施细则》中规定的抽样基数时,抽样基数为《实施细则》中规定的抽样基数。

对于已受理申请企业试生产产品的检验,依据《实施细则》3.2条规定,其试生产的产品批批均需实施抽样和检验。产品批量大于《实施细则》中规定的抽样基数时,拆成多批分批检验,每批的抽样基数不得大于《实施细则》中规定的抽样基数。

3）确定样本大小(即抽样数量)

根据《实施细则》的规定确定抽样数量。

(3）抽样

按具体《实施细则》4.4"压力锅产品生产许可检验规则"中的抽样规定,在企业成品库合格品中企业自检合格的产品中抽取规定数量的样品。

对于实地核查合格的企业,审查组从同一批的各个部分中随机抽取样品。抽样时应认真地鉴别样品的真实性和代表性,防止企业弄虚作假,审查组的成员中最好有来自产品检验机构的成员,由其承担主要抽样工作。

(4）填写抽样单

抽样单是抽样工作实施情况的第一直接原始记录,应对抽样实施情况及样品状态一一进行详细准确的描述,确保所抽样品的可追溯性。

抽样单需包括以下信息:

1）生产企业信息:企业名称、企业地址、法人代表、营业执照、机构代码、企业规模、联系方式、经济类型等;

2）样品信息:产品名称、所属单元、执行标准、型号规格、生产日期;

3）抽样数量、抽样基数、抽样日期、抽样地点;

4）抽样人员(签字)、企业陪同人员(签字)、生产单位盖章;

5）备样量及封存地点、封样状态;

6）寄送样截止日期等。

填写抽样单时要求字迹工整、书写规范。抽样单填写内容原则不得更改。如因笔误确需更改的,更改的内容必须由企业确认后,逐联用企业公章覆盖。

审查组抽样人员与所抽查企业陪同人员对所抽样品确认无误后,由抽样人员、企业陪同人员在抽样单上签字,企业加盖公章。

对于已受理申证企业的试生产产品应在"备注"栏写明该样品所代表的试生产产品的批号。

(5）封样

在样品上加贴封条的主要目的是为了保证样品不被更换。将样品分成两份,包装好后分别加贴封条。抽样人员、企业陪同人员在封条上签字、注明抽样日期,审查机构在封条上盖章。

(6）寄/送样

抽样人员告知企业所有国家质检总局指定的生产许可检验机构的名称、地址、邮编、联系电话及检验费用,供企业本着自愿、就近的原则选择。

企业应在封样之日起 7 日内将样品寄/送达检验机构。整个寄/送样过程要防止样品损坏、封条破损。

检验机构在接受样品时应逐个检查样品的封条是否完好，外观是否有损伤，并做好验收记录。

2. 抽样工作的注意事项

(1) 抽样人员应持有生产许可检验抽样单。

(2) 抽样前应仔细核对样品的真实性，防止企业弄虚作假。

(3) 应当从企业成品库进行抽样。

(4) 抽取的样品应是企业自检合格的产品。

(5) 抽样时，应注意样品的外观有无明显的损伤。

(6) 对有制造批号的产品，应登记产品制造批号。

(7) 封样一般采用封条。

(8) 抽样人员不应少于两人。

第二节　产品检验类型

食品用纸包装、容器制品的检验分为出厂检验、发证检验、关键控制检验和加严检验等。

一、出厂检验

出厂检验是《产品质量法》规定的，企业应当承担的保证产品质量的义务之一。各生产企业，在产品出厂前依据标准规定的出厂检验项目进行逐项检验，经检验合格方可出厂销售。如有委托检验项目，必须委托具有检验资质的机构进行检验。

二、发证检验

发证检验是生产许可工作的重要组成部分，是生产许可检验机构按照《实施细则》的规定对发证产品实施检验，并出具检验报告的程序。一般程序为：审查机构指派审查组到企业进行实地核查，核查合格后，由审查组在企业成品库中随机抽取规定数量的样品，并加贴封条。企业本着自愿、就近的原则，将样品寄(送)到国家质检总局指定的生产许可检验机构，检验机构按照审查细则规定的检验项目在收到企业样品之日起 30 日内完成检验，出具检验报告，报送审查机构。

三、关键控制检验

1. 为确保压力锅产品的质量安全，在《实施细则》中除对发证检验项目进行了规定以外，同时列出了关键控制检验项目。

关键控制检验项目是生产企业取得生产许可后在每年的监督检查中应重点监控的项目，是根据《实施细则》规定，对某项产品中直接涉及产品质量安全的重要指标进行重点控制并定期比对的检验项目。选择关键检验项目的原则是影响食品质量安全的关键技术指标，包括重要的安全性能、容易出现质量问题的项目。

企业获得《生产许可证书》后，企业具备关键控制检验项目检验能力的，应定期自行检验，并每年与国家质检总局指定的检验机构进行1次比对试验，检验机构应当向企业出具《检验比对报告》；企业不具备关键控制检验项目检验能力的，应当每3个月送国家质检总局指定的检验机构进行检验，检验机构应当向企业出具《检验报告》。

2. 提交检验比对报告。为了保证企业出具的检验数据准确、可靠，要求具备自检能力的企业与国家质检总局指定的检验机构进行检验比对。检验机构应将检验比对结果评定报告提交审查机构，并同时提交省级质量技术监督局备案，审查机构根据检验比对结果评定报告，作出企业检验能力是否合格的判定。

四、加严检验

企业在抽查、监督检查或其质量有被投诉时产品检验有不合格项目，在以上情形发生后的本年度内，企业必须到有资质的省级或省级以上或国家质检总局指定的检验机构进行至少3次连续检验，且应检验合格。检验项目限于不合格项目。

第三节　压力锅产品生产许可检验规则

一、检验项目的确定依据

确定发证检验项目的原则是涉及安全卫生要求、满足产品的性能、使用、卫生安全有关的性能。选择关键控制检验项目的原则是重要的安全性能、易出现质量安全问题的项目。这种设置原则体现了有效监管与经济合理、减轻企业负担的理念。标准值的确定原则是：采用强制性国家标准规定的指标和国家或行业推荐性标准最低质量等级要求的指标，体现国家实施生产许可的最低门槛。

1. 压力锅产品检验项目制定依据

检验项目中规定的标准值是依据压力锅产品标准GB 15066和GB 13623中的规定列出的。

与食品接触的不锈钢配件采用符合卫生标准GB 9684要求的材质。

与食品接触的铝制配件采用符合卫生标准GB 11333要求的材质。

密封圈等制品采用符合卫生标准GB 4806.1要求的材质，并执行国家有关法律法规的规定。

涂层原材料应采用符合卫生标准GB 11678的要求。

发证检验项目：发证检验是指审查组在企业实地核查中抽样检验的检验项目，该检验合格与否直接影响到企业是否可以获得生产许可的问题。

发证检验项目包括：重要的物理机械性能、与食品接触安全性能。

重要的物理性能：工作压力、安全压力、泄压压力、破坏压力等。

安全性能项目：重金属（铅、砷）、蒸发残渣等。

关键控制检验项目：指《实施细则》中具体规定的，企业取得生产许可证后在每年的监督检查中应监控的检验项目。

2. 关键控制检验项目说明

(1) 不锈钢制品

由于不锈钢材具有优异的耐蚀性、成型性、相容性以及在很宽温度范围内的强韧性等系列特点，所以在重工业、轻工业、生活用品行业以及建筑装饰等行业中获取得广泛的应用。

不锈钢的安全性能由各种因素来确定，但最重要的和最基本的因素是其中添加的不同化学元素，主要是金属元素。不同类型的不锈钢由于其化学成分的差异，就有不同的特性。

不锈钢压力锅使用的材料均为奥氏体组织的不锈钢。正常情况下钢中含 Cr 约 18%、Ni 约 8%～10%、C 约 0.1%时，具有稳定的奥氏体组织。不锈钢的不锈性和耐蚀性是由于其表面上富铬氧化膜(钝化膜)的形成。这种不锈性和耐蚀性是相对的。试验表明，钢在大气、水等弱介质中和硝酸等氧化性介质中，其耐蚀性随钢中铬含量的增加而提高，当铬含量达到一定的百分比时，钢的耐蚀性发生突变，即从易生锈到不易生锈，从不耐蚀到耐腐蚀，因此，由于材料成分的不同，性能发生了改变，所析出的人体有害的元素的含量也不一样。

另外，对不锈钢压力锅的材料的成分要求，由于在 GB 15066—2004《不锈钢压力锅》5.1.1 条款规定"锅身、锅盖应采用符合 GB/T 3280 中规定的 1Cr18Ni9、0Cr18Ni9 或采用性能不低于上述规定的其他的不锈钢"、GB 9684—1988《不锈钢食具容器卫生标准》2.1 条款规定"各种存放食品的容器和食品加工机械应采用奥氏体型不锈钢(1Cr18Ni9Ti，0Cr19Ni9，1Cr18Ni9)"，对照 GB/T 3280—2007《不锈钢冷轧钢板和钢带》以上各牌号不锈钢含量见表 6-2。

表 6-2　各牌号不锈钢含量　　%

牌号	C ≤	Si ≤	Mn ≤	P ≤	S ≤	Cr	Ni
12Cr18Ni9 (原 1Cr18Ni9)	0.15	0.75	2.00	0.045	0.030	17.00～19.00	8.00～10.00
06Cr19Ni10 (原 0Cr18Ni9)	0.08	0.75	2.00	0.045	0.030	18.00～20.00	8.00～10.50
06Cr19Ni10N (原 0Cr19Ni9N)	0.08	0.75	2.00	0.045	0.030	18.00～20.00	8.00～10.50
SUS304	0.08	1.00	2.00	0.045	0.030	18.00～20.00	8.00～10.50

综合以上附表中各元素的含量，由于在现行标准 GB/T 3280—2007 中不包括 0Cr18Ni9，又考虑到生产企业经常使用的 SUS304 牌号的钢材，也借鉴了 0Cr19Ni9N 牌号钢材的含量，因此将不锈钢材料各元素组分的含量做了详细的规定。详见《实施细则》第 3 章表 5 内容。

在 GB 9684—1988《不锈钢食具容器卫生标准》中对各有害元素的析出量作出了要求(4%乙酸浸泡液)：

铅(以 Pb 计)≤1.0 mg/L

铬（以 Cr 计）≤0.5 mg/L

镍（以 Ni 计）≤3.0 mg/L

镉（以 Cd 计）≤0.02 mg/L

砷（以 As 计）≤0.04 mg/L

(2) 铝及铝合金

近年来，铝制食具容器产量、品种不断增加。它具有质坚而轻、导热快、耐用等特点。因此与食品接触的器皿、设备、包装越来越广泛的采用铝及铝合金。原料即有纯铝（精铝）锭（Al_2O_3）、铝合金（铝、锰合金），也有回收铝。回收铝来源复杂，成分不一，有生铝、熟铝、合金铝，包括损坏的机械铝配件、电器配件、民用回收铝等。

铝压力锅是以铝为原料经冲压或浇铸成型的炊具器皿，它的使用情况不同于其他食具容器，它是烹调和盛装食品及水的主要食具容器，所以对浸出液中有害金属的允许量应从严要求。回收铝含有有害金属量比纯铝和合金铝含量高得多，故采用回收铝制作食具容器是不适宜的。

在 GB 11333—1989《铝制食具容器卫生标准》中要求（4%乙酸浸泡液）：

锌（以 Zn 计）≤1 mg/L

铅（以 Pb 计）≤0.2 mg/L

镉（以 Cd 计）≤0.02 mg/L

砷（以 As 计）≤0.04 mg/L

(3) 金属制品上的涂覆层

聚四氟乙烯是四氟乙烯的聚合物。聚四氟乙烯广泛应用于各种需要抗酸碱和有机溶剂的地方，它本身对人没有毒性，但是在生产过程中使用的原料之一全氟辛酸铵（PFOA）被认为可能具有致癌作用。

聚四氟乙烯在化工、机械加工等工业中广泛用作耐高低温、耐腐蚀材料，绝缘材料，防粘涂层等。

聚四氟乙烯相对分子质量较大，低的为数十万，高的达一千万以上，一般为数百万（聚合度在 10^4 数量级，而聚乙烯仅在 10^3）。一般结晶度为 90%～95%，熔融温度为 327℃～342℃。聚四氟乙烯分子中 CF_2 单元按锯齿形状排列，由于氟原子半径较氢稍大，所以相邻的 CF_2 单元不能完全按反式交叉取向，而是形成一个螺旋状的扭曲链，氟原子几乎覆盖了整个高分子链的表面。这种分子结构解释了聚四氟乙烯的各种性能。温度低于 19℃时，形成 13/6 螺旋；在 19℃发生相变，分子稍微解开，形成 15/7 螺旋。虽然在全氟碳化合物中碳－碳键和碳－氟键的断裂需要分别吸收能量 346.94 kJ/mol 和 484.88 kJ/mol，但聚四氟乙烯解聚生成 1 mol 四氟乙烯仅需能量 171.38 kJ。所以在高温裂解时，聚四氟乙烯主要解聚为四氟乙烯。聚四氟乙烯在 260℃、370℃和 420℃时的失重速率（%）每小时分别为 1×10^{-4}、4×10^{-3} 和 9×10^{-2}。可见，聚四氟乙烯可在 260℃长期使用。由于高温裂解时还产生剧毒的副产物氟光气和全氟异丁烯等，所以要特别注意安全防护并防止聚四氟乙烯接触明火。

由于聚四氟乙烯在－196℃～260℃的较广温度范围内均保持优良性能，聚合聚四氟乙烯由四氟乙烯经自由基聚合而生成。工业上的聚合反应是在大量水存在下搅拌进行的，聚合一般在 40℃～80℃，3 kg/cm^2～26 kg/cm^2 压力下进行，可用无机的过硫酸盐、有机过氧化物为引发剂，也可以用氧化还原引发体系。每摩尔四氟乙烯聚合时放热171.38 kJ。分散聚合须添加全氟型的表面活性剂，例如全氟辛酸或其盐类。

在GB 11678—1989《食品容器内壁聚四氟乙烯涂料卫生标准》中规定了各项卫生指标：

感官指标——涂膜表面平整、光滑、色泽均匀、无斑点、无龟裂；

涂膜浸泡液无色、无异嗅、涂膜无脱落现象；

理化指标——蒸发残渣(水提取液≤30 mg/L 正己烷提取液≤30 mg/L 4%乙酸提取液≤60 mg/L)；

高锰酸钾消耗量≤10 mg/L；

铬(Cr)≤0.01 mg/L；

氟(F)≤0.2 mg/L

由于聚四氟乙烯在－196℃～260℃内能保持优良性能的特点，标准中明示食品容器壁所使用的该种涂料为以聚四氟乙烯为主要原料，配以一定助剂组成，作为接触非酸性食品容器的防粘涂料，使用温度在250℃以下。

根据食用橡胶制品可能接触的食品性质和使用情况而制定了试验浸泡条件包括溶剂温度和浸泡时间，正己烷则是模拟油脂性食品。聚四氟乙烯涂料蒸发残渣项，主要是带聚四氟乙烯制品中的溶出物，如各种助剂、引发剂、表面活化剂等，这些物质有的对人体有害，因此我们必须控制溶出物的量；高锰酸钾消耗量是测定压力锅内壁被浸泡液浸出的，迁移入水溶液中易氧化物的总量，它是一个重要的卫生指标；

铬是人体生命必需的微量元素之一，但人体摄入过量的铬，对机体有害；其危害在上面已详细讲解，在这里就不再重复。

聚四氟乙烯涂料中氟，主要来自于分散聚合时所添加的全氟型的表面活化剂，包括全氟辛酸或其盐类。

(4) 胶圈的卫生安全性能

橡胶分天然橡胶和合成橡胶。天然橡胶是橡胶树上流出的胶乳经过凝固，干燥等工序加工而成的弹性固状物，橡胶烃含量达90%以上。是以异戊二烯为主要成分的不饱各状态的天然高分子化合物。由于加工不同，分烟胶片风干胶片、白皱片、褐皱片等，白皱片质地纯净、色白，适用于食品包装用橡胶制品的原料。再生橡胶不准用做食品包装用。

合成橡胶的原料主要来自石油化工产品，经过各种工序聚合而成。常用的合成橡胶有丁苯橡胶、聚丁二烯橡胶、聚戊二烯橡胶、乙丙橡胶、氯丁橡胶、丁氰橡胶、丁基橡胶及硅橡胶等。

合成橡胶存在着未完全聚合的单体卫生问题如丁睛橡胶的单体丙烯腈毒性较大，能引起溶血，并有致畸作用。氯丁橡胶局部接触有致癌的可能。聚丁二烯橡胶和聚异戊二烯橡胶的单体，具有麻醉作用。丁苯橡胶的蒸汽有刺激性。硅橡胶无慢性毒性作用。

橡胶制品加工时要加配合剂，如硫化剂、促进剂、防老剂、活性剂、填充剂、着色剂等。这些物质的毒性如何？能否转溶到食品中去，是值得我们注意的问题。应选择毒性小，慢性毒性试验不致癌、没有催畸性等的配合剂。

在GB 4806.1—1994《食品用橡胶制品卫生标准》中规定了各项卫生指标：

感官指标——成品外观：色泽正常，无异嗅、无异物；

浸泡液：不应有着色无异嗅、无异味；

理化指标——蒸发残渣（水提取液≤50 mg/L　正己烷提取液≤500 mg/L）；

高锰酸钾消耗量≤40 mg/L；

锌≤100 mg/L；

重金属（以 Pb 计）≤1.0 mg/L

试验中浸泡条件的选择包括溶剂温度和浸泡时间，是根据食用橡胶制品可能接触的食品性质和使用情况而制定的，正己烷则是模拟油脂性食品。橡胶制品的蒸发残渣，主要是橡胶制品中的溶出物，如各种助剂、添加剂等，这些物质有的对人体有害，因此我们必须控制溶出物的量，分析操作时，严防灰尘落入浸泡液中；高锰酸钾消耗量是测定橡胶制品被浸泡液浸出的，迁移入水溶液中易氧化物的总量（主要是有机物包括促进剂、防老剂、增塑剂等），它是非常重要的指标；橡胶制品中的助剂氧化锌、二硫代氨基甲酸锌等化合物，可能溶于浸泡液中，锌是人体生命必需的微量元素之一，但人体摄入过量的锌，对机体有害；橡胶中的重金属，多半来自促进剂，抗老剂等，氧化铅是橡胶制品的促进剂，但在食品橡胶制品中不得使用，因此浸泡液中要检查重金属。

二、压力锅产品的检验项目、标准值、检验方法及判定原则

（一）压力锅产品的检验项目、标准值

压力锅产品的检验项目、标准值见表 6-3、表 6-4。

表 6-3　不锈钢压力锅产品检验项目

序号	项目名称		发证检验	关键控制检验	标准值
1	合盖安全性		√		锅身与锅盖扣合 85%时锅内压力≤5 kPa
2	工作压力		√		0.9～1.1 倍公称工作压力
3	密封性		√		20 kPa～工作压力区间内不应有滴水漏气现象
4	安全压力		√		1.4～2 倍最大公称工作压力
5	耐热压		√		恒压 1 min 后符合密封性要求
6	开盖安全性		√		＞5 kPa 时锅盖不能开启
7	防堵安全性		√		10 min 内≤1.25 倍最大公称工作压力
8	耐内压力		√		≥3 倍最大公称工作压力时应不漏水，并符合密封性要求
9	泄压压力	旋合式	√		大于 2～3.5 倍最大公称工作压力范围内（且≤350 kPa）时应能泄压，60 s 内使锅内压力＜20 kPa
		压盖式	√		安全压力～3.5 倍最大公称工作压力范围内应能泄压
10	破坏压力		√		≥500 kPa

续表

<table>
<tr><th>序号</th><th colspan="4">项目名称</th><th>发证检验</th><th>关键控制检验</th><th>标准值</th></tr>
<tr><td rowspan="11">11</td><td rowspan="11">与食品接触安全要求</td><td rowspan="5">产品与食物接触部位</td><td rowspan="5">不锈钢</td><td>铅</td><td>√</td><td>√</td><td>≤1.0 mg/L</td></tr>
<tr><td>铬</td><td>√</td><td>√</td><td>≤0.5 mg/L</td></tr>
<tr><td>镍</td><td>√</td><td>√</td><td>≤3.0 mg/L</td></tr>
<tr><td>镉</td><td>√</td><td>√</td><td>≤0.02 mg/L</td></tr>
<tr><td>砷</td><td>√</td><td>√</td><td>≤0.04 mg/L</td></tr>
<tr><td rowspan="6">密封圈</td><td colspan="2">感官</td><td>√</td><td></td><td>浸泡液不应有着色，无异嗅、无异味</td></tr>
<tr><td rowspan="2">蒸发残渣</td><td>水浸泡液</td><td>√</td><td>√</td><td>≤50 mg/L</td></tr>
<tr><td>正己烷浸泡液</td><td>√</td><td>√</td><td>≤500 mg/L</td></tr>
<tr><td colspan="2">高锰酸钾消耗量</td><td>√</td><td>√</td><td>≤40 mg/L</td></tr>
<tr><td colspan="2">锌</td><td>√</td><td>√</td><td>≤100 mg/L</td></tr>
<tr><td colspan="2">重金属</td><td>√</td><td>√</td><td>≤1.0 mg/L</td></tr>
<tr><td>12</td><td colspan="4">复合底</td><td>√</td><td></td><td>内凹量≤0.6%，且底部不外凸</td></tr>
<tr><td>13</td><td colspan="4">使用说明书</td><td>√</td><td></td><td>应有使用方法、使用注意事项、用途、产品使用环境、使用温度、使用的原辅材料类型、装配注意事项、清洗方法及使用不当有可能造成伤害等文字、图示及警示内容</td></tr>
<tr><td>14</td><td colspan="4">压力锅与手接触部位</td><td>√</td><td></td><td>应光滑无毛刺</td></tr>
<tr><td>15</td><td colspan="4">组件</td><td>√</td><td></td><td>完整无缺，限压阀、安全阀和泄压结构不能互换，限压阀应注明商标和公称工作压力</td></tr>
<tr><td>16</td><td colspan="4">手柄</td><td>√</td><td></td><td>手柄数量：锅身 2 个、锅盖至少 1 个；
手柄温升：塑料 < 45K、金属 <35K；手柄连接应牢固；操作时手不能碰到紧固螺钉；无松动变形</td></tr>
<tr><td>17</td><td colspan="4">塑料件耐煮性</td><td>√</td><td></td><td>无裂纹、气泡、气孔、变色和明显刺激性气味</td></tr>
<tr><td rowspan="2">18</td><td rowspan="2">密封圈</td><td colspan="3">耐酸性</td><td>√</td><td>√</td><td>体积膨胀≤25%，或皱缩≤1%</td></tr>
<tr><td colspan="3">耐油性</td><td>√</td><td>√</td><td>质量增加≤20%</td></tr>
</table>

续表

序号	项目名称		发证检验	关键控制检验	标准值
19	标志		√		产品上应有永久性的标志：商标、产品标记、制造年月、企业名称；密封圈上应有制造商的商标（或厂名）和规格
20	抛光		√		光亮一致，$Ra \leqslant 0.8\ \mu m$
21	钢制件处理		√		耐腐蚀性≥4 级
22	容积		√		容积≥95％
23	不锈钢材质	碳		√	≤0.15％
		硅		√	≤1.00％
		锰		√	≤2.00％
		磷		√	≤0.045％
		硫		√	≤0.030％
		镍		√	8.00％～10.50％
		铬		√	17.00％～20.00％

表 6-4　铝压力锅产品检验项目

序号	项目名称		发证检验	关键控制检验	标准值
1	合盖安全性		√		锅身与锅盖扣合 85％时锅内压力≤5 kPa
2	工作压力		√		0.9～1.1 倍公称工作压力
3	密封性		√		20 kPa～工作压力区间内不应有滴水漏气现象
4	安全压力		√		1.4～2 倍最大公称工作压力
5	耐热压		√		恒压 1 min 后符合密封性要求
6	开盖安全性		√		＞5 kPa 时锅盖不能开启
7	防堵安全性		√		10 min 内≤1.25 倍最大公称工作压力
8	耐内压力		√		≥3 倍最大公称工作压力时应不漏水，并符合密封性要求
9	泄压压力	旋合式	√		大于 2～3.5 倍最大公称工作压力范围内时应能泄压，60 s 内使锅内压力＜20 kPa
		压盖式	√		1.4～3.5 倍最大公称工作压力范围内应能泄压，使锅内压力保持≤3.5倍最大公称工作压力

续表

<table>
<tr><th>序号</th><th colspan="5">项目名称</th><th>发证检验</th><th>关键控制检验</th><th>标准值</th></tr>
<tr><td rowspan="18">10</td><td rowspan="18">与食品接触安全要求</td><td rowspan="12">产品与食物接触部位</td><td rowspan="5">铝及铝合金</td><td colspan="2">感官</td><td>√</td><td></td><td>浸泡液应无色、无异味</td></tr>
<tr><td colspan="2">锌</td><td>√</td><td>√</td><td>≤1 mg/L</td></tr>
<tr><td colspan="2">铅</td><td>√</td><td>√</td><td>≤0.2 mg/L</td></tr>
<tr><td colspan="2">镉</td><td>√</td><td>√</td><td>≤0.02 mg/L</td></tr>
<tr><td colspan="2">砷</td><td>√</td><td>√</td><td>≤0.04 mg/L</td></tr>
<tr><td rowspan="7">聚四氟乙烯涂层</td><td colspan="2">感官</td><td>√</td><td></td><td>浸泡液应无色、无异嗅，涂膜无脱落现象</td></tr>
<tr><td rowspan="3">蒸发残渣</td><td>蒸馏水</td><td>√</td><td>√</td><td>≤30 mg/L</td></tr>
<tr><td>正己烷</td><td>√</td><td>√</td><td>≤30 mg/L</td></tr>
<tr><td>4%乙酸</td><td>√</td><td>√</td><td>≤60 mg/L</td></tr>
<tr><td colspan="2">高锰酸钾消耗量</td><td>√</td><td>√</td><td>≤10 mg/L</td></tr>
<tr><td colspan="2">铬</td><td>√</td><td>√</td><td>≤0.01 mg/L</td></tr>
<tr><td colspan="2">氟</td><td>√</td><td>√</td><td>≤0.2 mg/L</td></tr>
<tr><td rowspan="6">密封圈</td><td colspan="3">感官</td><td>√</td><td></td><td>浸泡液不应有着色，无异嗅、无异味</td></tr>
<tr><td colspan="2" rowspan="5">蒸发残渣</td><td>水浸泡液</td><td>√</td><td>√</td><td>≤50 mg/L</td></tr>
<tr><td>正己烷浸泡液</td><td>√</td><td>√</td><td>≤500 mg/L</td></tr>
<tr><td>高锰酸钾消耗量</td><td>√</td><td>√</td><td>≤40 mg/L</td></tr>
<tr><td>锌</td><td>√</td><td>√</td><td>≤100 mg/L</td></tr>
<tr><td>重金属</td><td>√</td><td>√</td><td>≤1.0 mg/L</td></tr>
<tr><td>11</td><td colspan="5">破坏压力</td><td>√</td><td></td><td>≥6 倍最大公称工作压力，且不得<500 kPa</td></tr>
<tr><td>12</td><td colspan="5">使用说明书</td><td>√</td><td></td><td>应有使用方法、使用注意事项、用途、产品使用环境、使用温度、使用的原辅材料类型、装配注意事项、清洗方法及使用不当有可能造成伤害等文字、图示及警示内容</td></tr>
<tr><td>13</td><td colspan="5">手柄结构</td><td>√</td><td></td><td>操作时手不应碰到紧固螺钉</td></tr>
</table>

续表

序号	项目名称			发证检验	关键控制检验	标准值
14	氧化膜抛光	氧化膜	常规氧化膜	√		耐腐蚀性≥30 s，锅内壁膜厚≥5 μm，锅外壁膜厚≥7 μm
			硬质氧化膜	√		耐腐蚀性≥60 s，膜厚≥30 μm，膜硬度≥350HV
		抛光		√		光亮一致，Ra≤0.4 μm
15	手柄连接牢固性			√		应无松动、变形
16	手柄温升		塑料	√		<45K
			金属	√		<35K
17	塑料件耐煮性			√		无裂纹、气泡、气孔、变色和明显刺激性气味
18	密封圈		耐酸性	√	√	体积膨胀≤25%，或皱缩≤1%
			耐油性	√	√	质量增加≤20%
19	标志			√		产品上应有永久性的标志：商标、产品标记、制造年月、企业名称；密封圈上应有制造商的商标（或厂名）和规格
20	外观			√		与手接触部位无毛刺，表面色泽均匀
21	组件			√		完整无缺，限压阀、安全阀和泄压结构不能互换；限压阀应著名商标和公称工作压力
22	容积			√		容积≥95%
23	钢制件处理			√		有防腐处理

（二）检验规程

1. 合盖安全性

合盖安全性是按规定的试验方法，检验压力锅正常工作时上下手柄是否重合，加热试验中观察并记录表计压力值。按 GB 15066—2004 中 7.2.7 或 GB 13623—2003 中 6.2.11 规定的检验方法进行检验。

2. 工作压力

工作压力是按规定的试验方法从限压阀排气开始，持续 30 s，记录最大表计压力值。按 GB 15066—2004 中 7.2.8 或 GB 13623—2003 中 6.2.12 规定的检验方法进行检验。

3. 密封性

密封性是按规定的试验方法当表计压力值从 20 kPa 至限压阀排气，观察压力锅有无滴水、漏气现象。按 GB 15066—2004 中 7.2.9 或 GB 13623—2003 中 6.2.13 规定的检验方法进行检验。

4. **安全压力**

安全压力是按规定的试验方法从安全阀第一次排气开始至 120 s 记录最大表计压力值。按 GB 15066—2004 中 7.2.10 或 GB 13623—2003 中 6.2.14 规定的检验方法进行检验。

5. **耐热压**

耐热压是按规定的试验方法将压力锅内的压力提高到 2 倍最大公称工作压力时，恒压 1 min，卸压后做密封性试验，观察压力锅有无滴水、漏气现象。按 GB 15066—2004 中 7.2.11 或 GB 13623—2003 中 6.2.15 规定的试验方法进行检验。

6. **开盖安全性**

开盖安全性是按规定的试验方法，当锅内压力降至 5kPa 时对上手柄末端施加 100 N 拉力，观察是否开启。按 GB 15066—2004 中 7.2.12 和 GB 13623—2003 中 6.2.16 规定的试验方法进行检验。

7. **防堵安全性**

防堵安全性是按规定的试验方法从限压阀排气开始计时，5 min 时提起一次限压阀体，时间为 5 s，观察表计压力值 10 min 并记录最大压力值。按 GB 15066—2004 中 7.2.13或 GB 13623—2003 中 6.2.17 规定的试验方法进行检验。

8. **耐内压力**

耐内压力是用试压泵将锅内压力加至 3 倍的最大公称压力，保压 30 s，卸压后做密封性试验。按 GB 15066—2004 中 7.2.14 或 GB 13623—2003 中 6.2.18 规定的试验方法进行检验。

9. **泄压压力**

泄压压力是按规定试验方法记录泄压结构泄压前的最大表计压力值和泄压 60 s 后的表计压力值。按 GB 15066—2004 中 7.2.15 或 GB 13623—2003 中 6.2.19 规定的试验方法进行检验。

10. **破坏压力**

破坏压力是水压系统对压力锅施加压力，当水从锅口处溢出时的表计压力值，以“kPa”表示。按 GB 15066—2004 中 7.2.17 或 GB 13623—2003 中 6.2.23 规定的试验方法进行检验。

11. **复合底**

复合底试验按 GB 15066—2004 中 7.2.16 规定的试验方法进行检验。

12. **标志、使用说明书**

标志、使用说明书按 GB 15066—2004 中 7.2.1 或 GB 13623—2003 中 6.2.1 的要求对产品的标志、使用说明书进行目视检验。

13. 压力锅与手接触部位

压力锅与手接触部位按 GB 15066—2004 中 7.2.2 规定的试验方法进行检验。

14. 组件

组件按 GB 15066—2004 中 7.2.5 或 GB 13623—2003 中 6.2.3 规定的试验方法进行检验。

15. 手柄

手柄按 GB 15066—2004 中 7.2.6 的规定对手柄的数量、结构、连接牢固性、温升等进行检验。

16. 塑料件耐煮性

塑料性耐煮性按 GB 15066—2004 中 7.2.19 或 GB 13623—2003 中 6.2.21 的规定进行检验。

17. 抛光

抛光按 GB 15066—2004 中 7.2.3 或 GB 13623—2003 中 6.2.8 的规定进行检验。

18. 钢制件处理

钢制件处理试验按 GB/T 3826 规定的程序和试验条件进行 6h 试验并按 QB/T 3832—1999中简易级制定级法进行评级。

19. 容积

容积的测定，是用衡器分别对锅身和注满水的锅身进行称重。分别按 GB 15066—2004、GB 13623—2003 中公式计算出锅身容积，再按 GB 15066—2004 中 7.2.4 或 GB 13623—2003中 6.2.5 进行检验。

20. 氧化膜

铝压力锅的氧化膜按 GB 13623—2003 中 6.2.6 规定进行检验。

21. 手柄结构、手柄连接牢固性、手柄温升、外观

铝压力锅的手柄结构、手柄连接牢固性、手柄温升、外观分别按 GB 13623—2003 中 6.2.4、6.2.9、6.2.10、6.2.2 的规定进行检验。

22. 密封圈耐酸性

(1) 全新密封圈取 4 cm～5 cm，用量程为 100 mL 的量筒，测量试样的体积；

(2) 将质量浓度为 4%的乙酸与蒸馏水按 3∶1 的体积比配制成混合液；

(3) 然后将试样浸泡在混合液中沸煮 72 h，试验过程中用相同浓度的混合液保持试液容量为 200 mL±20 mL；

(4) 取出试样冷却后清洗擦干；

(5) 再对试样的体积变化情况用量筒进行测量。

23. 密封圈耐油性

(1) 全新密封圈取 3 g～6 g；

(2) 置于温度为 100℃的食物大豆油(色拉油)中浸泡 72 h;

(3) 取出试样冷却后清洗擦干;

(4) 然后对试样的质量增加情况进行测量。

24. 食品用高压锅密封圈检验方法

每份样品称取 20.0 g,每克试样加 20 mL 浸泡液。

(1) 蒸发残渣

浸泡条件:蒸馏水微沸 0.5 h 后以蒸馏水补至原体积;

正己烷:于水浴上加热回流 0.5 h。

其他按 GB/T 5009.60—2003《食品包装用聚乙烯、聚苯乙烯、聚丙烯成型品卫生标准的分析方法》第 5 章规定的蒸发残渣检验方法检验。

(2) 高锰酸钾消耗量

浸泡条件:蒸馏水微沸 0.5 h 后以蒸馏水补至原体积;

其他按 GB/T 5009.60—2003《食品包装用聚乙烯、聚苯乙烯、聚丙烯成型品卫生标准的分析方法》第 4 章规定的蒸发残渣检验方法检验。

(3) 锌(Zn)

浸泡条件:乙酸(4%)沸水回流 0.5 h。

其他按 GB/T 5009.64—2003《食品用橡胶垫片(圈)卫生标准的分析方法》第 9 章规定的检验方法检验。

(4) 重金属(以 Pb 计)

浸泡条件:乙酸(4%)沸水回流 0.5 h。

其他按 GB/T 5009.64—2003《食品用橡胶垫片(圈)卫生标准的分析方法》第 10 章规定的检验方法检验。

25. 铝压力锅与食物接触部位卫生要求检验方法

浸泡条件:先将试样用肥皂洗刷,用自来水冲洗干净,再用蒸馏水冲洗,晾干备用。在容器中加入乙酸(4%)至距上边缘 0.5 cm 处,煮沸 30 min,加热时加盖,保持微沸,最后补充乙酸(4%)至原体积,室温放置 24 h 后,将以上浸泡液倒入清洁的玻璃瓶中供测试用。

(1) 锌(以 Zn 计)

试样经上述浸泡条件处理后按 GB/T 5009.72—2003《铝制食具容器卫生标准的分析方法》第 8 章规定的检验方法检验。

(2) 铅(以 Pb 计)

试样经上述浸泡条件处理后按 GB/T 5009.72—2003《铝制食具容器卫生标准的分析方法》第 6 章规定的检验方法检验。

(3) 镉(以 Cd 计)

试样经上述浸泡条件处理后按 GB/T 5009.72—2003《铝制食具容器卫生标准的分析方法》第 9 章规定的检验方法检验。

(4) 砷(以 As 计)

试样经上述浸泡条件处理后按 GB/T 5009.72—2003《铝制食具容器卫生标准的分析方法》第 7 章规定的检验方法检验。

26. 不锈钢压力锅与食物接触部位卫生要求

浸泡条件：先将试样用肥皂洗刷，用自来水冲洗干净，再用蒸馏水冲洗，晾干备用。计算浸泡面积并注入水测量容器容积(以容积的 2/3～4/5 为宜)，记下面积、容积，把水倾去，滴干。把煮沸的 4%乙酸倒入成品容器中，加玻璃盖，小火煮沸 0.5 h，取下，补充 4%乙酸至原体积，室温放置 24h 后，将以上浸泡液倒入洁净的玻璃瓶中供分析用。在煮沸过程中因蒸发损失的 4%乙酸浸泡液应随时补加。

(1) 铅(以 Pb 计)、铬(以 Cr 计)、镍(以 Ni 计)

试样经上述浸泡条件处理后按 GB/T 5009.81—2003《不锈钢食具容器卫生标准的分析方法》第 4 章规定的检验方法检验。

(2) 镉(以 Cd 计)

试样经上述浸泡条件处理后按 GB/T 5009.81—2003《不锈钢食具容器卫生标准的分析方法》第 5 章规定的检验方法检验。

(3) 砷(以 As 计)

试样经上述浸泡条件处理后按 GB/T 5009.72—2003《铝制食具容器卫生标准的分析方法》第 7 章规定的检验方法检验。

27. 不锈钢材料成分分析检验

不锈钢材料成分根据 GB/T 3280—2007《不锈钢冷轧钢板和钢带》的规定，要求对碳、硫、硅、锰、磷、铬、镍的含量进行分析，才能确定所用不锈钢材料的牌号，其分析方法应优先采用下列标准所规定的方法：

GB/T 223.5—1997 《钢铁及合金化学分析方法　还原型硅钼酸盐光度法测定酸溶硅含量》

GB/T 223.60—1997 《钢铁及合金化学分析方法　高氯酸脱水重量法测定硅含量》

GB/T 223.4—1988 《钢铁及合金化学分析方法　硝酸铵氧化容量法测定锰量》

GB/T 223.58—1987 《钢铁及合金化学分析方法　亚砷酸钠-亚硝酸钠滴定法测定锰量》

GB/T 223.63—1988 《钢铁及合金化学分析方法　高碘酸钠(钾)光度法测量锰量》

GB/T 223.64—1988 《钢铁及合金化学分析方法　火焰原子吸收光谱法测定锰量》

GB/T 223.3—1988 《钢铁及合金化学分析方法　二安替比林甲烷磷钼酸重量法测定磷量》

GB/T 223.59—1987 《钢铁及合金化学分析方法　锑磷钼蓝光度法测定磷量》

GB/T 223.61—1988 《钢铁及合金化学分析方法　磷钼酸铵容量法测定磷量》

GB/T 223.62—1988 《钢铁及合金化学分析方法　乙酸丁酯萃取光度法测定磷量》

GB/T 223.69—1997《钢铁及合金化学分析方法　管式炉内燃烧后气体容量法测定碳含量》

GB/T 223.71—1997《钢铁及合金化学分析方法　管式炉内燃烧后重量法测定碳含量》

GB/T 223.67—1989《钢铁及合金化学分析方法　还原蒸馏-次甲基蓝光度法测定硫量》

GB/T 223.68—1997《钢铁及合金化学分析方法　管式炉内燃烧后碘酸钾滴定法测定硫含量》

GB/T 223.72—1991《钢铁及合金化学分析方法　氧化铝色层分离-硫酸钡重量法测定硫量》

GB/T 223.23—1994《钢铁及合金化学分析方法　丁二酮肟分光光度法测定镍量》

GB/T 223.24—1994《钢铁及合金化学分析方法　萃取分离-丁二酮肟分光光度法测定镍量》

GB/T 223.25—1994《钢铁及合金化学分析方法　丁二酮肟重量法测定镍量》

GB/T 223.54—1987《钢铁及合金化学分析方法　火焰原子吸收分光光度法测定镍量》

GB/T 223.11—1991《钢铁及合金化学分析方法　过硫酸铵氧化容量法测定铬量》

GB/T 223.12—1991《钢铁及合金化学分析方法　碳酸钠分离-二苯碳酰二肼光度法测定铬量》

28. 带涂层压力锅与食物接触部位卫生要求检验

浸泡条件

蒸馏水:煮沸 0.5 h,再室温放置 24 h;

4%乙酸:煮沸 0.5 h,再室温放置 24 h;

正己烷:室温放置 24 h。

以上浸泡液按接触面积每平方厘米加 2 mL,如试样为容器,则加入浸泡液至 2/3～4/5 容积。

(1) 蒸发残渣

浸泡条件和检验方法同铝压力锅中食品用高压锅密封圈产品相应的检验方法。

(2) 高锰酸钾消耗量

浸泡条件和检验方法同铝压力锅中食品用高压锅密封圈产品相应的检验方法。

(3) 铬(以 Cr 计)

试样经上述浸泡条件处理后按 GB/T 5009.81—2003《不锈钢食具容器卫生标准的分析方法》第 4 章规定的检验方法检验。

(4) 氟(以 F 计)

试样经上述浸泡条件处理后按 GB/T 5009.18—2003《食品中氟的测定》第三法规定的氟离子选择电极法分析。

（三）判定原则

1. 单项判定

卫生要求：若卫生要求有一项不合格时，判定为样品的卫生要求不合格。

性能要求：性能要求的单项判定标准是根据压力锅产品标准中规定的抽样标准GB/T 2829，以及产品标准GB 15066和GB 13623中规定的检验项目、不合格分类、判别水平、样本大小、不合格质量水平列出了表6-3和表6-4的判定原则。

2. 综合判定

全部单项判定均合格时，判定该批产品合格；否则判定该批产品不合格。单项判定见表6-5、表6-6。

表6-5　不锈钢压力锅产品检验项目样本大小和判定数组

序号	检验项目	样本大小	判定数组[Ac　Re]
1	合盖安全性	$n_1=n_2=3$	0　2 1　2
2	工作压力		1　2 1　2
3	密封性		0　2 1　2
4	安全压力		0　2 1　2
5	耐热压		0　2 1　2
6	开盖安全性		0　2 1　2
7	防堵安全性		0　2 1　2
8	耐内压力		0　2 1　2
9	泄压压力		0　2 1　2
10	破坏压力		0　2 1　2
11	复合底		0　2 1　2
12	使用说明书		0　2 1　2
13	压力锅与手接触部位		0　3 3　4
14	组件		0　3 3　4
15	手柄		0　3 3　4

续表

<table>
<tr><th>序号</th><th colspan="2">检验项目</th><th>样本大小</th><th>判定数组[Ac　Re]</th></tr>
<tr><td>16</td><td colspan="2">塑料件耐煮性</td><td rowspan="7">$n_1=n_2=3$</td><td>0　3
3　4</td></tr>
<tr><td rowspan="2">17</td><td rowspan="2">密封圈</td><td>耐酸性</td><td>0　3
3　4</td></tr>
<tr><td>耐油性</td><td>0　3
3　4</td></tr>
<tr><td>18</td><td colspan="2">标志</td><td>1　3
4　5</td></tr>
<tr><td>19</td><td colspan="2">抛光</td><td>1　3
4　5</td></tr>
<tr><td>20</td><td colspan="2">钢制件处理</td><td>1　3
4　5</td></tr>
<tr><td>21</td><td colspan="2">容积</td><td>1　3
4　5</td></tr>
<tr><td>22</td><td colspan="2">不锈钢材质</td><td>$n=1$</td><td>0　1</td></tr>
<tr><td>23</td><td colspan="2">与食品接触安全要求</td><td>$n=3$</td><td>0　1</td></tr>
</table>

表 6-6　铝压力锅产品检验项目样本大小和判定数组

<table>
<tr><th>序号</th><th>检验项目</th><th>样本大小</th><th>判定数组[Ac　Re]</th></tr>
<tr><td>1</td><td>合盖安全性</td><td rowspan="8">$n_1=n_2=3$</td><td>0　2
1　2</td></tr>
<tr><td>2</td><td>工作压力</td><td>0　2
1　2</td></tr>
<tr><td>3</td><td>密封性</td><td>0　2
1　2</td></tr>
<tr><td>4</td><td>安全压力</td><td>0　2
1　2</td></tr>
<tr><td>5</td><td>耐热压</td><td>0　2
1　2</td></tr>
<tr><td>6</td><td>开盖安全性</td><td>0　2
1　2</td></tr>
<tr><td>7</td><td>防堵安全性</td><td>0　2
1　2</td></tr>
<tr><td>8</td><td>耐内压力</td><td>0　2
1　2</td></tr>
</table>

续表

序号	检验项目		样本大小	判定数组[Ac　Re]
9	泄压压力		$n_1=n_2=3$	0　2 1　2
10	破坏压力			0　2 1　2
11	使用说明书			0　2 1　2
12	手柄结构			0　3 3　4
13	氧化膜抛光	氧化膜		0　3 3　4
		抛光		0　3 3　4
14	手柄连接牢固性			0　3 3　4
15	手柄温升			0　3 3　4
16	塑料件耐煮性			0　3 3　4
17	密封圈	耐酸性		0　3 3　4
		耐油性		0　3 3　4
18	标志			1　3 4　5
19	外观			1　3 4　5
20	组件			1　3 4　5
21	容积			1　3 4　5
22	钢制件处理			1　3 4　5
23	与食品接触安全要求		$n=3$	0　1

三、检验时限

检验机构应当在收到企业样品之日起30日内完成检验工作，并出具检验报告。

考试大纲与练习题

一、考试大纲

（一）学习目的与要求

通过本章的学习，重点掌握抽样规则、抽样程序和注意事项，掌握发证检验项目、关键控制检验项目、检验规程、判定原则，熟悉产品抽样类型、检验类型，了解检验项目确定依据、发证检验时限。

（二）考核知识点与考核要求

1. 重点掌握抽样方法、抽样程序及抽样注意事项，能够综合运用如何确定抽样的品种、抽样基数、抽样数量。

2. 掌握发证检验项目、关键控制检验项目，了解检验项目确定依据，领会关键控制检验项目的目的和意义。

3. 熟悉产品抽样类型、检验类型。

4. 掌握检验规程和判定原则。

二、练习题

1. 压力锅产品生产许可发证检验抽样时，遇到企业生产多种产品时如何选择抽样产品品种？

2. 发证检验时，如何确定抽样基数？

3. 抽样时如何封样？

4. 简述发证检验抽样工作程序。

5. 产品抽样工作应注意哪些问题？

6. 什么是发证检验？

7. 发证检验的程序是什么？

8. 压力锅产品关键控制检验项目有哪些？

9. 压力锅产品有害重金属的来源是什么？

10. 压力锅产品与食品接触安全的指标包括哪些检验项目？

11. 发证检验时限是多少？

第七章 压力锅产品生产许可监督

第一节 对获证企业的监督

一、关键控制项目检验与比对检验

1. 关键控制项目检验

关键控制项目是指《实施细则》中具体规定的，生产企业取得生产许可后在每年的监督检查中应重点监控的检验项目。检验项目的确定是本着保证产品安全质量的原则。企业获得《生产许可证书》后，企业具备关键控制检验项目检验能力的，定期自行检验，并每年与国家质检总局指定的检验机构进行检验比对，检验机构应当向企业出具《检验比对报告》；企业不具备关键控制检验项目检验能力的，应当每3个月送国家质检总局指定的检验机构进行检验，检验机构应当向企业出具《检验报告》。

2. 比对检验

要求具备自检能力的企业每年参加由指定检验机构组织的比对检验，并对比对结果进行分析，如果检验结果偏差较大，应及时找出原因进行改进，必要时接受有关检验机构的培训。

二、年度自查报告

根据《管理条例》的规定，国家质检总局要求企业自获证之日起，每年度向省级质量技术监督局提交自查报告，实现对企业的动态监督管理，保证企业获得生产许可证后，能持续稳定生产合格产品。企业对年度自查报告的真实性负责。

1. 年度自查报告的时限要求

获证企业自取得生产许可证之日起，每年度应当向审查机构提交自查报告。获证未满一年的企业，可以下一年度提交自查报告。

2. 年度自查报告的内容包括

(1) 取证后生产条件的保持情况，是否有重大质量投诉事件。

(2) 企业有否发生迁址、生产工艺或设备重大技术改造等原因使生产条件发生重大变化或者开发生产新产品等情况。如有，变更后是否能持续保持原有水平，并已办理相关变更手续。

(3) 生产许可证书、标志和编号使用情况。

(4) 获证产品出厂检验情况、关键控制检验项目检验情况以及检验比对情况（应同时提交出厂检验报告、关键控制检验项目检验报告和检验比对报告）。

(5) 国家监督抽查或省级质量技术监督局对产品质量监督检查的情况。

(6) 省级质量技术监督局要求企业应当说明的其他相关情况。

三、对企业年度自查报告的审核

省级质量技术监督局应当在收到企业自查报告和相关检验记录材料 5 日内完成材料的审核并签署意见。经审核符合要求的，应当在企业《生产许可证书》副本中签署合格意见。省级质量技术监督局应加强对企业自查工作的监督管理，督促企业按期提交企业自查报告；未提交自查报告或提交的自查报告不符合要求的，应当责令企业限期整改。逾期未改正的或改正后仍不符合要求的，按规定（依据《管理条例》第五十三条）进行处罚。

对需要进一步进行实地抽查或产品检验的企业，作出抽查决定，并书面通知企业。

省级质量技术监督局对企业的自查报告抽查并进行实地核查时，被抽查的企业数量应当控制在获证总数的 10％以内。实地抽查时，核查人员应对照企业自查报告，根据《实施细则》的要求核查企业生产条件保持情况及产品变化情况，以及执行相关规定的情况。抽查时间一般不超过 1 日。

在审核企业自查报告时发现企业有违反有关规定情况，质量技术监督部门应当要求企业进行整改或者依法作出相应处罚。

省级质量技术监督局对自查报告的审核工作，不收取费用。

四、不合格项目的加严检验

对在抽查、定期监督检查、年审、换证检查或被投诉时产品检验有不合格项目，应当进行加严检验。由质量技术监督部门书面通知有关企业，并指定具备发证检验或者定期监督检验资格的质检机构，在 30 日内 3 次随机抽取该企业产品，对不合格项目（必要时增加关联检验项目）进行检验，直至连续 3 次检验合格为止。

五、监督检查结果的处理

为了增强监督检查的有效性，防止监督检查流于形式，必须高度重视并做好监督后处理工作。

1. 及时通报检查结果

组织实施监督检查的单位应当及时将检查结果通知被查企业，同时向有关方面通报情况，并公布检查结果。

2. 监督不合格企业整改

对监督检查发现的不合格企业，应予以通报，责令限期整改。企业整改后，应向组织

检查单位提交整改报告。组织检查单位应对企业整改情况进行核查验证。

3. **依法实施处罚**

对监督检查发现不合格企业，依照《产品质量法》和《管理条例》等有关法律、法规实施处罚。

第二节 对审查工作的监督

对审查工作的监督检查，是指国家质检总局对审查工作的监督检查，包括企业实地核查工作和产品质量检验工作的监督检查。

一、对企业实地核查工作的监督检查

根据《实施办法》的有关规定，国家质检总局负责组织对企业实地核查工作的质量定期和不定期的监督检查。

全国许可证审查中心受国家质检总局委托，制定监督检查计划，包括组成检查组、确定检查时间以及被检查企业名单等内容。检查计划应提前通知所在地省级质量技术监督局，省级质量技术监督局对检查工作予以配合。

检查组应在监督检查工作完成后5日内向全国许可证审查中心上报监督检查报告。

二、对产品质量检验工作的监督检查

国家质检总局负责对检验机构的检验过程和检验报告是否客观、公正、及时进行监督检查。

对检验机构的检查内容包括确认检验机构资质证书有效性、核实检验机构条件（包括设备状况和人员状况），查询检验记录和检验报告等。检验机构有企业样品的，检查组在检查过程时，应当在日程安排内跟踪产品的检验过程。

检查组应在监督检查工作完成后5日内向全国许可证审查中心上报监督检查报告。

全国许可证审查中心按计划完成监督检查工作后，向国家质检总局提交监督检查报告。

三、监督检查结果的处理

监督检查报告经国家质检总局批准后在有关网站上通报。在监督检查工作中发现的违规行为，责令改正并通报批评；属违法行为的承担相应法律责任；构成犯罪的依法追究刑事责任。

第三节 对工作机构和工作人员的监督管理

一、对核查人员的监督

质量技术监督部门对核查人员实施监督检查主要有：对从事工业产品生产许可证核

查工作的核查人员取得审查员资格的条件、过程、结果进行监督；对核查人员从事企业核查工作的实效性、公正性、科学性进行监督；对照企业实地核查记录情况及结果进行必要的抽查复核。

核查人员有下列行为之一的，由国家质检总局注销其审查员资格，情节严重的，建议其行政主管单位给予行政处分；构成犯罪的，依法追究刑事责任：

1. 核查人员未按照《实施细则》的规定开展企业实地核查时，未向被核查企业出示相关证件。

2. 核查人员对企业进行实地核查时，刁难企业，索取、收受企业财物，谋取其他不当利益的。

3. 以虚假材料等不正当手段骗取资格证书的。

4. 从事生产许可证有偿咨询的。

5. 违反国家有关法律法规的其他行为。

被注销审查员资格的人员不得再申请注册生产许可证审查员。

二、对产品审查机构的监督

国家质检总局对压力锅产品生产许可审查机构资质条件及取得资质的过程和从事有关审查工作的科学性、公正性、时效性进行监督。国家质检总局对压力锅产品生产许可审查机构的工作质量进行定期和不定期监督检查。

审查机构有下列行为的，由国家质检总局责令限期改正，逾期仍不改正的撤销其生产许可证审查机构资格；构成犯罪的，依法追究产品审查部负责人的刑事责任；

1. 未按规定时间完成审查工作。

2. 出具虚假审查结论。

3. 擅自增加产品实施细则以外的其他条件。

4. 未向企业说明企业有权选择有资质机构的检验机构送样检验。

5. 从事或者介绍企业进行生产许可有偿咨询。

6. 向企业推销生产设备、检验设备或者技术资料。

7. 聘用未取得相应资质的人员从事企业实施核查工作。

8. 妨碍企业正常生产经营活动，索取或收受企业财物。

9. 违反有关法律法规和规章的其他行为。

三、对检验机构和检验人员的监督

根据《管理条例》和《中华人民共和国工业产品生产许可证管理条例实施办法》（以下简称《实施办法》）的有关规定，质量技术监督部门对检验机构及其检验人员相关活动进行监督检查，主要有对从事工业产品生产许可证检验工作的检验机构及其人员的资质条件及取得检验资质的过程、结果进行监督；通过查阅检验报告、检验结论对比等方式，对检验机构及其工作人员从事检验工作的科学性、公正性、时效性进行监督；对检验过程、记录和结果进行监督和必要的抽查复核。

检验机构有下列行为的，由国家质检总局责令限期改正，逾期仍不改正的，撤销其从事生产许可证检验工作的资格；构成犯罪的，违反国家有关法律法规的，依法予以处理。

1. 未按产品实施细则规定标准、要求和办法开展检验工作。

2. 伪造检验结论或者出具虚假检验报告。

3. 从事与其指定检验任务相关产品的生产、销售活动，或者以其名义推荐或者监制、监销上述产品。

4. 从事或者介绍企业进行生产许可的有偿咨询。

5. 超标准收取检验费用。

6. 违反规定强行要求企业送样检验。

7. 违反有关法律法规和规章的其他行为。

其中承担发证产品检验工作的检验机构伪造检验结论或者出具虚假证明的，由质量技术监督部门责令其改正，对单位处 5 万元以上 10 万元以下的罚款；对直接负责的主管人员和其他直接责任人处 1 万元以上 5 万元以下的罚款；有违法所得的，没收违法所得；情节严重的，撤销其检验资格；构成犯罪的，依法追究刑事责任。检验机构和检验人员从事与其检验的列入目录产品相关的生产、销售活动，或者以其名义推荐或者监制、监销其检验的列入目录产品的，由产品许可证主管部门没收违法所得；情节严重的，撤销其检验资格。检验机构和检验人员利用检验工作故意刁难企业的，由质量技术监督部门责令其改正；拒不改正的，撤销其检验资格。

四、对生产许可证主管部门及其工作人员的监督

各级质量技术监督部门及其工作人员要依法行政，本着责权利相统一的原则，建立监督制约机构，防止出现“不作为”和“乱作为”的现象。上级主管部门加强对下级主管部门的监督和自我内部的监督，加强行政监督部门对业务管理部门的监督，同时，自觉接受企业和社会的监督。

生产许可主管部门及其工作人员违反《管理条例》的有关规定，应承担相应的法律责任。

1. 质量技术监督部门及其工作人员违反《管理条例》的规定，有下列情形之一的，由其上级行政机关或者监察机关责令改正；情节严重的，对直接负责的主管人员和其他直接负责人员依法给予行政处分：

(1) 对符合《管理条例》规定条件的申请不予受理的；

(2) 不在办公场所公示依法应当公示材料的；

(3) 在受理、决定过程中，未向申请人、利害关系人履行法定告知义务的；

(4) 申请人提交的申请材料不完整不符合法定形式，不一次告知申请人必须补正的全部内容的；

(5) 未依法说明不受理申请或者不予许可的理由的；

(6) 依照《管理条例》和《行政许可法》应当举行听证的。

2. 质量技术监督部门工作人员在办理生产许可证、实施监督检查时，索取或者收受

他人财物或者谋取其他利益构成犯罪的，依法追究刑事责任；尚不构成犯罪的，依法给予行政处分。

3. 质量技术监督部门有下列情形之一的，由其上级行政机关监察机关或者有关机关责令改正，依法处理；对直接负责的主管人员和其他直接负责人员依法给予降级或者撤职的行政处分；构成犯罪的，依法追究刑事责任。

(1) 对不符合《管理条例》规定的条件的申请准予许可或者超越法定职权作出准予许可决定的；

(2) 对符合《管理条例》规定的条件的申请不予许可或者不在法定期限内作出准予许可决定的；

(3) 发现未依照《管理条例》规定申请取得生产许可证擅自生产列入目录产品，不及时依法查处的；

(4) 发现检验机构的检验报告、检验结论严重失实，不及时依法查处的；

(5) 违反法律、法规或《管理条例》的规定，乱收费的。

4. 生产许可主管部门不依法履行监督职责或者监督不力，造成严重后果的，由其上级行政机关或者监察机关责令改正，对直接负责的主管人员和其他直接负责人员依法给予降级或者撤职的行政处分；构成犯罪的，依法追究刑事责任。

5. 质量技术监督部门违法实施许可，给当事人的合法权益造成损害的，应当依照《中华人民共和国国家赔偿法》的规定给予赔偿。

五、对省级质量技术监督局的监督管理

为了对压力锅产品生产许可依法实施管理，国家质检总局对省级质量技术监督局采取不定期检查的方式，对省级质量技术监督局的工作质量进行监督检查，对于工作质量出现严重问题的追究有关人员责任。监督检查主要是针对省级质量技术监督局在实施生产许可管理工作程序是否合法，行为是否规范等情况。国家质检总局对省级质量技术监督局受理企业申请，核查申请材料、对企业年度自查报告的核查等行为进行定期检查或者抽查，以便了解情况，发现问题；或者根据举报、申诉等，对省级质量技术监督局在工作中的违法行为及时进行检查纠正。

第四节　违法违规的处理

一、无证生产的查处

无证生产是指企业未按规定申请取得产品生产许可证而擅自生产的行为。主要包括企业从未申请取得生产许可证而擅自生产已开始实施无证查处产品的，获证企业在其生产许可证有效期届满后，未按规定重新申请办理生产许可证或有效期内证书被注销而擅自生产的；正在生产被列入发证目录产品的企业，未在国家质检总局规定的时间内申请取得生产许可证书而擅自生产的，未按规定办理受理手续而擅自试生产销售的。无证查处

是地方各级质量技术监督部门在生产许可证管理方面最重要的职责之一。

无证查处工作的具体实施按照属地管辖的原则分工负责，可采取日常查处和集中查处相结合的形式。日常查处不必制定计划，在日常监督检查和执法过程中，发现生产和销售无证产品的行为，随时可以依法实施查处，集中查处由各级质量技术监督管理部门统一组织，集中人力，集中时间开展的较大的规模的查处活动。因此，必须制定详细、周密的行动计划，以取得更好的查处效果。

企业未依照《管理条例》规定申请取得生产许可证而擅自生产列入目录产品的，由工业产品生产许可证主管部门责令停止生产，没收违法生产产品，处违法生产产品货值金额等值以上 3 倍以下的罚款；有违法所得的，没收有违法所得的；构成犯罪的依法追究刑事责任。

二、其他违法行为的处罚

1. 取得生产许可证的企业生产条件、检验手段、生产技术或者工艺发生变化，未按规定办理重新审查手续的，责令停止生产、销售、没收违法生产、销售的产品，并限期办理相关手续；逾期仍未办理的，处违法生产、销售产品（包括已售出和未售出的产品，下同）货值金额 3 倍以下的罚款；有违法所得的，没收违法所得；构成犯罪的，依法追究刑事责任。

2. 取得生产许可证的企业名称、住所、生产地址名称发生变化，未依照规定办理变更手续的，责令限期办理相关手续；逾期仍未办理的，责令停止生产、销售、没收违法生产、销售的产品，并处违法生产、销售产品货值金额等值以下的罚款；有违法所得的，没收违法所得。

3. 取得生产许可证的企业未依照《管理条例》规定，在产品、包装或者说明书上标注生产许可证标志和编号的，责令限期改正，逾期仍未办理的，处违法生产、销售产品货值金额 30%以下的罚款；有违法所得的，没收违法所得；情节严重的，吊销生产许可证。

4. 销售或者在经营活动中使用未取得生产许可证但列入目录产品的，责令改正，处 5 万元以上 20 万元以下的罚款；有违法所得的，没收违法所得；构成犯罪的，依法追究刑事责任。

5. 取得生产许可证的企业出租、借或转让生产许可证证书、生产许可证标志和编号的，责令限期整改更正，处 20 万元以下的罚款；情节严重的，吊销生产许可证。违法接受并使用他人提供的生产许可证证书、生产许可证标志和编号的责令停止生产、销售，没收违法所得；构成犯罪的，依法追究刑事责任。

6. 擅自动用、调换、转移、损毁被查封、扣押财物的，责令改正，处被动用、调换、转移、毁损财物价值 5%以上 20%以下的罚款；拒不改正的，处被动用、调换、转移、毁损财物价值 1 倍以上 3 倍的以下的罚款。

7. 伪造、变造生产许可证证书、生产许可证标志和编号的，责令改正，并处违法生产、销售产品货值金额等值以上 3 倍以下的罚款；有违法所得的，没收违法所得；构成犯罪的，依法追究刑事责任。

8. 企业用欺骗、贿赂等不正当手段取得生产许可证证书的，由工业产品生产许可证主管部门处20万元以下的罚款，并依照《行政许可法》由国家质检总局撤销其取得的生产许可证，由省级质量技术监督局3年内不受理该企业同一列入目录产品的生产许可申请。

9. 委托企业未按办法规定备案的，由地方质量技术监督局责令限期改正，并处3万元以下的罚款；逾期仍未改正的，吊销其产品生产许可证。

10. 取得生产许可证的企业未按规定定期向省级许可证办公室提交年度自查报告的，由省级质量技术监督部门责令其改正，逾期仍未改正的，处5 000元以下的罚款。

11. 取得生产许可证的产品，经产品质量国家监督抽查和省级监督抽查不合格的，由质量技术监督部门责令限期改正，到期复查仍不合格的，吊销其产品生产许可证。

12. 企业被吊销生产许可证的，3年内不得再次申请同一列入目录业产品的生产许可证。

13. 企业在试生产期间，未按规定生产、销售产品的，由地方质量技术监督局责令改正，并处3万元以下的罚款。

三、撤销生产许可的情况

根据《实施办法》第一百一十二条的规定，有下列情形之一的，许可审批机关应当撤销生产许可，但是撤销生产许可可能对公共利益造成重大损害的除外：

1. 行政机关工作人员滥用职权、玩忽职守作出准予生产许可决定的。
2. 超越法定职权作出准予生产许可决定的。
3. 违反法定程序作出准予生产许可决定的。
4. 对不具备申请资格或者不符合法定条件的申请人准予生产许可的。
5. 被许可人以欺骗、贿赂等不正当手段取得生产许可的。
6. 依法可以撤销生产许可的其他情形。

四、撤回生产许可的情况

根据《实施办法》第一百一十三条的规定，有下列情形之一的，许可审批机关应当撤回生产许可：

1. 被许可生产的产品列入国家决定淘汰或者禁止生产的目录的。
2. 被许可人不再生产被许可的产品的。
3. 生产许可依据的法律、法规、规章修改或者废止导致生产许可项目依法被终止的。
4. 依法应当撤回生产许可的其他情形。

五、吊销生产许可的情况

根据《实施办法》第一百一十四条的规定，取得生产许可证的企业有下列情形之一的，许可审批机关应当吊销生产许可：

1. 未依照规定在产品或者包装、说明书上标注生产许可证标志和编号，情节严重的。
2. 出租、出借或者转让许可证证书、生产许可证和编号，情节严重的。
3. 产品经国家抽查或者省级监督抽查不合格，经整改复查仍不合格的。

4. 依法应当吊销生产许可证的其他情形。

六、实施吊销或者撤销生产许可证前的暂扣生产许可证

根据《实施办法》第一百一十六条的规定，对违法企业实施吊销或者撤销生产许可证前，县级以上地方质量技术监督局，可以暂扣生产许可证。

暂扣生产许可证期限为 7 日(产品检验机构检测时间除外)。违法行为属实，依法应当吊销或者撤销许可的，许可审批机关对暂扣的证书予以收回；经调查取证决定不予吊销或者撤销许可的，对暂扣的证书应当及时退还企业。

考试大纲与练习题

一、考试大纲

（一）学习目的与要求

通过学习，了解对获证企业监督检查的必要性，对获证企业监督检查的意义、方式、要求；对生产许可工作机构、人员和审查工作监督检查的要求及对生产许可工作机构人员和审查工作监督检查的内容。

（二）考核知识点与考核要求

理解对压力锅产品生产许可的监督检查的意义、方式、要求；掌握对获证企业、生产许可工作机构、人员和审查工作监督检查的要求；了解违章处罚的条款。

二、练习题

1. 简述对获证企业监督检查的意义。
2. 简述对核查人员的监督检查。
3. 简述对产品审查机构的监督检查。
4. 简述对检验机构和检验人员的监督检查。
5. 简述对产品审查机构的监督检查。
6. 简述在哪些情况下应吊销企业生产许可证。

附　录

中华人民共和国产品质量法

（1993年2月22日第七届全国人民代表大会常务委员会第三十次会议通过
根据2000年7月8日第九届全国人民代表大会常务委员会第十六次会议
《关于修改〈中华人民共和国产品质量法〉的决定》修正）

目　录

第一章　总　则

第一条　为了加强对产品质量的监督管理，提高产品质量水平，明确产品质量责任，保护消费者的合法权益，维护社会经济秩序，制定本法。

第二条　在中华人民共和国境内从事产品生产、销售活动，必须遵守本法。

本法所称产品是指经过加工、制作，用于销售的产品。

建设工程不适用本法规定；但是，建设工程使用的建筑材料、建筑构配件和设备，属于前款规定的产品范围的，适用本法规定。

第三条　生产者、销售者应当建立健全内部产品质量管理制度，严格实施岗位质量规范、质量责任以及相应的考核办法。

第四条　生产者、销售者依照本法规定承担产品质量责任。

第五条　禁止伪造或者冒用认证标志等质量标志；禁止伪造产品的产地，伪造或者冒用他人的厂名、厂址；禁止在生产、销售的产品中掺杂、掺假，以假充真，以次充好。

第六条　国家鼓励推行科学的质量管理方法，采用先进的科学技术，鼓励企业产品质量达到并且超过行业标准、国家标准和国际标准。

对产品质量管理先进和产品质量达到国际先进水平、成绩显著的单位和个人，给予奖励。

第七条 各级人民政府应当把提高产品质量纳入国民经济和社会发展规划，加强对产品质量工作的统筹规划和组织领导，引导、督促生产者、销售者加强产品质量管理，提高产品质量，组织各有关部门依法采取措施，制止产品生产、销售中违反本法规定的行为，保障本法的施行。

第八条 国务院产品质量监督部门主管全国产品质量监督工作。国务院有关部门在各自的职责范围内负责产品质量监督工作。

县级以上地方产品质量监督部门主管本行政区域内的产品质量监督工作。县级以上地方人民政府有关部门在各自的职责范围内负责产品质量监督工作。

法律对产品质量的监督部门另有规定的，依照有关法律的规定执行。

第九条 各级人民政府工作人员和其他国家机关工作人员不得滥用职权、玩忽职守或者徇私舞弊，包庇、放纵本地区、本系统发生的产品生产、销售中违反本法规定的行为，或者阻挠、干预依法对产品生产、销售中违反本法规定的行为进行查处。

各级地方人民政府和其他国家机关有包庇、放纵产品生产、销售中违反本法规定的行为的，依法追究其主要负责人的法律责任。

第十条 任何单位和个人有权对违反本法规定的行为，向产品质量监督部门或者其他有关部门检举。

产品质量监督部门和有关部门应当为检举人保密，并按照省、自治区、直辖市人民政府的规定给予奖励。

第十一条 任何单位和个人不得排斥非本地区或者非本系统企业生产的质量合格产品进入本地区、本系统。

第二章 产品质量的监督

第十二条 产品质量应当检验合格，不得以不合格产品冒充合格产品。

第十三条 可能危及人体健康和人身、财产安全的工业产品，必须符合保障人体健康和人身、财产安全的国家标准、行业标准；未制定国家标准、行业标准的，必须符合保障人体健康和人身、财产安全的要求。

禁止生产、销售不符合保障人体健康和人身、财产安全的标准和要求的工业产品。具体管理办法由国务院规定。

第十四条 国家根据国际通用的质量管理标准，推行企业质量体系认证制度。企业根据自愿原则可以向国务院产品质量监督部门认可的或者国务院产品质量监督部门授权的部门认可的认证机构申请企业质量体系认证。经认证合格的，由认证机构颁发企业质量体系认证证书。

国家参照国际先进的产品标准和技术要求，推行产品质量认证制度。企业根据自愿原则可以向国务院产品质量监督部门认可的或者国务院产品质量监督部门授权的部门认

可的认证机构申请产品质量认证。经认证合格的，由认证机构颁发产品质量认证证书，准许企业在产品或者其包装上使用产品质量认证标志。

第十五条 国家对产品质量实行以抽查为主要方式的监督检查制度，对可能危及人体健康和人身、财产安全的产品，影响国计民生的重要工业产品以及消费者、有关组织反映有质量问题的产品进行抽查。抽查的样品应当在市场上或者企业成品仓库内的待销产品中随机抽取。监督抽查工作由国务院产品质量监督部门规划和组织。县级以上地方产品质量监督部门在本行政区域内也可以组织监督抽查。法律对产品质量的监督检查另有规定的，依照有关法律的规定执行。

国家监督抽查的产品，地方不得另行重复抽查；上级监督抽查的产品，下级不得另行重复抽查。

根据监督抽查的需要，可以对产品进行检验。检验抽取样品的数量不得超过检验的合理需要，并不得向被检查人收取检验费用。监督抽查所需检验费用按照国务院规定列支。

生产者、销售者对抽查检验的结果有异议的，可以自收到检验结果之日起十五日内向实施监督抽查的产品质量监督部门或者其上级产品质量监督部门申请复检，由受理复检的产品质量监督部门作出复检结论。

第十六条 对依法进行的产品质量监督检查，生产者、销售者不得拒绝。

第十七条 依照本法规定进行监督抽查的产品质量不合格的，由实施监督抽查的产品质量监督部门责令其生产者、销售者限期改正。逾期不改正的，由省级以上人民政府产品质量监督部门予以公告；公告后经复查仍不合格的，责令停业，限期整顿；整顿期满后经复查产品质量仍不合格的，吊销营业执照。

监督抽查的产品有严重质量问题的，依照本法第五章的有关规定处罚。

第十八条 县级以上产品质量监督部门根据已经取得的违法嫌疑证据或者举报，对涉嫌违反本法规定的行为进行查处时，可以行使下列职权：

（一）对当事人涉嫌从事违反本法的生产、销售活动的场所实施现场检查；

（二）向当事人的法定代表人、主要负责人和其他有关人员调查、了解与涉嫌从事违反本法的生产、销售活动有关的情况；

（三）查阅、复制当事人有关的合同、发票、账簿以及其他有关资料；

（四）对有根据认为不符合保障人体健康和人身、财产安全的国家标准、行业标准的产品或者有其他严重质量问题的产品，以及直接用于生产、销售该项产品的原辅材料、包装物、生产工具，予以查封或者扣押。

县级以上工商行政管理部门按照国务院规定的职责范围，对涉嫌违反本法规定的行为进行查处时，可以行使前款规定的职权。

第十九条 产品质量检验机构必须具备相应的检测条件和能力，经省级以上人民政府产品质量监督部门或者其授权的部门考核合格后，方可承担产品质量检验工作。法律、行政法规对产品质量检验机构另有规定的，依照有关法律、行政法规的规定执行。

第二十条 从事产品质量检验、认证的社会中介机构必须依法设立，不得与行政机关

和其他国家机关存在隶属关系或者其他利益关系。

第二十一条 产品质量检验机构、认证机构必须依法按照有关标准，客观、公正地出具检验结果或者认证证明。

产品质量认证机构应当依照国家规定对准许使用认证标志的产品进行认证后的跟踪检查；对不符合认证标准而使用认证标志的，要求其改正；情节严重的，取消其使用认证标志的资格。

第二十二条 消费者有权就产品质量问题，向产品的生产者、销售者查询；向产品质量监督部门、工商行政管理部门及有关部门申诉，接受申诉的部门应当负责处理。

第二十三条 保护消费者权益的社会组织可以就消费者反映的产品质量问题建议有关部门负责处理，支持消费者对因产品质量造成的损害向人民法院起诉。

第二十四条 国务院和省、自治区、直辖市人民政府的产品质量监督部门应当定期发布其监督抽查的产品的质量状况公告。

第二十五条 产品质量监督部门或者其他国家机关以及产品质量检验机构不得向社会推荐生产者的产品；不得以对产品进行监制、监销等方式参与产品经营活动。

第三章 生产者、销售者的产品质量责任和义务

第一节 生产者的产品质量责任和义务

第二十六条 生产者应当对其生产的产品质量负责。

产品质量应当符合下列要求：

（一）不存在危及人身、财产安全的不合理的危险，有保障人体健康和人身、财产安全的国家标准、行业标准的，应当符合该标准；

（二）具备产品应当具备的使用性能，但是，对产品存在使用性能的瑕疵作出说明的除外；

（三）符合在产品或者其包装上注明采用的产品标准，符合以产品说明、实物样品等方式表明的质量状况。

第二十七条 产品或者其包装上的标识必须真实，并符合下列要求：

（一）有产品质量检验合格证明；

（二）有中文标明的产品名称、生产厂厂名和厂址；

（三）根据产品的特点和使用要求，需要标明产品规格、等级、所含主要成分的名称和含量的，用中文相应予以标明；需要事先让消费者知晓的，应当在外包装上标明，或者预先向消费者提供有关资料；

（四）限期使用的产品，应当在显著位置清晰地标明生产日期和安全使用期或者失效日期；

（五）使用不当，容易造成产品本身损坏或者可能危及人身、财产安全的产品，应当有警示标志或者中文警示说明。

裸装的食品和其他根据产品的特点难以附加标识的裸装产品，可以不附加产品标志。

第二十八条 易碎、易燃、易爆、有毒、有腐蚀性、有放射性等危险物品以及储运中不能倒置和其他有特殊要求的产品，其包装质量必须符合相应要求，依照国家有关规定作出警示标志或者中文警示说明，标明储运注意事项。

第二十九条 生产者不得生产国家明令淘汰的产品。

第三十条 生产者不得伪造产地，不得伪造或者冒用他人的厂名、厂址。

第三十一条 生产者不得伪造或者冒用认证标志等质量标志。

第三十二条 生产者生产产品，不得掺杂、掺假，不得以假充真、以次充好，不得以不合格产品冒充合格产品。

第二节　销售者的产品质量责任和义务

第三十三条 销售者应当建立并执行进货检查验收制度，验明产品合格证明和其他标识。

第三十四条 销售者应当采取措施，保持销售产品的质量。

第三十五条 销售者不得销售国家明令淘汰并停止销售的产品和失效、变质的产品。

第三十六条 销售者销售的产品的标识应当符合本法第二十七条的规定。

第三十七条 销售者不得伪造产地，不得伪造或者冒用他人的厂名、厂址。

第三十八条 销售者不得伪造或者冒用认证标志等质量标志。

第三十九条 销售者销售产品，不得掺杂、掺假，不得以假充真、以次充好，不得以不合格产品冒充合格产品。

第四章　损害赔偿

第四十条 售出的产品有下列情形之一的，销售者应当负责修理、更换、退货；给购买产品的消费者造成损失的，销售者应当赔偿损失：

（一）不具备产品应当具备的使用性能而事先未作说明的；

（二）不符合在产品或者其包装上注明采用的产品标准的；

（三）不符合以产品说明、实物样品等方式表明的质量状况的。

销售者依照前款规定负责修理、更换、退货、赔偿损失后，属于生产者的责任或者属于向销售者提供产品的其他销售者（以下简称供货者）的责任的，销售者有权向生产者、供货者追偿。

销售者未按照第一款规定给予修理、更换、退货或者赔偿损失的，由产品质量监督部门或者工商行政管理部门责令改正。

生产者之间，销售者之间，生产者与销售者之间订立的买卖合同、承揽合同有不同约定的，合同当事人按照合同约定执行。

第四十一条 因产品存在缺陷造成人身、缺陷产品以外的其他财产（以下简称他人财产）损害的，生产者应当承担赔偿责任。

生产者能够证明有下列情形之一的，不承担赔偿责任：

（一）未将产品投入流通的；

（二）产品投入流通时，引起损害的缺陷尚不存在的；

（三）将产品投入流通时的科学技术水平尚不能发现缺陷的存在的。

第四十二条 由于销售者的过错使产品存在缺陷，造成人身、他人财产损害的，销售者应当承担赔偿责任。

销售者不能指明缺陷产品的生产者也不能指明缺陷产品的供货者的，销售者应当承担赔偿责任。

第四十三条 因产品存在缺陷造成人身、他人财产损害的，受害人可以向产品的生产者要求赔偿，也可以向产品的销售者要求赔偿。属于产品的生产者的责任，产品的销售者赔偿的，产品的销售者有权向产品的生产者追偿。属于产品的销售者的责任，产品的生产者赔偿的，产品的生产者有权向产品的销售者追偿。

第四十四条 因产品存在缺陷造成受害人人身伤害的，侵害人应当赔偿医疗费、治疗期间的护理费、因误工减少的收入等费用；造成残疾的，还应当支付残疾者生活自助具费、生活补助费、残疾赔偿金以及由其扶养的人所必需的生活费等费用；造成受害人死亡的，并应当支付丧葬费、死亡赔偿金以及由死者生前扶养的人所必需的生活费等费用。

因产品存在缺陷造成受害人财产损失的，侵害人应当恢复原状或者折价赔偿。受害人因此遭受其他重大损失的，侵害人应当赔偿损失。

第四十五条 因产品存在缺陷造成损害要求赔偿的诉讼时效期间为二年，自当事人知道或者应当知道其权益受到损害时起计算。

因产品存在缺陷造成损害要求赔偿的请求权，在造成损害的缺陷产品交付最初消费者满十年丧失；但是，尚未超过明示的安全使用期的除外。

第四十六条 本法所称缺陷，是指产品存在危及人身、他人财产安全的不合理的危险；产品有保障人体健康和人身、财产安全的国家标准、行业标准的，是指不符合该标准。

第四十七条 因产品质量发生民事纠纷时，当事人可以通过协商或者调解解决。当事人不愿通过协商、调解解决或者协商、调解不成的，可以根据当事人各方的协议向仲裁机构申请仲裁；当事人各方没有达成仲裁协议或者仲裁协议无效的，可以直接向人民法院起诉。

第四十八条 仲裁机构或者人民法院可以委托本法第十九条规定的产品质量检验机构，对有关产品质量进行检验。

第五章　罚　　则

第四十九条 生产、销售不符合保障人体健康和人身、财产安全的国家标准、行业标准的产品的，责令停止生产、销售，没收违法生产、销售的产品，并处违法生产、销售产品（包括已售出和未售出的产品，下同）货值金额等值以上三倍以下的罚款；有违法所得的，

并处没收违法所得；情节严重的，吊销营业执照；构成犯罪的，依法追究刑事责任。

第五十条 在产品中掺杂、掺假，以假充真，以次充好，或者以不合格产品冒充合格产品的，责令停止生产、销售，没收违法生产、销售的产品，并处违法生产、销售产品货值金额百分之五十以上三倍以下的罚款；有违法所得的，并处没收违法所得；情节严重的，吊销营业执照；构成犯罪的，依法追究刑事责任。

第五十一条 生产国家明令淘汰的产品的，销售国家明令淘汰并停止销售的产品的，责令停止生产、销售，没收违法生产、销售的产品，并处违法生产、销售产品货值金额等值以下的罚款；有违法所得的，并处没收违法所得；情节严重的，吊销营业执照。

第五十二条 销售失效、变质的产品的，责令停止销售，没收违法销售的产品，并处违法销售产品货值金额二倍以下的罚款；有违法所得的，并处没收违法所得；情节严重的，吊销营业执照；构成犯罪的，依法追究刑事责任。

第五十三条 伪造产品产地的，伪造或者冒用他人厂名、厂址的，伪造或者冒用认证标志等质量标志的，责令改正，没收违法生产、销售的产品，并处违法生产、销售产品货值金额等值以下的罚款；有违法所得的，并处没收违法所得；情节严重的，吊销营业执照。

第五十四条 产品标识不符合本法第二十七条规定的，责令改正；有包装的产品标识不符合本法第二十七条第(四)项、第(五)项规定，情节严重的，责令停止生产、销售，并处违法生产、销售产品货值金额百分之三十以下的罚款；有违法所得的，并处没收违法所得。

第五十五条 销售者销售本法第四十九条至第五十三条规定禁止销售的产品，有充分证据证明其不知道该产品为禁止销售的产品并如实说明其进货来源的，可以从轻或者减轻处罚。

第五十六条 拒绝接受依法进行的产品质量监督检查的，给予警告，责令改正；拒不改正的，责令停业整顿；情节特别严重的，吊销营业执照。

第五十七条 产品质量检验机构、认证机构伪造检验结果或者出具虚假证明的，责令改正，对单位处五万元以上十万元以下的罚款，对直接负责的主管人员和其他直接责任人员处一万元以上五万元以下的罚款；有违法所得的，并处没收违法所得；情节严重的，取消其检验资格、认证资格；构成犯罪的，依法追究刑事责任。

产品质量检验机构、认证机构出具的检验结果或者证明不实，造成损失的，应当承担相应的赔偿责任；造成重大损失的，撤销其检验资格、认证资格。

产品质量认证机构违反本法第二十一条第二款的规定，对不符合认证标准而使用认证标志的产品，未依法要求其改正或者取消其使用认证标志资格的，对因产品不符合认证标准给消费者造成的损失，与产品的生产者、销售者承担连带责任；情节严重的，撤销其认证资格。

第五十八条 社会团体、社会中介机构对产品质量作出承诺、保证，而该产品又不符合其承诺、保证的质量要求，给消费者造成损失的，与产品的生产者、销售者承担连带责任。

第五十九条 在广告中对产品质量作虚假宣传，欺骗和误导消费者的，依照《中华人民共和国广告法》的规定追究法律责任。

第六十条 对生产者专门用于生产本法第四十九条、第五十一条所列的产品或者以假充真的产品的原辅材料、包装物、生产工具，应当予以没收。

第六十一条 知道或者应当知道属于本法规定禁止生产、销售的产品而为其提供运输、保管、仓储等便利条件的，或者为以假充真的产品提供制假生产技术的，没收全部运输、保管、仓储或者提供制假生产技术的收入，并处违法收入百分之五十以上三倍以下的罚款；构成犯罪的，依法追究刑事责任。

第六十二条 服务业的经营者将本法第四十九条至第五十二条规定禁止销售的产品用于经营性服务的，责令停止使用；对知道或者应当知道所使用的产品属于本法规定禁止销售的产品的，按照违法使用的产品（包括已使用和尚未使用的产品）的货值金额，依照本法对销售者的处罚规定处罚。

第六十三条 隐匿、转移、变卖、损毁被产品质量监督部门或者工商行政管理部门查封、扣押的物品的，处被隐匿、转移、变卖、损毁物品货值金额等值以上三倍以下的罚款；有违法所得的，并处没收违法所得。

第六十四条 违反本法规定，应当承担民事赔偿责任和缴纳罚款、罚金，其财产不足以同时支付时，先承担民事赔偿责任。

第六十五条 各级人民政府工作人员和其他国家机关工作人员有下列情形之一的，依法给予行政处分；构成犯罪的，依法追究刑事责任：

（一）包庇、放纵产品生产、销售中违反本法规定行为的；

（二）向从事违反本法规定的生产、销售活动的当事人通风报信，帮助其逃避查处的；

（三）阻挠、干预产品质量监督部门或者工商行政管理部门依法对产品生产、销售中违反本法规定的行为进行查处，造成严重后果的。

第六十六条 产品质量监督部门在产品质量监督抽查中超过规定的数量索取样品或者向被检查人收取检验费用的，由上级产品质量监督部门或者监察机关责令退还；情节严重的，对直接负责的主管人员和其他直接责任人员依法给予行政处分。

第六十七条 产品质量监督部门或者其他国家机关违反本法第二十五条的规定，向社会推荐生产者的产品或者以监制、监销等方式参与产品经营活动的，由其上级机关或者监察机关责令改正，消除影响，有违法收入的予以没收；情节严重的，对直接负责的主管人员和其他直接责任人员依法给予行政处分。

产品质量检验机构有前款所列违法行为的，由产品质量监督部门责令改正，消除影响，有违法收入的予以没收，可以并处违法收入一倍以下的罚款；情节严重的，撤销其质量检验资格。

第六十八条 产品质量监督部门或者工商行政管理部门的工作人员滥用职权、玩忽职守、徇私舞弊，构成犯罪的，依法追究刑事责任；尚不构成犯罪的，依法给予行政处分。

第六十九条 以暴力、威胁方法阻碍产品质量监督部门或者工商行政管理部门的工作人员依法执行职务的，依法追究刑事责任；拒绝、阻碍未使用暴力、威胁方法的，由公安机关依照治安管理处罚条例的规定处罚。

第七十条 本法规定的吊销营业执照的行政处罚由工商行政管理部门决定，本法第

四十九条至第五十七条、第六十条至第六十三条规定的行政处罚由产品质量监督部门或者工商行政管理部门按照国务院规定的职权范围决定。法律、行政法规对行使行政处罚权的机关另有规定的，依照有关法律、行政法规的规定执行。

第七十一条 对依照本法规定没收的产品，依照国家有关规定进行销毁或者采取其他方式处理。

第七十二条 本法第四十九条至第五十四条、第六十二条、第六十三条所规定的货值金额以违法生产、销售产品的标价计算；没有标价的，按照同类产品的市场价格计算。

第六章 附 则

第七十三条 军工产品质量监督管理办法，由国务院、中央军事委员会另行制定。因核设施、核产品造成损害的赔偿责任，法律、行政法规另有规定的，依照其规定。

第七十四条 本法自 1993 年 9 月 1 日起施行。

中华人民共和国行政许可法

（2003 年 8 月 27 日第十届全国人民代表大会常务委员会第四次会议通过）

目　　录

第一章　总　　则

第一条　为了规范行政许可的设定和实施，保护公民、法人和其他组织的合法权益，维护公共利益和社会秩序，保障和监督行政机关有效实施行政管理，根据宪法，制定本法。

第二条　本法所称行政许可，是指行政机关根据公民、法人或者其他组织的申请，经依法审查，准予其从事特定活动的行为。

第三条　行政许可的设定和实施，适用本法。

有关行政机关对其他机关或者对其直接管理的事业单位的人事、财务、外事等事项的审批，不适用本法。

第四条　设定和实施行政许可，应当依照法定的权限、范围、条件和程序。

第五条　设定和实施行政许可，应当遵循公开、公平、公正的原则。

有关行政许可的规定应当公布；未经公布的，不得作为实施行政许可的依据。行政许可的实施和结果，除涉及国家秘密、商业秘密或者个人隐私的外，应当公开。

符合法定条件、标准的，申请人有依法取得行政许可的平等权利，行政机关不得歧视。

第六条 实施行政许可，应当遵循便民的原则，提高办事效率，提供优质服务。

第七条 公民、法人或者其他组织对行政机关实施行政许可，享有陈述权、申辩权；有权依法申请行政复议或者提起行政诉讼；其合法权益因行政机关违法实施行政许可受到损害的，有权依法要求赔偿。

第八条 公民、法人或者其他组织依法取得的行政许可受法律保护，行政机关不得擅自改变已经生效的行政许可。

行政许可所依据的法律、法规、规章修改或者废止，或者准予行政许可所依据的客观情况发生重大变化的，为了公共利益的需要，行政机关可以依法变更或者撤回已经生效的行政许可。由此给公民、法人或者其他组织造成财产损失的，行政机关应当依法给予补偿。

第九条 依法取得的行政许可，除法律、法规规定依照法定条件和程序可以转让的外，不得转让。

第十条 县级以上人民政府应当建立健全对行政机关实施行政许可的监督制度，加强对行政机关实施行政许可的监督检查。

行政机关应当对公民、法人或者其他组织从事行政许可事项的活动实施有效监督。

第二章 行政许可的设定

第十一条 设定行政许可，应当遵循经济和社会发展规律，有利于发挥公民、法人或者其他组织的积极性、主动性，维护公共利益和社会秩序，促进经济、社会和生态环境协调发展。

第十二条 下列事项可以设定行政许可：

（一）直接涉及国家安全、公共安全、经济宏观调控、生态环境保护以及直接关系人身健康、生命财产安全等特定活动，需要按照法定条件予以批准的事项；

（二）有限自然资源开发利用、公共资源配置以及直接关系公共利益的特定行业的市场准入等，需要赋予特定权利的事项；

（三）提供公众服务并且直接关系公共利益的职业、行业，需要确定具备特殊信誉、特殊条件或者特殊技能等资格、资质的事项；

（四）直接关系公共安全、人身健康、生命财产安全的重要设备、设施、产品、物品，需要按照技术标准、技术规范，通过检验、检测、检疫等方式进行审定的事项；

（五）企业或者其他组织的设立等，需要确定主体资格的事项；

（六）法律、行政法规规定可以设定行政许可的其他事项。

第十三条 本法第十二条所列事项，通过下列方式能够予以规范的，可以不设行政许可：

（一）公民、法人或者其他组织能够自主决定的；

（二）市场竞争机制能够有效调节的；

（三）行业组织或者中介机构能够自律管理的；

（四）行政机关采用事后监督等其他行政管理方式能够解决的。

第十四条　本法第十二条所列事项，法律可以设定行政许可。尚未制定法律的，行政法规可以设定行政许可。

必要时，国务院可以采用发布决定的方式设定行政许可。实施后，除临时性行政许可事项外，国务院应当及时提请全国人民代表大会及其常务委员会制定法律，或者自行制定行政法规。

第十五条　本法第十二条所列事项，尚未制定法律、行政法规的，地方性法规可以设定行政许可；尚未制定法律、行政法规和地方性法规的，因行政管理的需要，确需立即实施行政许可的，省、自治区、直辖市人民政府规章可以设定临时性的行政许可。临时性的行政许可实施满一年需要继续实施的，应当提请本级人民代表大会及其常务委员会制定地方性法规。

地方性法规和省、自治区、直辖市人民政府规章，不得设定应当由国家统一确定的公民、法人或者其他组织的资格、资质的行政许可；不得设定企业或者其他组织的设立登记及其前置性行政许可。其设定的行政许可，不得限制其他地区的个人或者企业到本地区从事生产经营和提供服务，不得限制其他地区的商品进入本地区市场。

第十六条　行政法规可以在法律设定的行政许可事项范围内，对实施该行政许可作出具体规定。

地方性法规可以在法律、行政法规设定的行政许可事项范围内，对实施该行政许可作出具体规定。

规章可以在上位法设定的行政许可事项范围内，对实施该行政许可作出具体规定。

法规、规章对实施上位法设定的行政许可作出的具体规定，不得增设行政许可；对行政许可条件作出的具体规定，不得增设违反上位法的其他条件。

第十七条　除本法第十四条、第十五条规定的外，其他规范性文件一律不得设定行政许可。

第十八条　设定行政许可，应当规定行政许可的实施机关、条件、程序、期限。

第十九条　起草法律草案、法规草案和省、自治区、直辖市人民政府规章草案，拟设定行政许可的，起草单位应当采取听证会、论证会等形式听取意见，并向制定机关说明设定该行政许可的必要性、对经济和社会可能产生的影响以及听取和采纳意见的情况。

第二十条　行政许可的设定机关应当定期对其设定的行政许可进行评价；对已设定的行政许可，认为通过本法第十三条所列方式能够解决的，应当对设定该行政许可的规定及时予以修改或者废止。

行政许可的实施机关可以对已设定的行政许可的实施情况及存在的必要性适时进行评价，并将意见报告该行政许可的设定机关。

公民、法人或者其他组织可以向行政许可的设定机关和实施机关就行政许可的设定和实施提出意见和建议。

第二十一条 省、自治区、直辖市人民政府对行政法规设定的有关经济事务的行政许可，根据本行政区域经济和社会发展情况，认为通过本法第十三条所列方式能够解决的，报国务院批准后，可以在本行政区域内停止实施该行政许可。

第三章 行政许可的实施机关

第二十二条 行政许可由具有行政许可权的行政机关在其法定职权范围内实施。

第二十三条 法律、法规授权的具有管理公共事务职能的组织，在法定授权范围内，以自己的名义实施行政许可。被授权的组织适用本法有关行政机关的规定。

第二十四条 行政机关在其法定职权范围内，依照法律、法规、规章的规定，可以委托其他行政机关实施行政许可。委托机关应当将受委托行政机关和受委托实施行政许可的内容予以公告。

委托行政机关对受委托行政机关实施行政许可的行为应当负责监督，并对该行为的后果承担法律责任。

受委托行政机关在委托范围内，以委托行政机关名义实施行政许可；不得再委托其他组织或者个人实施行政许可。

第二十五条 经国务院批准，省、自治区、直辖市人民政府根据精简、统一、效能的原则，可以决定一个行政机关行使有关行政机关的行政许可权。

第二十六条 行政许可需要行政机关内设的多个机构办理的，该行政机关应当确定一个机构统一受理行政许可申请，统一送达行政许可决定。

行政许可依法由地方人民政府两个以上部门分别实施的，本级人民政府可以确定一个部门受理行政许可申请并转告有关部门分别提出意见后统一办理，或者组织有关部门联合办理、集中办理。

第二十七条 行政机关实施行政许可，不得向申请人提出购买指定商品、接受有偿服务等不正当要求。

行政机关工作人员办理行政许可，不得索取或者收受申请人的财物，不得谋取其他利益。

第二十八条 对直接关系公共安全、人身健康、生命财产安全的设备、设施、产品、物品的检验、检测、检疫，除法律、行政法规规定由行政机关实施的外，应当逐步由符合法定条件的专业技术组织实施。专业技术组织及其有关人员对所实施的检验、检测、检疫结论承担法律责任。

第四章 行政许可的实施程序

第一节 申请与受理

第二十九条 公民、法人或者其他组织从事特定活动，依法需要取得行政许可的，应当向行政机关提出申请。申请书需要采用格式文本的，行政机关应当向申请人提供行政许可申请书格式文本。申请书格式文本中不得包含与申请行政许可事项没有直接关系的内容。

申请人可以委托代理人提出行政许可申请。但是，依法应当由申请人到行政机关办公场所提出行政许可申请的除外。

行政许可申请可以通过信函、电报、电传、传真、电子数据交换和电子邮件等方式提出。

第三十条 行政机关应当将法律、法规、规章规定的有关行政许可的事项、依据、条件、数量、程序、期限以及需要提交的全部材料的目录和申请书示范文本等在办公场所公示。

申请人要求行政机关对公示内容予以说明、解释的，行政机关应当说明、解释，提供准确、可靠的信息。

第三十一条 申请人申请行政许可，应当如实向行政机关提交有关材料和反映真实情况，并对其申请材料实质内容的真实性负责。行政机关不得要求申请人提交与其申请的行政许可事项无关的技术资料和其他材料。

第三十二条 行政机关对申请人提出的行政许可申请，应当根据下列情况分别作出处理：

（一）申请事项依法不需要取得行政许可的，应当即时告知申请人不受理；

（二）申请事项依法不属于本行政机关职权范围的，应当即时作出不予受理的决定，并告知申请人向有关行政机关申请；

（三）申请材料存在可以当场更正的错误的，应当允许申请人当场更正；

（四）申请材料不齐全或者不符合法定形式的，应当当场或者在五日内一次告知申请人需要补正的全部内容，逾期不告知的，自收到申请材料之日起即为受理；

（五）申请事项属于本行政机关职权范围，申请材料齐全、符合法定形式，或者申请人按照本行政机关的要求提交全部补正申请材料的，应当受理行政许可申请。

行政机关受理或者不予受理行政许可申请，应当出具加盖本行政机关专用印章和注明日期的书面凭证。

第三十三条 行政机关应当建立和完善有关制度，推行电子政务，在行政机关的网站上公布行政许可事项，方便申请人采取数据电文等方式提出行政许可申请；应当与其他行政机关共享有关行政许可信息，提高办事效率。

第二节 审查与决定

第三十四条 行政机关应当对申请人提交的申请材料进行审查。

申请人提交的申请材料齐全、符合法定形式，行政机关能够当场作出决定的，应当当场作出书面的行政许可决定。

根据法定条件和程序，需要对申请材料的实质内容进行核实的，行政机关应当指派两名以上工作人员进行核查。

第三十五条　依法应当先经下级行政机关审查后报上级行政机关决定的行政许可，下级行政机关应当在法定期限内将初步审查意见和全部申请材料直接报送上级行政机关。上级行政机关不得要求申请人重复提供申请材料。

第三十六条　行政机关对行政许可申请进行审查时，发现行政许可事项直接关系他人重大利益的，应当告知该利害关系人。申请人、利害关系人有权进行陈述和申辩。行政机关应当听取申请人、利害关系人的意见。

第三十七条　行政机关对行政许可申请进行审查后，除当场作出行政许可决定的外，应当在法定期限内按照规定程序作出行政许可决定。

第三十八条　申请人的申请符合法定条件、标准的，行政机关应当依法作出准予行政许可的书面决定。

行政机关依法作出不予行政许可的书面决定的，应当说明理由，并告知申请人享有依法申请行政复议或者提起行政诉讼的权利。

第三十九条　行政机关作出准予行政许可的决定，需要颁发行政许可证件的，应当向申请人颁发加盖本行政机关印章的下列行政许可证件：

（一）许可证、执照或者其他许可证书；

（二）资格证、资质证或者其他合格证书；

（三）行政机关的批准文件或者证明文件；

（四）法律、法规规定的其他行政许可证件。

行政机关实施检验、检测、检疫的，可以在检验、检测、检疫合格的设备、设施、产品、物品上加贴标签或者加盖检验、检测、检疫印章。

第四十条　行政机关作出的准予行政许可决定，应当予以公开，公众有权查阅。

第四十一条　法律、行政法规设定的行政许可，其适用范围没有地域限制的，申请人取得的行政许可在全国范围内有效。

第三节　期　　限

第四十二条　除可以当场作出行政许可决定的外，行政机关应当自受理行政许可申请之日起二十日内作出行政许可决定。二十日内不能作出决定的，经本行政机关负责人批准，可以延长十日，并应当将延长期限的理由告知申请人。但是，法律、法规另有规定的，依照其规定。

依照本法第二十六条的规定，行政许可采取统一办理或者联合办理、集中办理的，办理的时间不得超过四十五日；四十五日内不能办结的，经本级人民政府负责人批准，可以延长十五日，并应当将延长期限的理由告知申请人。

第四十三条　依法应当先经下级行政机关审查后报上级行政机关决定的行政许可，下级行政机关应当自其受理行政许可申请之日起二十日内审查完毕。但是，法律、法规另有规定的，依照其规定。

第四十四条　行政机关作出准予行政许可的决定，应当自作出决定之日起十日内向申请人颁发、送达行政许可证件，或者加贴标签、加盖检验、检测、检疫印章。

第四十五条 行政机关作出行政许可决定，依法需要听证、招标、拍卖、检验、检测、检疫、鉴定和专家评审的，所需时间不计算在本节规定的期限内。行政机关应当将所需时间书面告知申请人。

第四节 听　　证

第四十六条 法律、法规、规章规定实施行政许可应当听证的事项，或者行政机关认为需要听证的其他涉及公共利益的重大行政许可事项，行政机关应当向社会公告，并举行听证。

第四十七条 行政许可直接涉及申请人与他人之间重大利益关系的，行政机关在作出行政许可决定前，应当告知申请人、利害关系人享有要求听证的权利；申请人、利害关系人在被告知听证权利之日起五日内提出听证申请的，行政机关应当在二十日内组织听证。

申请人、利害关系人不承担行政机关组织听证的费用。

第四十八条 听证按照下列程序进行：

（一）行政机关应当于举行听证的七日前将举行听证的时间、地点通知申请人、利害关系人，必要时予以公告；

（二）听证应当公开举行；

（三）行政机关应当指定审查该行政许可申请的工作人员以外的人员为听证主持人，申请人、利害关系人认为主持人与该行政许可事项有直接利害关系的，有权申请回避；

（四）举行听证时，审查该行政许可申请的工作人员应当提供审查意见的证据、理由，申请人、利害关系人可以提出证据，并进行申辩和质证；

（五）听证应当制作笔录，听证笔录应当交听证参加人确认无误后签字或者盖章。

行政机关应当根据听证笔录，作出行政许可决定。

第五节 变更与延续

第四十九条 被许可人要求变更行政许可事项的，应当向作出行政许可决定的行政机关提出申请；符合法定条件、标准的，行政机关应当依法办理变更手续。

第五十条 被许可人需要延续依法取得的行政许可的有效期的，应当在该行政许可有效期届满三十日前向作出行政许可决定的行政机关提出申请。但是，法律、法规、规章另有规定的，依照其规定。

行政机关应当根据被许可人的申请，在该行政许可有效期届满前作出是否准予延续的决定；逾期未作决定的，视为准予延续。

第六节 特别规定

第五十一条 实施行政许可的程序，本节有规定的，适用本节规定；本节没有规定的，

适用本章其他有关规定。

第五十二条 国务院实施行政许可的程序，适用有关法律、行政法规的规定。

第五十三条 实施本法第十二条第二项所列事项的行政许可的，行政机关应当通过招标、拍卖等公平竞争的方式作出决定。但是，法律、行政法规另有规定的，依照其规定。

行政机关通过招标、拍卖等方式作出行政许可决定的具体程序，依照有关法律、行政法规的规定。

行政机关按照招标、拍卖程序确定中标人、买受人后，应当作出准予行政许可的决定，并依法向中标人、买受人颁发行政许可证件。

行政机关违反本条规定，不采用招标、拍卖方式，或者违反招标、拍卖程序，损害申请人合法权益的，申请人可以依法申请行政复议或者提起行政诉讼。

第五十四条 实施本法第十二条第三项所列事项的行政许可，赋予公民特定资格，依法应当举行国家考试的，行政机关根据考试成绩和其他法定条件作出行政许可决定；赋予法人或者其他组织特定的资格、资质的，行政机关根据申请人的专业人员构成、技术条件、经营业绩和管理水平等的考核结果作出行政许可决定。但是，法律、行政法规另有规定的，依照其规定。

公民特定资格的考试依法由行政机关或者行业组织实施，公开举行。行政机关或者行业组织应当事先公布资格考试的报名条件、报考办法、考试科目以及考试大纲。但是，不得组织强制性的资格考试的考前培训，不得指定教材或者其他助考材料。

第五十五条 实施本法第十二条第四项所列事项的行政许可的，应当按照技术标准、技术规范依法进行检验、检测、检疫，行政机关根据检验、检测、检疫的结果作出行政许可决定。

行政机关实施检验、检测、检疫，应当自受理申请之日起五日内指派两名以上工作人员按照技术标准、技术规范进行检验、检测、检疫。不需要对检验、检测、检疫结果作进一步技术分析即可认定设备、设施、产品、物品是否符合技术标准、技术规范的，行政机关应当当场作出行政许可决定。

行政机关根据检验、检测、检疫结果，作出不予行政许可决定的，应当书面说明不予行政许可所依据的技术标准、技术规范。

第五十六条 实施本法第十二条第五项所列事项的行政许可，申请人提交的申请材料齐全、符合法定形式的，行政机关应当当场予以登记。需要对申请材料的实质内容进行核实的，行政机关依照本法第三十四条第三款的规定办理。

第五十七条 有数量限制的行政许可，两个或者两个以上申请人的申请均符合法定条件、标准的，行政机关应当根据受理行政许可申请的先后顺序作出准予行政许可的决定。但是，法律、行政法规另有规定的，依照其规定。

第五章　行政许可的费用

第五十八条 行政机关实施行政许可和对行政许可事项进行监督检查，不得收取任何费用。但是，法律、行政法规另有规定的，依照其规定。

行政机关提供行政许可申请书格式文本，不得收费。

行政机关实施行政许可所需经费应当列入本行政机关的预算，由本级财政予以保障，按照批准的预算予以核拨。

第五十九条 行政机关实施行政许可，依照法律、行政法规收取费用的，应当按照公布的法定项目和标准收费；所收取的费用必须全部上缴国库，任何机关或者个人不得以任何形式截留、挪用、私分或者变相私分。财政部门不得以任何形式向行政机关返还或者变相返还实施行政许可所收取的费用。

第六章 监督检查

第六十条 上级行政机关应当加强对下级行政机关实施行政许可的监督检查，及时纠正行政许可实施中的违法行为。

第六十一条 行政机关应当建立健全监督制度，通过核查反映被许可人从事行政许可事项活动情况的有关材料，履行监督责任。

行政机关依法对被许可人从事行政许可事项的活动进行监督检查时，应当将监督检查的情况和处理结果予以记录，由监督检查人员签字后归档。公众有权查阅行政机关监督检查记录。

行政机关应当创造条件，实现与被许可人、其他有关行政机关的计算机档案系统互联，核查被许可人从事行政许可事项活动情况。

第六十二条 行政机关可以对被许可人生产经营的产品依法进行抽样检查、检验、检测，对其生产经营场所依法进行实地检查。检查时，行政机关可以依法查阅或者要求被许可人报送有关材料；被许可人应当如实提供有关情况和材料。

行政机关根据法律、行政法规的规定，对直接关系公共安全、人身健康、生命财产安全的重要设备、设施进行定期检验。对检验合格的，行政机关应当发给相应的证明文件。

第六十三条 行政机关实施监督检查，不得妨碍被许可人正常的生产经营活动，不得索取或者收受被许可人的财物，不得谋取其他利益。

第六十四条 被许可人在作出行政许可决定的行政机关管辖区域外违法从事行政许可事项活动的，违法行为发生地的行政机关应当依法将被许可人的违法事实、处理结果抄告作出行政许可决定的行政机关。

第六十五条 个人和组织发现违法从事行政许可事项的活动，有权向行政机关举报，行政机关应当及时核实、处理。

第六十六条 被许可人未依法履行开发利用自然资源义务或者未依法履行利用公共资源义务的，行政机关应当责令限期改正；被许可人在规定期限内不改正的，行政机关应当依照有关法律、行政法规的规定予以处理。

第六十七条 取得直接关系公共利益的特定行业的市场准入行政许可的被许可人，应当按照国家规定的服务标准、资费标准和行政机关依法规定的条件，向用户提供安全、

方便、稳定和价格合理的服务，并履行普遍服务的义务；未经作出行政许可决定的行政机关批准，不得擅自停业、歇业。

被许可人不履行前款规定的义务的，行政机关应当责令限期改正，或者依法采取有效措施督促其履行义务。

第六十八条 对直接关系公共安全、人身健康、生命财产安全的重要设备、设施，行政机关应当督促设计、建造、安装和使用单位建立相应的自检制度。

行政机关在监督检查时，发现直接关系公共安全、人身健康、生命财产安全的重要设备、设施存在安全隐患的，应当责令停止建造、安装和使用，并责令设计、建造、安装和使用单位立即改正。

第六十九条 有下列情形之一的，作出行政许可决定的行政机关或者其上级行政机关，根据利害关系人的请求或者依据职权，可以撤销行政许可：

（一）行政机关工作人员滥用职权、玩忽职守作出准予行政许可决定的；

（二）超越法定职权作出准予行政许可决定的；

（三）违反法定程序作出准予行政许可决定的；

（四）对不具备申请资格或者不符合法定条件的申请人准予行政许可的；

（五）依法可以撤销行政许可的其他情形。

被许可人以欺骗、贿赂等不正当手段取得行政许可的，应当予以撤销。

依照前两款的规定撤销行政许可，可能对公共利益造成重大损害的，不予撤销。

依照本条第一款的规定撤销行政许可，被许可人的合法权益受到损害的，行政机关应当依法给予赔偿。依照本条第二款的规定撤销行政许可的，被许可人基于行政许可取得的利益不受保护。

第七十条 有下列情形之一的，行政机关应当依法办理有关行政许可的注销手续：

（一）行政许可有效期届满未延续的；

（二）赋予公民特定资格的行政许可，该公民死亡或者丧失行为能力的；

（三）法人或者其他组织依法终止的；

（四）行政许可依法被撤销、撤回，或者行政许可证件依法被吊销的；

（五）因不可抗力导致行政许可事项无法实施的；

（六）法律、法规规定的应当注销行政许可的其他情形。

第七章 法律责任

第七十一条 违反本法第十七条规定设定的行政许可，有关机关应当责令设定该行政许可的机关改正，或者依法予以撤销。

第七十二条 行政机关及其工作人员违反本法的规定，有下列情形之一的，由其上级行政机关或者监察机关责令改正；情节严重的，对直接负责的主管人员和其他直接责任人员依法给予行政处分：

（一）对符合法定条件的行政许可申请不予受理的；

（二）不在办公场所公示依法应当公示的材料的；

（三）在受理、审查、决定行政许可过程中，未向申请人、利害关系人履行法定告知义务的；

（四）申请人提交的申请材料不齐全、不符合法定形式，不一次告知申请人必须补正的全部内容的；

（五）未依法说明不受理行政许可申请或者不予行政许可的理由的；

（六）依法应当举行听证而不举行听证的。

第七十三条 行政机关工作人员办理行政许可、实施监督检查，索取或者收受他人财物或者谋取其他利益，构成犯罪的，依法追究刑事责任；尚不构成犯罪的，依法给予行政处分。

第七十四条 行政机关实施行政许可，有下列情形之一的，由其上级行政机关或者监察机关责令改正，对直接负责的主管人员和其他直接责任人员依法给予行政处分；构成犯罪的，依法追究刑事责任：

（一）对不符合法定条件的申请人准予行政许可或者超越法定职权作出准予行政许可决定的；

（二）对符合法定条件的申请人不予行政许可或者不在法定期限内作出准予行政许可决定的；

（三）依法应当根据招标、拍卖结果或者考试成绩择优作出准予行政许可决定，未经招标、拍卖或者考试，或者不根据招标、拍卖结果或者考试成绩择优作出准予行政许可决定的。

第七十五条 行政机关实施行政许可，擅自收费或者不按照法定项目和标准收费的，由其上级行政机关或者监察机关责令退还非法收取的费用；对直接负责的主管人员和其他直接责任人员依法给予行政处分。

截留、挪用、私分或者变相私分实施行政许可依法收取的费用的，予以追缴；对直接负责的主管人员和其他直接责任人员依法给予行政处分；构成犯罪的，依法追究刑事责任。

第七十六条 行政机关违法实施行政许可，给当事人的合法权益造成损害的，应当依照国家赔偿法的规定给予赔偿。

第七十七条 行政机关不依法履行监督职责或者监督不力，造成严重后果的，由其上级行政机关或者监察机关责令改正，对直接负责的主管人员和其他直接责任人员依法给予行政处分；构成犯罪的，依法追究刑事责任。

第七十八条 行政许可申请人隐瞒有关情况或者提供虚假材料申请行政许可的，行政机关不予受理或者不予行政许可，并给予警告；行政许可申请属于直接关系公共安全、人身健康、生命财产安全事项的，申请人在一年内不得再次申请该行政许可。

第七十九条 被许可人以欺骗、贿赂等不正当手段取得行政许可的，行政机关应当依法给予行政处罚；取得的行政许可属于直接关系公共安全、人身健康、生命财产安全事项的，申请人在三年内不得再次申请该行政许可；构成犯罪的，依法追究刑事责任。

第八十条 被许可人有下列行为之一的，行政机关应当依法给予行政处罚；构成犯罪

的，依法追究刑事责任：

（一）涂改、倒卖、出租、出借行政许可证件，或者以其他形式非法转让行政许可的；

（二）超越行政许可范围进行活动的；

（三）向负责监督检查的行政机关隐瞒有关情况、提供虚假材料或者拒绝提供反映其活动情况的真实材料的；

（四）法律、法规、规章规定的其他违法行为。

第八十一条 公民、法人或者其他组织未经行政许可，擅自从事依法应当取得行政许可的活动的，行政机关应当依法采取措施予以制止，并依法给予行政处罚；构成犯罪的，依法追究刑事责任。

第八章 附 则

第八十二条 本法规定的行政机关实施行政许可的期限以工作日计算，不含法定节假日。

第八十三条 本法自2004年7月1日起施行。

本法施行前有关行政许可的规定，制定机关应当依照本法规定予以清理；不符合本法规定的，自本法施行之日起停止执行。

中华人民共和国食品卫生法

（1995年10月30日第八届全国人民代表大会常务委员会第十六次会议通过，
1995年10月30日中华人民共和国主席令第59号公布）

目　　录

第一章　总　　则

第一条　为保证食品卫生，防止食品污染和有害因素对人体的危害，保障人民身体健康，增强人民体质，制定本法。

第二条　国家实行食品卫生监督制度。

第三条　国务院卫生行政部门主管全国食品卫生监督管理工作。

国务院有关部门在各自的职责范围内负责食品卫生管理工作。

第四条　凡在中华人民共和国领域内从事食品生产经营的，都必须遵守本法。

本法适用于一切食品，食品添加剂，食品容器、包装材料和食品用工具、设备、洗涤剂、消毒剂；也适用于食品的生产经营场所、设施和有关环境。

第五条　国家鼓励和保护社会团体和个人对食品卫生的社会监督。

对违反本法的行为，任何人都有权检举和控告。

第二章　食品的卫生

第六条　食品应当无毒、无害，符合应当有的营养要求，具有相应的色、香、味等感官

性状。

第七条 专供婴幼儿的主、辅食品，必须符合国务院卫生行政部门制定的营养、卫生标准。

第八条 食品生产经营过程必须符合下列卫生要求：

（一）保持内外环境整洁，采取消除苍蝇、老鼠、蟑螂和其他有害昆虫及其孳生条件的措施，与有毒、有害场所保持规定的距离；

（二）食品生产经营企业应当有与产品品种、数量相适应的食品原料处理、加工、包装、贮存等厂房或者场所；

（三）应当有相应的消毒、更衣、盥洗、采光、照明、通风、防腐、防尘、防蝇、防鼠、洗涤、污水排放、存放垃圾和废弃物的设施；

（四）设备布局和工艺流程应当合理，防止待加工食品与直接入口食品、原料与成品交叉污染，食品不得接触有毒物、不洁物；

（五）餐具、饮具和盛放直接入口食品的容器，使用前必须洗净、消毒，炊具、用具用后必须洗净，保持清洁；

（六）贮存、运输和装卸食品的容器包装、工具、设备和条件必须安全、无害，保持清洁，防止食品污染；

（七）直接入口的食品应当有小包装或者使用无毒、清洁的包装材料；

（八）食品生产经营人员应当经常保持个人卫生，生产、销售食品时，必须将手洗净，穿戴清洁的工作衣、帽；销售直接入口食品时，必须使用售货工具；

（九）用水必须符合国家规定的城乡生活饮用水卫生标准；

（十）使用的洗涤剂、消毒剂应当对人体安全、无害。

对食品摊贩和城乡集市贸易食品经营者在食品生产经营过程中的卫生要求，由省、自治区、直辖市人民代表大会常务委员会根据本法作出具体规定。

第九条 禁止生产经营下列食品：

（一）腐败变质、油脂酸败、霉变、生虫、污秽不洁、混有异物或者其他感官性状异常，可能对人体健康有害的；

（二）含有毒、有害物质或者被有毒、有害物质污染，可能对人体健康有害的；

（三）含有致病性寄生虫、微生物的，或者微生物毒素含量超过国家限定标准的；

（四）未经兽医卫生检验或者检验不合格的肉类及其制品；

（五）病死、毒死或者死因不明的禽、畜、兽、水产动物等及其制品；

（六）容器包装污秽不洁、严重破损或者运输工具不洁造成污染的；

（七）掺假、掺杂、伪造，影响营养、卫生的；

（八）用非食品原料加工的，加入非食品用化学物质的或者将非食品当作食品的；

（九）超过保质期限的；

（十）为防病等特殊需要，国务院卫生行政部门或者省、自治区、直辖市人民政府专门规定禁止出售的；

（十一）含有未经国务院卫生行政部门批准使用的添加剂的或者农药残留超过国家

规定容许量的；

（十二）其他不符合食品卫生标准和卫生要求的。

第十条 食品不得加入药物，但是按照传统既是食品又是药品的作为原料、调料或者营养强化剂加入的除外。

第三章 食品添加剂的卫生

第十一条 生产经营和使用食品添加剂，必须符合食品添加剂使用卫生标准和卫生管理办法的规定；不符合卫生标准和卫生管理办法的食品添加剂，不得经营、使用。

第四章 食品容器、包装材料和食品用工具、设备的卫生

第十二条 食品容器、包装材料和食品用工具、设备必须符合卫生标准和卫生管理办法的规定。

第十三条 食品容器、包装材料和食品用工具、设备的生产必须采用符合卫生要求的原材料。产品应当便于清洗和消毒。

第五章 食品卫生标准和管理办法的制定

第十四条 食品，食品添加剂，食品容器、包装材料，食品用工具、设备，用于清洗食品和食品用工具、设备的洗涤剂、消毒剂以及食品污染物质、放射性物质容许量的国家卫生标准、卫生管理办法和检验规程，由国务院卫生行政部门制定或者批准颁发。

第十五条 国家未制定卫生标准的食品，省、自治区、直辖市人民政府可以制定地方卫生标准，报国务院卫生行政部门和国务院标准化行政主管部门备案。

第十六条 食品添加剂的国家产品质量标准中有卫生学意义的指标，必须经国务院卫生行政部门审查同意。

农药、化肥等农用化学物质的安全性评价，必须经国务院卫生行政部门审查同意。

屠宰畜、禽的兽医卫生检验规程，由国务院有关行政部门会同国务院卫生行政部门制定。

第六章 食品卫生管理

第十七条 各级人民政府的食品生产经营管理部门应当加强食品卫生管理工作，并对执行本法情况进行检查。

各级人民政府应当鼓励和支持改进食品加工工艺，促进提高食品卫生质量。

第十八条 食品生产经营企业应当健全本单位的食品卫生管理制度，配备专职或者兼职食品卫生管理人员，加强对所生产经营食品的检验工作。

第十九条 食品生产经营企业的新建、扩建、改建工程的选址和设计应符合卫生要求，其设计审查和工程验收必须有卫生行政部门参加。

第二十条 利用新资源生产的食品、食品添加剂的新品种，生产经营企业在投入生产前，必须提出该产品卫生评价和营养评价所需的资料；利用新的原材料生产的食品容器、包装材料和食品用工具、设备的新品种，生产经营企业在投入生产前，必须提出该产品卫生评价所需的资料。上述新品种在投入生产前还需提供样品，并按照规定的食品卫生标准审批程序报请审批。

第二十一条 定型包装食品和食品添加剂，必须在包装标识或者产品说明书上根据不同产品分别按照规定标出品名、产地、厂名、生产日期、批号或者代号、规格、配方或者主要成分、保质期限、食用或者使用方法等。食品、食品添加剂的产品说明书，不得有夸大或者虚假的宣传内容。

食品包装标识必须清楚，容易辨识。在国内市场销售的食品，必须有中文标识。

第二十二条 表明具有特定保健功能的食品，其产品及说明书必须报国务院卫生行政部门审查批准，其卫生标准和生产经营管理办法，由国务院卫生行政部门制定。

第二十三条 表明具有特定保健功能的食品，不得有害于人体健康，其产品说明书内容必须真实，该产品的功能和成分必须与说明书相一致，不得有虚假。

第二十四条 食品、食品添加剂和专用于食品的容器、包装材料及其他用具，其生产者必须按照卫生标准和卫生管理办法实施检验合格后，方可出厂或者销售。

第二十五条 食品生产经营者采购食品及其原料，应当按照国家有关规定索取检验合格证或者化验单，销售者应当保证提供。需要索证的范围和种类由省、自治区、直辖市人民政府卫生行政部门规定。

第二十六条 食品生产经营人员每年必须进行健康检查；新参加工作和临时参加工作的食品生产经营人员必须进行健康检查，取得健康证明后方可参加工作。

凡患有痢疾、伤寒、病毒性肝炎等消化道传染病(包括病原携带者)，活动性肺结核，化脓性或者渗出性皮肤病以及其他有碍食品卫生的疾病的，不得参加接触直接入口食品的工作。

第二十七条 食品生产经营企业和食品摊贩，必须先取得卫生行政部门发放的卫生许可证方可向工商行政管理部门申请登记。未取得卫生许可证的，不得从事食品生产经营活动。

食品生产经营者不得伪造、涂改、出借卫生许可证。

卫生许可证的发放管理办法由省、自治区、直辖市人民政府卫生行政部门制定。

第二十八条 各类食品市场的举办者应当负责市场内的食品卫生管理工作，并在市场内设置必要的公共卫生设施，保持良好的环境卫生状况。

第二十九条 城乡集市贸易的食品卫生管理工作由工商行政管理部门负责，食品卫生监督检验工作由卫生行政部门负责。

第三十条 进口的食品，食品添加剂，食品容器、包装材料和食品用工具及设备，必须符合国家卫生标准和卫生管理办法的规定。

进口前款所列产品，由口岸进口食品卫生监督检验机构进行卫生监督、检验。检验合格的方准进口。海关凭检验合格证书放行。

进口单位在申报检验时，应当提供输出国（地区）所使用的农药、添加剂、熏蒸剂等有关资料和检验报告。

进口第一款所列产品，依照国家卫生标准进行检验，尚无国家卫生标准的，进口单位必须提供输出国（地区）的卫生部门或者组织出具的卫生评价资料，经口岸进口食品卫生监督检验机构审查检验并报国务院卫生行政部门批准。

第三十一条　出口食品由国家进出口商品检验部门进行卫生监督、检验。

海关凭国家进出口商品检验部门出具的证书放行。

第七章　食品卫生监督

第三十二条　县级以上地方人民政府卫生行政部门在管辖范围内行使食品卫生监督职责。

铁道、交通行政主管部门设立的食品卫生监督机构，行使国务院卫生行政部门会同国务院有关部门规定的食品卫生监督职责。

第三十三条　食品卫生监督职责是：

（一）进行食品卫生监测、检验和技术指导；

（二）协助培训食品生产经营人员，监督食品生产经营人员的健康检查；

（三）宣传食品卫生、营养知识，进行食品卫生评价，公布食品卫生情况；

（四）对食品生产经营企业的新建、扩建、改建工程的选址和设计进行卫生审查，并参加工程验收；

（五）对食物中毒和食品污染事故进行调查，并采取控制措施；

（六）对违反本法的行为进行巡回监督检查；

（七）对违反本法的行为追查责任，依法进行行政处罚；

（八）负责其他食品卫生监督事项。

第三十四条　县级以上人民政府卫生行政部门设立食品卫生监督员。食品卫生监督员由合格的专业人员担任，由同级卫生行政部门发给证书。

铁道、交通的食品卫生监督员，由其上级主管部门发给证书。

第三十五条　食品卫生监督员执行卫生行政部门交付的任务。

食品卫生监督员必须秉公执法，忠于职守，不得利用职权谋取私利。

食品卫生监督员在执行任务时，可以向食品生产经营者了解情况，索取必要的资料，进入生产经营场所检查，按照规定无偿采样。生产经营者不得拒绝或者隐瞒。

食品卫生监督员对生产经营者提供的技术资料负有保密的义务。

第三十六条　国务院和省、自治区、直辖市人民政府的卫生行政部门，根据需要可以确定具备条件的单位作为食品卫生检验单位，进行食品卫生检验并出具检验报告。

第三十七条　县级以上地方人民政府卫生行政部门对已造成食物中毒事故或者有证

据证明可能导致食物中毒事故的，可以对该食品生产经营者采取下列临时控制措施：

（一）封存造成食物中毒或者可能导致食物中毒的食品及其原料；

（二）封存被污染的食品用工具及用具，并责令进行清洗消毒。

经检验，属于被污染的食品，予以销毁；未被污染的食品，予以解封。

第三十八条 发生食物中毒的单位和接收病人进行治疗的单位，除采取抢救措施外，应当根据国家有关规定，及时向所在地卫生行政部门报告。

县级以上地方人民政府卫生行政部门接到报告后，应当及时进行调查处理，并采取控制措施。

第八章 法律责任

第三十九条 违反本法规定，生产经营不符合卫生标准的食品，造成食物中毒事故或者其他食源性疾患的，责令停止生产经营，销毁导致食物中毒或者其他食源性疾患的食品，没收违法所得，并处以违法所得一倍以上五倍以下的罚款；没有违法所得的，处以一千元以上五万元以下的罚款。

违反本法规定，生产经营不符合卫生标准的食品，造成严重食物中毒事故或者其他严重食源性疾患，对人体健康造成严重危害的，或者在生产经营的食品中掺入有毒、有害的非食品原料的，依法追究刑事责任。

有本条所列行为之一的，吊销卫生许可证。

第四十条 违反本法规定，未取得卫生许可证或者伪造卫生许可证从事食品生产经营活动的，予以取缔，没收违法所得，并处以违法所得一倍以上五倍以下的罚款；没有违法所得的，处以五百元以上三万元以下的罚款。涂改、出借卫生许可证的，收缴卫生许可证，没收违法所得，并处以违法所得一倍以上三倍以下的罚款；没有违法所得的，处以五百元以上一万元以下的罚款。

第四十一条 违反本法规定，食品生产经营过程不符合卫生要求的，责令改正，给予警告，可以处以五千元以下的罚款；拒不改正或者有其他严重情节的，吊销卫生许可证。

第四十二条 违反本法规定，生产经营禁止生产经营的食品的，责令停止生产经营，立即公告收回已售出的食品，并销毁该食品，没收违法所得，并处以违法所得一倍以上五倍以下的罚款；没有违法所得的，处以一千元以上五万元以下的罚款。情节严重的，吊销卫生许可证。

第四十三条 违反本法规定，生产经营不符合营养、卫生标准的专供婴幼儿的主、辅食品的，责令停止生产经营，立即公告收回已售出的食品，并销毁该食品，没收违法所得，并处以违法所得一倍以上五倍以下的罚款；没有违法所得的，处以一千元以上五万元以下的罚款。情节严重的，吊销卫生许可证。

第四十四条 违反本法规定，生产经营或者使用不符合卫生标准和卫生管理办法规定的食品添加剂、食品容器、包装材料和食品用工具、设备以及洗涤剂、消毒剂的，责令停止生产或者使用，没收违法所得，并处以违法所得一倍以上三倍以下的罚款；没有违法所得得的，处以五千元以下的罚款。

第四十五条 违反本法规定，未经国务院卫生行政部门审查批准而生产经营表明具有特定保健功能的食品的，或者该食品的产品说明书内容虚假的，责令停止生产经营，没收违法所得，并处以违法所得一倍以上五倍以下的罚款；没有违法所得的，处以一千元以上五万元以下的罚款。情节严重的，吊销卫生许可证。

第四十六条 违反本法规定，定型包装食品和食品添加剂的包装标识或者产品说明书上不标明或者虚假标注生产日期、保质期限等规定事项的，或者违反规定不标注中文标识的，责令改正，可以处以五百元以上一万元以下的罚款。

第四十七条 违反本法规定，食品生产经营人员未取得健康证明而从事食品生产经营的，或者对患有疾病不得接触址接入口食品的生产经营人员，不按规定调离的，责令改正，可以处以五千元以下的罚款。

第四十八条 违反本法规定，造成食物中毒事故或者其他食源性疾患的，或者因其他违反本法行为给他人造成损害的，应当依法承担民事赔偿责任。

第四十九条 本法规定的行政处罚由县级以上地方人民政府卫生行政部门决定。本法规定的行使食品卫生监督权的其他机关，在规定的职责范围内，依照本法的规定作出行政处罚决定。

第五十条 当事人对行政处罚决定不服的，可以在接到处罚通知之日起十五日内向作出处罚决定的机关的上一级机关申请复议；当事人也可以在接到处罚通知之日起十五日内直接向人民法院起诉。

复议机关应当在接到复议申请之日起十五日内作出复议决定。当事人对复议决定不服的，可以在接到复议决定之日起十五日内向人民法院起诉。

当事人逾期不申请复议也不向人民法院起诉，又不履行处罚决定的，作出处罚决定的机关可以申请人民法院强制执行。

第五十一条 卫生行政部门违反本法规定，对不符合条件的生产经营者发放卫生许可证的，对直接责任人员给予行政处分；收受贿赂，构成犯罪的，依法追究刑事责任。

第五十二条 食品卫生监督管理人员滥用职权、玩忽职守、营私舞弊，造成重大事故，构成犯罪的，依法追究刑事责任；不构成犯罪的，依法给予行政处分。

第五十三条 以暴力、威胁方法阻碍食品卫生监督管理人员依法执行职务的，依法追究刑事责任；拒绝、阻碍食品卫生监督管理人员依法执行职务未使用暴力、威胁方法的，由公安机关依照治安管理处罚条例的规定处罚。

第九章　附　　则

第五十四条 本法下列用语的含义：

食品：指各种供人食用或者饮用的成品和原料以及按照传统既是食品又是药品的物品，但是不包括以治疗为目的的物品。

食品添加剂：指为改善食品品质和色、香、味，以及为防腐和加工工艺的需要而加入食

品中的化学合成或者天然物质。

营养强化剂:指为增强营养成分而加入食品中的天然的或者人工合成的属于天然营养素范围的食品添加剂。

食品容器、包装材料:指包装、盛放食品用的纸、竹、木、金属、搪瓷、陶瓷、塑料、橡胶、天然纤维、化学纤维、玻璃等制品和接触食品的涂料。

食品用工具设备:指食品在生产经营过程中接触食品的机械、管道、传送带、容器、用具、餐具等。

食品生产经营:指一切食品的生产(不包括种植业和养殖业)、采集、收购、加工、贮存、运输、陈列、供应、销售等活动。

食品生产经营者:指一切从事食品生产经营的单位或者个人,包括职工食堂、食品摊贩等。

第五十五条 出口食品的管理办法,由国家进出口商品检验部门会同国务院卫生行政部门和有关行政部门另行制定。

第五十六条 军队专用食品和自供食品的卫生管理办法由中央军事委员会依据本法制定。

第五十七条 本法自公布之日起施行。《中华人民共和国食品卫生法(试行)》同时废止。

国务院关于加强食品等产品安全监督管理的特别规定

第一条 为了加强食品等产品安全监督管理，进一步明确生产经营者、监督管理部门和地方人民政府的责任，加强各监督管理部门的协调、配合，保障人体健康和生命安全，制定本规定。

第二条 本规定所称产品除食品外，还包括食用农产品、药品等与人体健康和生命安全有关的产品。

对产品安全监督管理，法律有规定的，适用法律规定；法律没有规定或者规定不明确的，适用本规定。

第三条 生产经营者应当对其生产、销售的产品安全负责，不得生产、销售不符合法定要求的产品。

依照法律、行政法规规定生产、销售产品需要取得许可证照或者需要经过认证的，应当按照法定条件、要求从事生产经营活动。不按照法定条件、要求从事生产经营活动或者生产、销售不符合法定要求产品的，由农业、卫生、质检、商务、工商、药品等监督管理部门依据各自职责，没收违法所得、产品和用于违法生产的工具、设备、原材料等物品，货值金额不足5 000元的，并处5万元罚款；货值金额5 000元以上不足1万元的，并处10万元罚款；货值金额1万元以上的，并处货值金额10倍以上20倍以下的罚款；造成严重后果的，由原发证部门吊销许可证照；构成非法经营罪或者生产、销售伪劣商品罪等犯罪的，依法追究刑事责任。

生产经营者不再符合法定条件、要求，继续从事生产经营活动的，由原发证部门吊销许可证照，并在当地主要媒体上公告被吊销许可证照的生产经营者名单；构成非法经营罪或者生产、销售伪劣商品罪等犯罪的，依法追究刑事责任。

依法应当取得许可证照而未取得许可证照从事生产经营活动的，由农业、卫生、质检、商务、工商、药品等监督管理部门依据各自职责，没收违法所得、产品和用于违法生产的工具、设备、原材料等物品，货值金额不足1万元的，并处10万元罚款；货值金额1万元以上的，并处货值金额10倍以上20倍以下的罚款；构成非法经营罪的，依法追究刑事责任。

有关行业协会应当加强行业自律，监督生产经营者的生产经营活动；加强公众健康知识的普及、宣传，引导消费者选择合法生产经营者生产、销售的产品以及有合法标识的产品。

第四条 生产者生产产品所使用的原料、辅料、添加剂、农业投入品，应当符合法律、行政法规的规定和国家强制性标准。

违反前款规定，违法使用原料、辅料、添加剂、农业投入品的，由农业、卫生、质检、商务、药品等监督管理部门依据各自职责没收违法所得，货值金额不足5 000元的，并处2

万元罚款；货值金额 5 000 元以上不足 1 万元的，并处 5 万元罚款；货值金额 1 万元以上的，并处货值金额 5 倍以上 10 倍以下的罚款；造成严重后果的，由原发证部门吊销许可证照；构成生产、销售伪劣商品罪的，依法追究刑事责任。

第五条 销售者必须建立并执行进货检查验收制度，审验供货商的经营资格，验明产品合格证明和产品标识，并建立产品进货台账，如实记录产品名称、规格、数量、供货商及其联系方式、进货时间等内容。从事产品批发业务的销售企业应当建立产品销售台账，如实记录批发的产品品种、规格、数量、流向等内容。在产品集中交易场所销售自制产品的生产企业应当比照从事产品批发业务的销售企业的规定，履行建立产品销售台账的义务。进货台账和销售台账保存期限不得少于 2 年。销售者应当向供货商按照产品生产批次索要符合法定条件的检验机构出具的检验报告或者由供货商签字或者盖章的检验报告复印件；不能提供检验报告或者检验报告复印件的产品，不得销售。

违反前款规定的，由工商、药品监督管理部门依据各自职责责令停止销售；不能提供检验报告或者检验报告复印件销售产品的，没收违法所得和违法销售的产品，并处货值金额 3 倍的罚款；造成严重后果的，由原发证部门吊销许可证照。

第六条 产品集中交易市场的开办企业、产品经营柜台出租企业、产品展销会的举办企业，应当审查入场销售者的经营资格，明确入场销售者的产品安全管理责任，定期对入场销售者的经营环境、条件、内部安全管理制度和经营产品是否符合法定要求进行检查，发现销售不符合法定要求产品或者其他违法行为的，应当及时制止并立即报告所在地工商行政管理部门。

违反前款规定的，由工商行政管理部门处以 1 000 元以上 5 万元以下的罚款；情节严重的，责令停业整顿；造成严重后果的，吊销营业执照。

第七条 出口产品的生产经营者应当保证其出口产品符合进口国（地区）的标准或者合同要求。法律规定产品必须经过检验方可出口的，应当经符合法律规定的机构检验合格。

出口产品检验人员应当依照法律、行政法规规定和有关标准、程序、方法进行检验，对其出具的检验证单等负责。

出入境检验检疫机构和商务、药品等监督管理部门应当建立出口产品的生产经营者良好记录和不良记录，并予以公布。对有良好记录的出口产品的生产经营者，简化检验检疫手续。

出口产品的生产经营者逃避产品检验或者弄虚作假的，由出入境检验检疫机构和药品监督管理部门依据各自职责，没收违法所得和产品，并处货值金额 3 倍的罚款；构成犯罪的，依法追究刑事责任。

第八条 进口产品应当符合我国国家技术规范的强制性要求以及我国与出口国（地区）签订的协议规定的检验要求。

质检、药品监督管理部门依据生产经营者的诚信度和质量管理水平以及进口产品风险评估的结果，对进口产品实施分类管理，并对进口产品的收货人实施备案管理。进口产品的收货人应当如实记录进口产品流向。记录保存期限不得少于 2 年。

质检、药品监督管理部门发现不符合法定要求产品时，可以将不符合法定要求产品的进货人、报检人、代理人列入不良记录名单。进口产品的进货人、销售者弄虚作假的，由质检、药品监督管理部门依据各自职责，没收违法所得和产品，并处货值金额3倍的罚款；构成犯罪的，依法追究刑事责任。进口产品的报检人、代理人弄虚作假的，取消报检资格，并处货值金额等值的罚款。

第九条 生产企业发现其生产的产品存在安全隐患，可能对人体健康和生命安全造成损害的，应当向社会公布有关信息，通知销售者停止销售，告知消费者停止使用，主动召回产品，并向有关监督管理部门报告；销售者应当立即停止销售该产品。销售者发现其销售的产品存在安全隐患，可能对人体健康和生命安全造成损害的，应当立即停止销售该产品，通知生产企业或者供货商，并向有关监督管理部门报告。

生产企业和销售者不履行前款规定义务的，由农业、卫生、质检、商务、工商、药品等监督管理部门依据各自职责，责令生产企业召回产品、销售者停止销售，对生产企业并处货值金额3倍的罚款，对销售者并处1 000元以上5万元以下的罚款；造成严重后果的，由原发证部门吊销许可证照。

第十条 县级以上地方人民政府应当将产品安全监督管理纳入政府工作考核目标，对本行政区域内的产品安全监督管理负总责，统一领导、协调本行政区域内的监督管理工作，建立健全监督管理协调机制，加强对行政执法的协调、监督；统一领导、指挥产品安全突发事件应对工作，依法组织查处产品安全事故；建立监督管理责任制，对各监督管理部门进行评议、考核。质检、工商和药品等监督管理部门应当在所在地同级人民政府的统一协调下，依法做好产品安全监督管理工作。

县级以上地方人民政府不履行产品安全监督管理的领导、协调职责，本行政区域内一年多次出现产品安全事故、造成严重社会影响的，由监察机关或者任免机关对政府的主要负责人和直接负责的主管人员给予记大过、降级或者撤职的处分。

第十一条 国务院质检、卫生、农业等主管部门在各自职责范围内尽快制定、修改或者起草相关国家标准，加快建立统一管理、协调配套、符合实际、科学合理的产品标准体系。

第十二条 县级以上人民政府及其部门对产品安全实施监督管理，应当按照法定权限和程序履行职责，做到公开、公平、公正。对生产经营者同一违法行为，不得给予2次以上罚款的行政处罚；对涉嫌构成犯罪、依法需要追究刑事责任的，应当依照《行政执法机关移送涉嫌犯罪案件的规定》，向公安机关移送。

农业、卫生、质检、商务、工商、药品等监督管理部门应当依据各自职责对生产经营者进行监督检查，并对其遵守强制性标准、法定要求的情况予以记录，由监督检查人员签字后归档。监督检查记录应当作为其直接负责主管人员定期考核的内容。公众有权查阅监督检查记录。

第十三条 生产经营者有下列情形之一的，农业、卫生、质检、商务、工商、药品等监督管理部门应当依据各自职责采取措施，纠正违法行为，防止或者减少危害发生，并依照本规定予以处罚：

（一）依法应当取得许可证照而未取得许可证照从事生产经营活动的；

（二）取得许可证照或者经过认证后，不按照法定条件、要求从事生产经营活动或者生产、销售不符合法定要求产品的；

（三）生产经营者不再符合法定条件、要求继续从事生产经营活动的；

（四）生产者生产产品不按照法律、行政法规的规定和国家强制性标准使用原料、辅料、添加剂、农业投入品的；

（五）销售者没有建立并执行进货检查验收制度，并建立产品进货台账的；

（六）生产企业和销售者发现其生产、销售的产品存在安全隐患，可能对人体健康和生命安全造成损害，不履行本规定的义务的；

（七）生产经营者违反法律、行政法规和本规定的其他有关规定的。

农业、卫生、质检、商务、工商、药品等监督管理部门不履行前款规定职责、造成后果的，由监察机关或者任免机关对其主要负责人、直接负责的主管人员和其他直接责任人员给予记大过或者降级的处分；造成严重后果的，给予其主要负责人、直接负责的主管人员和其他直接责任人员撤职或者开除的处分；其主要负责人、直接负责的主管人员和其他直接责任人员构成渎职罪的，依法追究刑事责任。

违反本规定，滥用职权或者有其他渎职行为的，由监察机关或者任免机关对其主要负责人、直接负责的主管人员和其他直接责任人员给予记过或者记大过的处分；造成严重后果的，给予其主要负责人、直接负责的主管人员和其他直接责任人员降级或者撤职的处分；其主要负责人、直接负责的主管人员和其他直接责任人员构成渎职罪的，依法追究刑事责任。

第十四条 农业、卫生、质检、商务、工商、药品等监督管理部门发现违反本规定的行为，属于其他监督管理部门职责的，应当立即书面通知并移交有权处理的监督管理部门处理。有权处理的部门应当立即处理，不得推诿；因不立即处理或者推诿造成后果的，由监察机关或者任免机关对其主要负责人、直接负责的主管人员和其他直接责任人员给予记大过或者降级的处分。

第十五条 农业、卫生、质检、商务、工商、药品等监督管理部门履行各自产品安全监督管理职责，有下列职权：

（一）进入生产经营场所实施现场检查；

（二）查阅、复制、查封、扣押有关合同、票据、账簿以及其他有关资料；

（三）查封、扣押不符合法定要求的产品，违法使用的原料、辅料、添加剂、农业投入品以及用于违法生产的工具、设备；

（四）查封存在危害人体健康和生命安全重大隐患的生产经营场所。

第十六条 农业、卫生、质检、商务、工商、药品等监督管理部门应当建立生产经营者违法行为记录制度，对违法行为的情况予以记录并公布；对有多次违法行为记录的生产经营者，吊销许可证照。

第十七条 检验检测机构出具虚假检验报告，造成严重后果的，由授予其资质的部门吊销其检验检测资质；构成犯罪的，对直接负责的主管人员和其他直接责任人员依法追究刑事责任。

第十八条 发生产品安全事故或者其他对社会造成严重影响的产品安全事件时，农业、卫生、质检、商务、工商、药品等监督管理部门必须在各自职责范围内及时作出反应，采取措施，控制事态发展，减少损失，依照国务院规定发布信息，做好有关善后工作。

第十九条 任何组织或者个人对违反本规定的行为有权举报。接到举报的部门应当为举报人保密。举报经调查属实的，受理举报的部门应当给予举报人奖励。

农业、卫生、质检、商务、工商、药品等监督管理部门应当公布本单位的电子邮件地址或者举报电话；对接到的举报，应当及时、完整地进行记录并妥善保存。举报的事项属于本部门职责的，应当受理，并依法进行核实、处理、答复；不属于本部门职责的，应当转交有权处理的部门，并告知举报人。

第二十条 本规定自公布之日起施行。

中华人民共和国工业产品生产许可证管理条例

（2005年7月9日国务院令第40号发布自2005年9月1日起实施）

第一章　总　　则

第一条　为了保证直接关系公共安全、人体健康、生命财产安全的重要工业产品的质量安全，贯彻国家产业政策，促进社会主义市场经济健康、协调发展，制定本条例。

第二条　国家对生产下列重要工业产品的企业实行生产许可证制度：

（一）乳制品、肉制品、饮料、米、面、食用油、酒类等直接关系人体健康的加工食品；

（二）电热毯、压力锅、燃气热水器等可能危及人身、财产安全的产品；

（三）税控收款机、防伪验钞仪、卫星电视广播地面接收设备、无线广播电视发射设备等关系金融安全和通信质量安全的产品；

（四）安全网、安全帽、建筑扣件等保障劳动安全的产品；

（五）电力铁塔、桥梁支座、铁路工业产品、水工金属结构、危险化学品及其包装物、容器等影响生产安全、公共安全的产品；

（六）法律、行政法规要求依照本条例的规定实行生产许可证管理的其他产品。

第三条　国家实行生产许可证制度的工业产品目录（以下简称目录）由国务院工业产品生产许可证主管部门会同国务院有关部门制定，并征求消费者协会和相关产品行业协会的意见，报国务院批准后向社会公布。

工业产品的质量安全通过消费者自我判断、企业自律和市场竞争能够有效保证的，不实行生产许可证制度。

工业产品的质量安全通过认证认可制度能够有效保证的，不实行生产许可证制度。

国务院工业产品生产许可证主管部门会同国务院有关部门适时对目录进行评价、调整和逐步缩减，报国务院批准后向社会公布。

第四条　在中华人民共和国境内生产、销售或者在经营活动中使用列入目录产品的，应当遵守本条例。

列入目录产品的进出口管理依照法律、行政法规和国家有关规定执行。

第五条　任何企业未取得生产许可证不得生产列入目录的产品。任何单位和个人不得销售或者在经营活动中使用未取得生产许可证的列入目录的产品。

第六条　国务院工业产品生产许可证主管部门依照本条例负责全国工业产品生产许可证统一管理工作，县级以上地方工业产品生产许可证主管部门负责本行政区域内的工业产品生产许可证管理工作。

国家对实行工业产品生产许可证制度的工业产品，统一目录，统一审查要求，统一证

书标志，统一监督管理。

第七条 工业产品生产许可证管理，应当遵循科学公正、公开透明、程序合法、便民高效的原则。

第八条 县级以上工业产品生产许可证主管部门及其人员、检验机构和检验人员，对所知悉的国家秘密和商业秘密负有保密义务。

第二章 申请与受理

第九条 企业取得生产许可证，应当符合下列条件：

（一）有营业执照；

（二）有与所生产产品相适应的专业技术人员；

（三）有与所生产产品相适应的生产条件和检验检疫手段；

（四）有与所生产产品相适应的技术文件和工艺文件；

（五）有健全有效的质量管理制度和责任制度；

（六）产品符合有关国家标准、行业标准以及保障人体健康和人身、财产安全的要求；

（七）符合国家产业政策的规定，不存在国家明令淘汰和禁止投资建设的落后工艺、高耗能、污染环境、浪费资源的情况。

法律、行政法规有其他规定的，还应当符合其规定。

第十条 国务院工业产品生产许可证主管部门依照本条例第九条规定的条件，根据工业产品的不同特性，制定并发布取得列入目录产品生产许可证的具体要求；需要对列入目录产品生产许可证的具体要求作特殊规定的，应当会同国务院有关部门制定并发布。

制定列入目录产品生产许可证的具体要求，应当征求消费者协会和相关产品行业协会的意见。

第十一条 企业生产列入目录的产品，应当向企业所在地的省、自治区、直辖市工业产品生产许可证主管部门申请取得生产许可证。

企业正在生产的产品被列入目录的，应当在国务院工业产品生产许可证主管部门规定的时间内申请取得生产许可证。

企业的申请可以通过信函、电报、电传、传真、电子数据交换和电子邮件等方式提出。

第十二条 省、自治区、直辖市工业产品生产许可证主管部门收到企业的申请后，应当依照《中华人民共和国行政许可法》的有关规定办理。

第十三条 省、自治区、直辖市工业产品生产许可证主管部门以及其他任何单位不得另行附加任何条件，限制企业申请取得生产许可证。

第三章 审查与决定

第十四条 省、自治区、直辖市工业产品生产许可证主管部门受理企业申请后，应当组织对企业进行审查。依照列入目录产品生产许可证的具体要求，应当由国务院工业产

品生产许可证主管部门组织对企业进行审查的，省、自治区、直辖市工业产品生产许可证主管部门应当自受理企业申请之日起5日内将全部申请材料报送国务院工业产品生产许可证主管部门。

对企业的审查包括对企业的实地核查和对产品的检验。

第十五条 对企业进行实地核查，国务院工业产品生产许可证主管部门或者省、自治区、直辖市工业产品生产许可证主管部门应当指派2至4名核查人员，企业应当予以配合。

第十六条 核查人员经国务院工业产品生产许可证主管部门组织考核合格，取得核查人员证书，方可从事相应的核查工作。

第十七条 核查人员依照本条例第九条规定的条件和列入目录产品生产许可证的具体要求对企业进行实地核查。

核查人员对企业进行实地核查，不得刁难企业，不得索取、收受企业的财物，不得谋取其他不当利益。

第十八条 国务院工业产品生产许可证主管部门或者省、自治区、直辖市工业产品生产许可证主管部门应当自受理企业申请之日起30日内将对企业实地核查的结果书面告知企业。核查不合格的，应当说明理由。

第十九条 企业经实地核查合格的，应当及时进行产品检验。需要送样检验的，核查人员应当封存样品，并告知企业在7日内将该样品送达具有相应资质的检验机构。需要现场检验的，由核查人员通知检验机构进行现场检验。

第二十条 检验机构应当依照国家有关标准、要求进行产品检验，在规定时间内完成检验工作。

检验机构和检验人员应当客观、公正、及时地出具检验报告。检验报告经检验人员签字后，由检验机构负责人签署。检验机构和检验人员对检验报告负责。

第二十一条 检验机构和检验人员进行产品检验，应当遵循诚信原则和方便企业的原则，为企业提供可靠、便捷的检验服务，不得拖延，不得刁难企业。

第二十二条 检验机构和检验人员不得从事与其检验的列入目录产品相关的生产、销售活动，不得以其名义推荐或者监制、监销其检验的列入目录产品。

第二十三条 由省、自治区、直辖市工业产品生产许可证主管部门组织对企业进行审查的，省、自治区、直辖市工业产品生产许可证主管部门应当在完成审查后将审查意见和全部申请材料报送国务院工业产品生产许可证主管部门。

第二十四条 自受理企业申请之日起60日内，国务院工业产品生产许可证主管部门应当作出是否准予许可的决定，作出准予许可决定的，国务院工业产品生产许可证主管部门应当自作出决定之日起10日内向企业颁发工业产品生产许可证证书（以下简称许可证证书）；作出不准予许可决定的，国务院工业产品生产许可证主管部门应当书面通知企业，并说明理由。

检验机构进行产品检验所需时间不计入前款规定的期限。

国务院工业产品生产许可证主管部门应当将作出的相关产品准予许可的决定及时通报国务院发展改革部门、国务院卫生主管部门、国务院工商行政管理部门等有关部门。

第二十五条 生产许可证有效期为5年，但是，食品加工企业生产许可证的有效期为3年。生产许可证有效期届满，企业继续生产的，应当在生产许可证有效期届满6个月前向所在地省、自治区、直辖市工业产品生产许可证主管部门提出换证申请。国务院工业产品生产许可证主管部门或者省、自治区、直辖市工业产品生产许可证主管部门应当依照本条例规定的程序对企业进行审查。

第二十六条 在生产许可证有效期内，产品的有关标准、要求发生改变的，国务院工业产品生产许可证主管部门或者省、自治区、直辖市工业产品生产许可证主管部门可以依照本条例的规定重新组织核查和检验。

在生产许可证有效期内，企业生产条件、检验手段、生产技术或者工艺发生变化的，企业应当及时向所在地省、自治区、直辖市工业产品生产许可证主管部门提出申请，国务院工业产品生产许可证主管部门或者省、自治区、直辖市工业产品生产许可证主管部门应当依照本条例的规定重新组织核查和检验。

第二十七条 国务院工业产品生产许可证主管部门认为需要听证的涉及公共利益的重大许可事项，应当向社会公告，并举行听证。

国务院工业产品生产许可证主管部门作出的准予许可的决定应当向社会公布。

国务院工业产品生产许可证主管部门和省、自治区、直辖市工业产品生产许可证主管部门应当将办理生产许可证的有关材料及时归档，公众有权查阅。

第四章　证书和标志

第二十八条 许可证证书分为正本和副本。许可证证书应当载明企业名称和住所、生产地址、产品名称、证书编号、发证日期、有效期等相关内容。

许可证证书格式由国务院工业产品生产许可证主管部门规定。

第二十九条 企业名称发生变化的，企业应当及时向企业所在地的省、自治区、直辖市工业产品生产许可证主管部门提出申请，办理变更手续。

第三十条 企业应当妥善保管许可证证书，许可证证书遗失或者损毁，应当申请补领，企业所在地的省、自治区、直辖市工业产品生产许可证主管部门应当及时受理申请，办理补领手续。

第三十一条 在生产许可证有效期内，企业不再从事列入目录产品的生产活动的，应当办理生产许可证注销手续。企业不办理生产许可证注销手续的，国务院工业产品生产许可证主管部门应当注销其生产许可证并向社会公告。

第三十二条 生产许可证的标志和式样由国务院工业产品生产许可证主管部门规定并公布。

第三十三条 企业必须在其产品或者包装、说明书上标注生产许可证标志和编号。

裸装食品和其他根据产品的特点难以标注标志的裸装产品，可以不标注生产许可证标志和编号。

第三十四条 销售和在经营活动中使用列入目录产品的企业，应当查验产品的生产

许可证标志和编号。

第三十五条 任何单位和个人不得伪造、变造许可证证书、生产许可证标志和编号。取得生产许可证的企业不得出租、出借或者以其他形式转让许可证证书和生产许可证标志。

第五章 监督检查

第三十六条 国务院工业产品生产许可证主管部门和县级以上地方工业产品生产许可证主管部门依照本条例规定负责对生产列入目录产品的企业以及核查人员、检验机构及其检验人员的相关活动进行监督检查。

国务院工业产品生产许可证主管部门对县级以上地方工业产品生产许可证主管部门的生产许可证管理工作进行监督。

第三十七条 县级以上工业产品生产许可证主管部门根据已经取得的违法嫌疑证据或者举报，对涉嫌违反本条例的行为进行查处并可以行使下列职权：

（一）向有关生产、销售或者在经营活动中使用列入目录产品的单位和检验机构的法定代表人、主要负责人和其他有关人员调查、了解有关涉嫌从事违反本条例活动的情况；

（二）查阅、复制有关生产、销售或者在经营活动中使用列入目录产品的单位和检验机构的有关合同、发票、账簿以及其他有关资料；

（三）对有证据表明属于违反本条例生产、销售或者在经营活动中使用的列入目录产品予以查封或者扣押。

县级以上工商行政管理部门依法对涉嫌违反本条例规定的行为进行查处时，也可以行使前款规定的职权。

第三十八条 企业应当保证产品质量稳定合格，并定期向省、自治区、直辖市工业产品生产许可证主管部门提交报告。企业对报告的真实性负责。

第三十九条 国务院工业产品生产许可证主管部门和县级以上地方工业产品生产许可证主管部门应当对企业实施定期或者不定期的监督检查。需要对产品进行检验的，应当依照《中华人民共和国产品质量法》的有关规定进行。

实施监督检查或者对产品进行检验应当有 2 名以上工作人员参加并应当出示有效证件。

第四十条 国务院工业产品生产许可证主管部门和县级以上地方工业产品生产许可证主管部门对企业实施监督检查，不得妨碍企业的正常生产经营活动，不得索取或者收受企业的财物或者谋取其他利益。

第四十一条 国务院工业产品生产许可证主管部门和县级以上地方工业产品生产许可证主管部门依法对企业进行监督检查时，应当对监督检查的情况和处理结果予以记录，由监督检查人员签字后归档。公众有权查阅监督检查记录。

第四十二条 国务院工业产品生产许可证主管部门应当通过查阅检验报告、检验结论对比等方式，对检验机构的检验过程和检验报告是否客观、公正、及时进行监督检查。

第四十三条 核查人员、检验机构及其检验人员刁难企业的，企业有权向国务院工业产品生产许可证主管部门和县级以上地方工业产品生产许可证主管部门投诉。国务院工业产品生产许可证主管部门和县级以上地方工业产品生产许可证主管部门接到投诉，应当及时进行调查处理。

第四十四条 任何单位和个人对违反本条例的行为，有权向国务院工业产品生产许可证主管部门和县级以上地方工业产品生产许可证主管部门举报。国务院工业产品生产许可证主管部门和县级以上地方工业产品生产许可证主管部门接到举报，应当及时调查处理，并为举报人保密。

第六章　法律责任

第四十五条 企业未依照本条例规定申请取得生产许可证而擅自生产列入目录产品的，由工业产品生产许可证主管部门责令停止生产，没收违法生产的产品，处违法生产产品货值金额等值以上3倍以下的罚款；有违法所得的，没收违法所得；构成犯罪的，依法追究刑事责任。

第四十六条 取得生产许可证的企业生产条件、检验手段、生产技术或者工艺发生变化，未依照本条例规定办理重新审查手续的，责令停止生产、销售，没收违法生产、销售的产品，并限期办理相关手续；逾期仍未办理的，处违法生产、销售产品(包括已售出和未售出的产品，下同)货值金额3倍以下的罚款；有违法所得的，没收违法所得；构成犯罪的，依法追究刑事责任。

取得生产许可证的企业名称发生变化，未依照本条例规定办理变更手续的，责令限期办理相关手续；逾期仍未办理的，责令停止生产、销售，没收违法生产、销售的产品，并处违法生产、销售产品货值金额等值以下的罚款；有违法所得的，没收违法所得。

第四十七条 取得生产许可证的企业未依照本条例规定在产品、包装或者说明书上标注生产许可证标志和编号的，责令限期改正；逾期仍未改正的，处违法生产、销售产品货值金额30%以下的罚款；有违法所得的，没收违法所得；情节严重的，吊销生产许可证。

第四十八条 销售或者在经营活动中使用未取得生产许可证的列入目录产品的，责令改正，处5万元以上20万元以下的罚款；有违法所得的，没收违法所得；构成犯罪的，依法追究刑事责任。

第四十九条 取得生产许可证的企业出租、出借或者转让许可证证书、生产许可证标志和编号的，责令限期改正，处20万元以下的罚款；情节严重的，吊销生产许可证。违法接受并使用他人提供的许可证证书、生产许可证标志和编号的，责令停止生产、销售，没收违法生产、销售的产品，处违法生产、销售产品货值金额等值以上3倍以下的罚款；有违法所得的，没收违法所得；构成犯罪的，依法追究刑事责任。

第五十条 擅自动用、调换、转移、损毁被查封、扣押财物的，责令改正，处被动用、调换、转移、损毁财物价值5%以上20%以下的罚款；拒不改正的，处被动用、调换、转移、损毁财物价值1倍以上3倍以下的罚款。

第五十一条 伪造、变造许可证证书、生产许可证标志和编号的，责令改正，没收违法

生产、销售的产品，并处违法生产、销售产品货值金额等值以上3倍以下的罚款；有违法所得的，没收违法所得；构成犯罪的，依法追究刑事责任。

第五十二条 企业用欺骗、贿赂等不正当手段取得生产许可证的，由工业产品生产许可证主管部门处20万元以下的罚款，并依照《中华人民共和国行政许可法》的有关规定作出处理。

第五十三条 取得生产许可证的企业未依照本条例规定定期向省、自治区、直辖市工业产品生产许可证主管部门提交报告的，由省、自治区、直辖市工业产品生产许可证主管部门责令限期改正；逾期未改正的，处5000元以下的罚款。

第五十四条 取得生产许可证的产品经产品质量国家监督抽查或者省级监督抽查不合格的，由工业产品生产许可证主管部门责令限期改正；到期复查仍不合格的，吊销生产许可证。

第五十五条 企业被吊销生产许可证的，在3年内不得再次申请同一列入目录产品的生产许可证。

第五十六条 承担发证产品检验工作的检验机构伪造检验结论或者出具虚假证明的，由工业产品生产许可证主管部门责令改正，对单位处5万元以上20万元以下的罚款，对直接负责的主管人员和其他直接责任人员处1万元以上5万元以下的罚款；有违法所得的，没收违法所得；情节严重的，撤销其检验资格；构成犯罪的，依法追究刑事责任。

第五十七条 检验机构和检验人员从事与其检验的列入目录产品相关的生产、销售活动，或者以其名义推荐或者监制、监销其检验的列入目录产品的，由工业产品生产许可证主管部门处2万元以上10万元以下的罚款；有违法所得的，没收违法所得；情节严重的，撤销其检验资格。

第五十八条 检验机构和检验人员利用检验工作刁难企业，由工业产品生产许可证主管部门责令改正；拒不改正的，撤销其检验资格。

第五十九条 县级以上地方工业产品生产许可证主管部门违反本条例规定，对列入目录产品以外的工业产品设定生产许可的，由国务院工业产品生产许可证主管部门责令改正，或者依法予以撤销。

第六十条 工业产品生产许可证主管部门及其工作人员违反本条例的规定，有下列情形之一的，由其上级行政机关或者监察机关责令改正；情节严重的，对直接负责的主管人员和其他直接责任人员依法给予行政处分：

（一）对符合本条例规定的条件的申请不予受理的；

（二）不在办公场所公示依法应当公示的材料的；

（三）在受理、审查、决定过程中，未向申请人、利害关系人履行法定告知义务的；

（四）申请人提交的申请材料不齐全、不符合法定形式，不一次告知申请人必须补正的全部内容的；

（五）未依法说明不受理申请或者不予许可的理由的；

（六）依照本条例和《中华人民共和国行政许可法》应当举行听证而不举行听证的。

第六十一条 工业产品生产许可证主管部门的工作人员办理工业产品生产许可证、实施监督检查，索取或者收受他人财物或者谋取其他利益，构成犯罪的，依法追究刑事责任;尚不构成犯罪的,依法给予行政处分。

第六十二条 工业产品生产许可证主管部门有下列情形之一的,由其上级行政机关、监察机关或者有关机关责令改正,依法处理;对直接负责的主管人员和其他直接责任人员依法给予降级或者撤职的行政处分;构成犯罪的,依法追究刑事责任:

(一)对不符合本条例规定条件的申请人准予许可或者超越法定职权作出准予许可决定的;

(二)对符合本条例规定条件的申请人不予许可或者不在法定期限内作出准予许可决定的;

(三)发现未依照本条例规定申请取得生产许可证擅自生产列入目录产品,不及时依法查处的;

(四)发现检验机构的检验报告、检验结论严重失实,不及时依法查处的;

(五)违反法律、行政法规或者本条例的规定,乱收费的。

第六十三条 工业产品生产许可证主管部门违法实施许可,给当事人的合法权益造成损害的,应当依照《中华人民共和国国家赔偿法》的规定给予赔偿。

第六十四条 工业产品生产许可证主管部门不依法履行监督职责或者监督不力,造成严重后果的,由其上级行政机关或者监察机关责令改正,对直接负责的主管人员和其他直接责任人员依法给予行政处分;构成犯罪的,依法追究刑事责任。

第六十五条 本条例规定的吊销生产许可证的行政处罚由工业产品生产许可证主管部门决定。工业产品生产许可证主管部门应当将作出的相关产品吊销生产许可证的行政处罚决定及时通报发展改革部门、卫生主管部门、工商行政管理部门等有关部门。

本条例第四十六条至第五十一条规定的行政处罚由工业产品生产许可证主管部门或者工商行政管理部门依照国务院规定的职权范围决定。法律、行政法规对行使行政处罚权的机关另有规定的,依照有关法律、行政法规的规定执行。

第七章 附 则

第六十六条 法律、行政法规对工业产品管理另有规定的,从其规定。

第六十七条 国务院工业产品生产许可证主管部门和省、自治区、直辖市工业产品生产许可证主管部门办理工业产品生产许可证的收费项目依照国务院财政部门、价格主管部门的有关规定执行,工业产品生产许可证的收费标准依照国务院价格主管部门、财政部门的有关规定执行,并应当公开透明;所收取的费用必须全部上缴国库,不得截留、挪用、私分或者变相私分。财政部门不得以任何形式向其返还或者变相返还所收取的费用。

第六十八条 根据需要,省、自治区、直辖市工业产品生产许可证主管部门可以负责部分列入目录产品的生产许可证审查发证工作,具体办法由国务院工业产品生产许可证主管部门另行制定。

第六十九条 个体工商户生产或者销售列入目录产品的,依照本条例的规定执行。

第七十条 本条例自 2005 年 9 月 1 日起施行。国务院 1984 年 4 月 7 日发布的《工业产品生产许可证试行条例》同时废止。

中华人民共和国工业产品生产许可证管理条例实施办法

（2005年9月15日国家质量监督检验检疫总局令第80号公布）

目　录

第一章　总　　则

第一条　根据《中华人民共和国工业产品生产许可证管理条例》（以下简称《管理条例》），制定本办法。

第二条　国家对重要工业产品实行生产许可证制度管理。

第三条　在中华人民共和国境内从事生产、销售或者在经营活动中使用实行生产许可证制度管理的产品的，应当遵守本办法。

任何企业未取得生产许可证不得生产实行生产许可证制度管理的产品。任何单位和个人不得销售或者在经营活动中使用未取得生产许可证的产品。

第四条 工业产品生产许可证管理，应当遵循科学公正、公开透明、程序合法、便民高效的原则。

第五条 国家质量监督检验检疫总局（以下简称国家质检总局）负责全国工业产品生产许可证统一管理工作，对实行生产许可证制度管理的产品，统一产品目录，统一审查要求，统一证书标志，统一监督管理。

国家质检总局内设全国工业产品生产许可证办公室（以下简称全国许可证办公室），负责全国工业产品生产许可证管理的日常工作，制定产品发证实施细则，审核工业产品生产许可证产品审查机构（以下简称审查机构），指定承担发证检验任务的产品检验机构，统一管理核查人员资质以及审批发证等工作。

第六条 根据需要，省、自治区、直辖市质量技术监督局（以下简称省级质量技术监督局）可以负责部分产品的生产许可证审查发证工作，具体产品目录由国家质检总局确定并公布。

第七条 省级质量技术监督局负责本行政区域内的工业产品生产许可证监督和管理工作，根据《管理条例》和国家质检总局规定，承担部分产品的生产许可证审查发证工作。

省级质量技术监督局内设工业产品生产许可证办公室（以下简称省级许可证办公室），负责本行政区域内的工业产品生产许可证管理的日常工作。

县级以上地方质量技术监督局负责本行政区域内生产许可证的监督检查工作。

第八条 审查机构受国家质检总局的委托，承担起草相关产品发证实施细则、组织实地核查以及核查人员技术培训等工作。

第九条 从事生产许可证工作的机构和人员应当依法行政、恪尽职守、热情服务、严格把关。

第十条 国家质检总局和省级质量技术监督局统一规划生产许可证工作的信息化建设，公布生产许可事项，方便公众查阅和企业申请办证，逐步实现网上审批。

第二章　生产许可程序

第一节　申请和受理

第十一条 企业取得生产许可证，应当符合下列条件：

（一）有营业执照；

（二）有与所生产产品相适应的专业技术人员；

（三）有与所生产产品相适应的生产条件和检验检疫手段；

（四）有与所生产产品相适应的技术文件和工艺文件；

（五）有健全有效的质量管理制度和责任制度；

（六）产品符合有关国家标准、行业标准以及保障人体健康和人身、财产安全的要求；

（七）符合国家产业政策的规定，不存在国家明令淘汰和禁止投资建设的落后工艺、高耗能、污染环境、浪费资源的情况。

法律、行政法规有其他规定的，还应当符合其规定。

第十二条　审查机构受国家质检总局的委托，根据相关产品的特点，行业发展状况和国家有关政策，组织起草产品实施细则。

国家质检总局根据《管理条例》的相关规定，批准发布产品实施细则。对产品实施细则作特殊规定的，国家质检总局会同国务院有关部门制定并发布。

省级许可证办公室和审查机构根据产品实施细则的规定，负责组织或者配合组织产品实施细则的宣贯工作。

第十三条　省级质量技术监督局应当按照生产许可证发证工作的进度安排，以登报、上网等方式告知本行政区域内的生产企业，并负责组织企业的申报工作。审查机构应当积极配合做好相关工作。

第十四条　企业生产列入目录的产品，应当向其所在地的省级质量技术监督局提出申请。

企业正在生产的产品被列入目录的，企业应当在国家质检总局规定的时间内申请取得生产许可证。

第十五条　省级质量技术监督局收到企业提出的申请后，对申请材料符合实施细则要求的，准予受理，并自收到企业申请之日起5日内向企业发送《行政许可申请受理决定书》(见附件1)。

第十六条　省级质量技术监督局收到企业提出的申请后，对申请材料不符合实施细则要求且可以通过补正达到要求的，应当当场或者在5日内向企业发送《行政许可申请材料补正告知书》(见附件2)一次性告知。逾期不告知的，自收到申请材料之日起即为受理。

省级质量技术监督局收到企业提出的申请后，对申请材料不符合《行政许可法》和《管理条例》要求的，应当作出不予受理的决定，并发出《行政许可申请不予受理决定书》(见附件3)。

第十七条　省级质量技术监督局以及其他任何部门不得另行附加任何条件，限制企业申请取得生产许可证。

第二节　审查与决定

第十八条　省级质量技术监督局受理企业申请后，省级许可证办公室或者审查机构应当组织对企业进行审查。企业审查包括对企业的实地核查和对产品的检验，其中一项不合格即判为企业审查不合格。

第十九条　实施细则规定由省级质量技术监督局负责组织审查的，省级许可证办公室应当自受理企业申请之日起30日内，完成对企业实地核查和抽封样品，并将实地核查结论以书面形式告知被核查企业。

实施细则规定由审查机构组织审查的，省级许可证办公室应当自受理企业申请之日起5日内将全部申请材料报送审查机构。审查机构应当自受理企业申请之日起30日内，完成对企业实地核查和抽封样品，并将实地核查结论以书面形式告知被核查企业，同时告知省级许可证办公室。

第二十条 企业实地核查不合格的，不再进行产品抽样检验，企业审查工作终止。

第二十一条 审查机构或者省级许可证办公室应当制定企业实地核查计划，并提前5日通知企业。

实施细则规定由审查机构组织审查的，企业实地核查计划应当同时抄送企业所在地省级许可证办公室。

第二十二条 审查机构或者省级许可证办公室应当指派2至4名审查员组成审查组，对企业进行实地核查，企业应当予以配合。

第二十三条 审查组应当按照实施细则的要求，对企业进行实地核查，核查时间一般为1～3天。审查组对企业实地核查结果负责，并实行组长负责制。

第二十四条 企业实地核查合格的，审查组按照实施细则的要求封存样品，并告知企业所有承担该产品生产许可证检验任务的检验机构名单及联系方式，由企业自主选择。

经核查合格，需要送样检验的，应当告知企业在封存样品之日起7日内将该样品送达检验机构。需要现场检验的，由核查人员通知企业自主选择的检验机构进行现场检验。

第二十五条 检验机构应当在实施细则规定的时间内完成检验工作，并出具检验报告。

第二十六条 由省级许可证办公室负责组织审查的，省级许可证办公室应当自受理企业申请之日起30日内将申报材料报送审查机构，审查机构应当自受理企业申请之日起40日内将申报材料汇总，并报送全国许可证办公室。

由审查机构负责组织审查的，审查机构应当自受理企业申请之日起40日内将申报材料汇总，并报送全国许可证办公室。

第二十七条 国家质检总局自受理企业申请之日起60日内作出是否准予许可的决定。符合发证条件的，国家质检总局应当在作出许可决定之日起10日内颁发生产许可证证书；不符合发证条件的，应当自作出决定之日起10日内向企业发出《不予行政许可决定书》(见附件4)。

第二十八条 根据本办法第十八条规定，省级许可证办公室或者审查机构判定企业审查不合格时，应当及时书面上报国家质检总局，并由国家质检总局向企业发出《不予行政许可决定书》。

第二十九条 国家质检总局将获证企业名单以网络、报刊等方式向社会公布。同时，相关产品的发证情况还要及时通报国家发展改革部门、卫生主管部门和工商行政管理部门等。

第三十条 生产许可证有效期为5年。有效期届满，企业继续生产的，应当在生产许可证期满6个月前向所在地省级质量技术监督局提出换证申请。

第三十一条 企业获得生产许可证后需要增加项目的，应当按照实施细则规定的程序申请办理增项手续。符合条件的，换发生产许可证证书，但有效期不变。

第三十二条 在生产许可证有效期内，因国家有关法律法规、产品标准及技术要求发

生较大改变而修订实施细则时，全国许可证办公室将根据需要组织必要的实地核查和产品检验。

第三十三条 在生产许可证有效期内，企业生产条件、检验手段、生产技术或者工艺发生较大变化的（包括生产地址变更、生产线重大技术改造等），企业应当及时向其所在地省级质量技术监督局提出申请，审查机构或者省级许可证办公室应当按照实施细则的规定重新组织实地核查和产品检验。

第三十四条 省级许可证办公室、审查机构和全国许可证办公室应当将企业办理生产许可证的有关资料及时归档，公众有权查阅。企业档案材料的保存时限为5年。

第三节　对审查工作的监督检查

第三十五条 全国许可证办公室组织对企业核查工作质量进行监督检查。

省级许可证办公室组织对企业实地核查的，由全国许可证办公室组织审查机构实施抽查；审查机构组织对企业实地核查的，由全国许可证办公室组织省级许可证办公室实施抽查。

第三十六条 实施监督检查，应当制订监督检查计划，包括检查组组成、具体检查时间以及被检查企业等内容。

第三十七条 检查计划应当提前通知企业所在地省级质量技术监督局，省级质量技术监督局应当对检查工作予以配合。

第三十八条 监督检查工作完成后，由检查组写出书面报告及处理建议，上报全国许可证办公室。

第三十九条 全国许可证办公室将通过查阅检验报告、检验结论对比等方式对检验机构的检验过程和检验报告是否客观、公正、及时进行监督检查。

第四节　集团公司的生产许可

第四十条 集团公司及其所属子公司、分公司或者生产基地（以下统称所属单位）具有法人资格的，可以单独申请办理生产许可证；不具有法人资格的，不能以所属单位名义单独申请办理生产许可证。

各所属单位无论是否具有法人资格，均可以与集团公司一起提出办理生产许可证申请。

第四十一条 所属单位与集团公司一起申请办理生产许可证时，应当向集团公司所在地省级质量技术监督局提出申请。凡按规定由省级许可证办公室组织企业实地核查的，集团公司所在地省级许可证办公室可以直接派出审查组，也可以书面形式委托所属单位所在地省级许可证办公室组织核查。集团公司所在地省级许可证办公室负责按规定程序汇总上报有关材料。

第四十二条 集团公司取得生产许可证后，新增加的所属单位需要与集团公司一起

办理生产许可证的，新增所属单位审查合格后，换发生产许可证证书，但有效期不变。

第四十三条 所属单位与集团公司一起申请办理生产许可证的，经审查的所属单位以及集团公司应当分别缴纳审查费和产品检验费，公告费按证书数量收取。

第四十四条 其他经济联合体及所属单位申请办理生产许可证的，参照集团公司办证程序执行。

第五节 委托加工备案

第四十五条 从事委托加工实行生产许可证制度管理的产品的委托企业和被委托企业，必须分别到所在地省级许可证办公室申请备案。

第四十六条 委托企业必须是合法经营的企业，被委托企业必须持有合法有效的生产许可证。

第四十七条 委托企业和被委托企业向所在地省级许可证办公室申请备案时，应当提供如下材料：

（一）委托企业和被委托企业营业执照复印件；

（二）被委托企业的生产许可证复印件；

（三）公证的委托加工合同复印件；

（四）委托加工合同必须明确委托企业负责全部产品销售；

（五）委托加工产品标注式样。

第四十八条 省级许可证办公室应当自收到委托加工备案申请之日起5日内，进行必要的核实，并对符合条件的企业予以备案。对不符合条件的，不予备案并说明理由。

第四十九条 委托加工企业必须履行备案承诺，不得随意改变委托合同和产品标注方式。

第五十条 委托加工备案不得向企业收费。

第三章 核查人员的管理

第五十一条 核查人员需取得相应资质，方可从事企业实地核查工作。

第五十二条 核查人员包括工业产品生产许可证注册审查员（以下简称审查员）、高级审查员和技术专家。

第五十三条 审查员应当具备下列条件：

（一）年龄在65周岁（含65周岁）以下；

（二）大专（含大专）以上学历或者中级（含中级）以上技术职称；

（三）熟悉相关产品生产工艺、产品质量标准和质量管理体系；

（四）从事质量工作满5年。

第五十四条 全国许可证办公室对省级许可证办公室或者审查机构培训的人员进行考核注册，并批准后颁发审查员注册证书，证书有效期为3年。

第五十五条 审查员注册证书期满前3个月内应当按规定申请换证，并符合以下条件：

（一）年龄在65周岁（含65周岁）以下；

（二）在证书有效期内至少完成6次工业产品生产许可证企业实地核查；

（三）每年至少参加15小时工业产品生产许可证相关工作培训；

（四）遵守审查员行为规范，无违法违规行为。

高级审查员在证书有效期内，满足前款规定的条件，并每年至少担任审查组长3次的，方可按规定换发高级审查员注册证书；仅满足前款规定条件的，可换发审查员证书。

第五十六条 省级许可证办公室或者审查机构负责组织审查员期满换证申报工作，全国许可证办公室负责为符合换证条件的人员换发证书。

第五十七条 审查员申请晋升高级审查员，应当符合以下条件：

（一）在注册证书有效期内，至少完成10次生产许可证企业实地核查，并担任6次以上审查组长；

（二）每年参加20小时以上生产许可证相关工作培训；

（三）遵守审查员行为规范，无违法违规行为。

第五十八条 申请晋级人员向省级许可证办公室或者审查机构提出晋级申请，全国许可证办公室对省级许可证办公室或者审查机构上报的申请晋级人员进行考核，符合晋级要求的，经全国许可证办公室批准后，颁发高级审查员注册证书，证书有效期3年。

第五十九条 技术专家是指未取得审查员注册证书，但根据工作需要可以为生产许可证企业实地核查提供技术咨询的有关人员。

第六十条 申请技术专家资格的人员应当具备以下条件：

（一）大学本科（含大学本科）以上学历或者高级技术职称；

（二）从事相关专业工作满10年；

（三）精通相关产品专业知识并属于相关领域的技术权威。

第六十一条 省级许可证办公室或者审查机构可以根据需要，向全国许可证办公室提出技术专家备案申请，经全国许可证办公室批准后，可参加企业的实地核查工作。

第六十二条 技术专家参加企业实地核查工作时，不作为审查组成员，不参与做出审查结论。

第六十三条 注册证书持有者应当妥善保管证书，证书遗失或者损毁，应当及时申请补领。

第六十四条 核查人员应当按照产品实施细则的规定开展企业实地核查。进行核查时，需向被核查企业出示相关证件。

第六十五条 核查人员对企业进行实地核查，不得刁难企业，不得索取、收受企业的财物，不得谋取其他不当利益。

第四章 审查机构的管理

第六十六条 审查机构必须具备以下基本条件：

（一）有健全的管理制度和有效的运行机制；

（二）有与开展相关产品审查工作相适应的工作人员；

（三）有适宜的办公场所和办公设施；

（四）掌握生产许可证工作的有关法律法规和规定，了解生产许可证的工作机制和程序；

（五）了解相关产品的行业状况和国家产业政策；

（六）没有从事相关产品生产、销售、监制、监销的行为。

第六十七条 符合第六十六条规定条件的单位可以向全国许可证办公室申请承担相关产品的审查机构工作，并提交以下材料：

（一）承担相关产品审查机构的书面申请；

（二）申请机构的组织机构代码证书、法人营业执照或者社会团体法人登记证书；

（三）申请单位的基本情况；

（四）相关产品的行业发展水平、企业分布和产品检验机构的基本情况；

（五）从事产品质量监督和生产许可证工作的经历。

第六十八条 全国许可证办公室对申请单位的资格进行审查，必要时派员实地考查核实，并上报国家质检总局择优批准符合资质要求的单位承担审查机构工作。

第六十九条 审查机构应当自批准之日起 15 日内向全国许可证办公室提交审查机构负责人名单及岗位设置等基本情况。审查机构负责人发生变化时，应当及时将变化情况报全国许可证办公室备案。

第七十条 审查机构开展企业实地核查时，不得妨碍企业的正常生产经营活动，不得索取或者收受企业的财物。

第七十一条 审查机构在从事生产许可证工作时，不得有下列行为：

（一）未按规定期限完成审查工作；

（二）出具虚假审查结论；

（三）擅自增加实施细则以外的其他条件；

（四）未向企业说明企业有权选择有资质的检验机构送样检验；

（五）从事或者介绍企业进行生产许可有偿咨询；

（六）向企业推销生产设备、检验设备或者技术资料；

（七）聘用未取得相应资质的人员从事企业实地核查工作；

（八）违反法律法规和规章的其他行为。

第五章　检验机构的管理

第七十二条 申请承担生产许可证检验任务的检验机构必须按照国家法律、行政法规的规定通过计量认证、审查认可或者实验室认可，并经全国许可证办公室指定后，方可承担相关产品的生产许可证检验任务。

第七十三条 检验机构应当向省级许可证办公室或者审查机构提出承担相关产品生

产许可证检验任务的书面申请。

第七十四条 省级许可证办公室或者审查机构对提出申请的检验机构以适当的方式进行审查并提出推荐意见。全国许可证办公室应当根据需要组织专家对检验机构的申请进行必要的核实。

第七十五条 全国许可证办公室按照保证工作质量和进度、方便企业送检、适度竞争的原则,对符合条件的检验机构进行指定,并公布其承担相关产品生产许可证检验任务的范围。

第七十六条 被指定的检验机构依据产品实施细则的要求,开展生产许可证产品检验工作,并出具检验报告。

检验报告需有检验人员、复核人员、检验机构负责人或者其授权人员签字。检验机构及其工作人员对检验报告负责。

第七十七条 检验机构应当按照国家规定的产品检验收费标准向企业收取检验费用。

第七十八条 检验机构应当建立生产许可证产品检验技术档案,并确保档案完整、真实、有效。

第七十九条 检验机构在从事生产许可证产品检验工作时,不得有下列行为:

(一) 未按实施细则规定的标准、要求和方法开展检验工作;

(二) 伪造检验结论或者出具虚假检验报告;

(三) 从事与其指定检验任务相关的产品的生产、销售活动,或者以其名义推荐或者监制、监销上述产品;

(四) 从事或者介绍企业进行生产许可的有偿咨询;

(五) 超标准收取检验费用;

(六) 违反规定强行要求企业送样检验;

(七) 违反法律法规和规章的其他行为。

第六章 证书和标志

第八十条 全国工业产品生产许可证证书(以下简称生产许可证证书)分为正本和副本(证书式样见附件 5-1、2),具有同等法律效力。生产许可证证书由国家质检总局统一印制。

第八十一条 生产许可证证书应当载明企业名称、住所、生产地址、产品名称、证书编号、发证日期、有效期。

集团公司的生产许可证证书还应当载明与其一起申请办理的所属单位的名称、生产地址和产品名称。

第八十二条 企业名称、住所、生产地址发生变化而企业生产条件、检验手段、生产技术或者工艺未发生变化的,企业应当在变更名称后 1 个月内向企业所在地的省级质量技术监督局提出生产许可证名称变更申请。

第八十三条 省级质量技术监督局自受理企业名称变更材料之日起5日内将上述材料上报全国许可证办公室。

全国许可证办公室自收到上报的企业名称变更材料之日起25日内完成申报材料的书面审核,并由国家质检总局作出是否准予变更的决定。对于符合变更条件的,颁发新证书,但有效期不变。不符合条件的,书面告知企业,并说明理由。

第八十四条 企业应当妥善保管生产许可证证书。生产许可证证书遗失或者毁损,应当向企业所在地的省级质量技术监督局提出补领生产许可证申请。

第八十五条 省级质量技术监督局自受理企业补领生产许可证材料之日起5日内,将上述材料上报全国许可证办公室。

全国许可证办公室自收到各省级许可证办公室上报的企业补领生产许可证材料之日起25日内,完成申报材料的书面审核,并由国家质检总局作出是否准予补领的决定。对于符合条件的,颁发新证书,但有效期不变;不符合条件的,书面告知企业,并说明理由。

第八十六条 工业产品生产许可证标志由“质量安全”英文(Quality Safety)字头(QS)和“质量安全”中文字样组成。标志主色调为蓝色,字母“Q”与“质量安全”四个中文字样为蓝色,字母“S”为白色。标志的式样、尺寸及颜色要求见附件6。

QS标志由企业自行印(贴)。可以按照规定放大或者缩小。

第八十七条 工业产品生产许可证编号采用大写汉语拼音XK加十位阿拉伯数字编码组成:XK××-×××-×××××。

其中,XK代表许可,前两位(××)代表行业编号,中间三位(×××)代表产品编号,后五位(×××××)代表企业生产许可证编号。

第八十八条 企业必须在其产品或者包装、说明书上标注生产许可证标志和编号。

根据产品特点难以标注的裸装产品,可以不标注生产许可证标志和编号。

第八十九条 所属单位具有法人资格的,在单独办理生产许可证时,其产品或者包装、说明书上应当标注所属单位的名称、住所、生产许可证标志和编号。

所属单位和集团公司一起办理生产许可证的,应当在其产品或者包装、说明书上分别标注集团公司和所属单位的名称、住所,以及集团公司的生产许可证标志和编号,或者仅标注集团公司的名称、住所和生产许可证标志和编号。

第九十条 委托加工企业必须按照备案的标注内容,在其产品或者包装、说明书上进行标注。

委托企业具有其委托加工的产品生产许可证的,应当标注委托企业的名称、住所和被委托企业的名称、生产许可证标志和编号;或者标注委托企业的名称、住所、生产许可证标志和编号。

委托企业不具有其委托加工的产品生产许可证的,应当标注委托企业的名称、住所,以及被委托企业的名称、生产许可证标志和编号。

第九十一条 取得生产许可证的企业,应当自准予许可之日起6个月内,完成在其产品或者包装、说明书上标注生产许可证标志和编号。

第九十二条 任何单位和个人不得伪造、变造生产许可证证书、标志和编号。取得生

产许可证的企业不得出租、出借或者以其他形式转让生产许可证证书、标志和编号。

第七章　省级质量技术监督局发证的管理

第九十三条　国家质检总局统一发布省级质量技术监督局发证的产品目录并适时进行调整，统一制定并公布产品实施细则，统一规定证书式样。

第九十四条　省级质量技术监督局在本行政区域内负责第九十三条规定的发证产品的受理、审查、批准、发证工作。

第九十五条　省级质量技术监督局应当参照国家质检总局的办证程序，结合实际情况，制定企业申请办证程序并向社会公布。

第九十六条　省级质量技术监督局应当自受理企业申请之日起60日内，完成审查发证工作。产品检验时间以实施细则规定为准，不计入上述规定时限。

第九十七条　省级质量技术监督局应当公布获证企业名录，并报全国许可证办公室。省级质量技术监督局颁发的生产许可证全国有效。

第九十八条　国家质检总局采取不定期检查的方式，对省级质量技术监督局的发证工作质量进行监督检查，对于工作质量出现严重问题的，追究有关人员责任。

第九十九条　本办法对省级质量技术监督局审查发证未作出具体规定的，按照国家质检总局审查发证的有关规定执行。

第八章　监 督 检 查

第一百条　国家质检总局和县级以上地方质量技术监督局依照本办法对生产许可证制度的实施情况进行监督检查，对违反本办法的违法行为实施行政处罚。

第一百零一条　根据举报或者已经取得的涉嫌违法证据，县级以上地方质量技术监督局对涉嫌违法行为进行查处时，可以行使下列职权：

（一）向有关生产、销售、经营活动中使用单位和检验机构的法定代表人、主要负责人和其他有关人员调查、了解与涉嫌从事违法活动的有关情况；

（二）查阅、复制有关生产、销售、经营活动中使用单位和检验机构的有关合同、发票、账薄以及其他有关资料；

（三）对有证据表明属于违反《管理条例》和本办法生产、销售、经营活动中使用的产品予以查封或者扣押。

第一百零二条　自省级质量技术监督局作出生产许可受理决定之日起，企业可以试生产申请取证产品。

第一百零三条　企业试生产的产品，必须经承担生产许可证产品检验任务的检验机构，依据产品实施细则规定批批检验合格，并在产品或者包装、说明书标明“试制品”后，方可销售。对国家质检总局作出不予许可决定的，企业从即日起不得继续试生产该产品。

第一百零四条　取得生产许可证的企业应当保证产品质量稳定合格，不得降低取得生产许可证的条件。

第一百零五条 获证企业自取得生产许可证之日起，每年度应当向省级许可证办公室提交自查报告。获证未满一年的企业，可以下一年度提交自查报告。企业自查报告应当包括以下内容：

（一）申请取证条件的保持情况；

（二）企业名称、住所、生产地址等变化情况；

（三）企业生产状况及产品变化情况；

（四）生产许可证证书、标志和编号使用情况；

（五）行政机关对产品质量监督检查的情况；

（六）省级许可证办公室要求企业应当说明的其他相关情况。

第一百零六条 省级许可证办公室对企业的自查报告进行实地抽查时，被抽查的企业数量应当控制在获证企业总数的10%以内。

第九章　罚　　则

第一百零七条 生产许可证管理部门及工作人员、检验机构及检验人员以及企业，违反《管理条例》有关规定的，应当依照《管理条例》第六章的规定承担相应的法律责任。

第一百零八条 生产许可证审查员有下列行为之一的，由全国许可证办公室注销其审查员资格；情节严重的，建议其行政主管单位给予行政处分；构成犯罪的，依法追究刑事责任：

（一）违反本办法第六十四条和第六十五条规定的；

（二）以虚假材料等不正当手段骗取资格证书的；

（三）从事生产许可有偿咨询的；

（四）违反国家法律法规的其他行为。

被注销审查员资格的人员不得再申请注册生产许可证审查员。

第一百零九条 审查机构违反本办法第七十条和第七十一条规定开展生产许可证审查工作的，由全国许可证办公室责令限期改正，逾期仍不改正的，撤销其生产许可证审查机构资格；构成犯罪的，依法追究审查机构负责人的刑事责任。

第一百一十条 检验机构违反本办法第七十九条规定的，由全国许可证办公室责令改正，逾期仍不改正的，撤销其从事生产许可证检验工作的资格；违反国家有关法律法规规定的，依法予以处理。

第一百一十一条 企业在试生产期间，违反本办法第一百零三条规定的，由县级以上地方质量技术监督局责令改正，并处3万元以下罚款；仍不改正的，按照《管理条例》第四十八条规定处罚。

第一百一十二条 有下列情形之一的，许可审批机关应当撤销生产许可，但是撤销生产许可可能对公共利益造成重大损害的除外：

（一）行政机关工作人员滥用职权、玩忽职守作出准予生产许可决定的；

（二）超越法定职权作出准予生产许可决定的；

（三）违反法定程序作出准予生产许可决定的；

（四）对不具备申请资格或者不符合法定条件的申请人准予生产许可的；

（五）被许可人以欺骗、贿赂等不正当手段取得生产许可的；

（六）依法可以撤销生产许可的其他情形。

第一百一十三条 有下列情形之一的，许可审批机关应当撤回生产许可：

（一）被许可生产的产品列入国家决定淘汰或者禁止生产的产品目录的；

（二）被许可人不再生产被许可的产品的；

（三）生产许可依据的法律、法规、规章修改或者废止导致生产许可项目依法被终止的；

（四）依法应当撤回生产许可的其他情形。

第一百一十四条 取得生产许可证的企业有下列情形之一的，许可审批机关应当吊销生产许可：

（一）未依照规定在产品或者包装、说明书上标注生产许可证标志和编号，情节严重的；

（二）出租、出借或者转让许可证证书、生产许可证标志和编号，情节严重的；

（三）产品经国家监督抽查或者省级监督抽查不合格，经整改复查仍不合格的；

（四）依法应当吊销生产许可证的其他情形。

第一百一十五条 有下列情形之一的，许可审批机关应当注销生产许可，并办理有关手续：

（一）生产许可有效期满未按规定重新申请取证的；

（二）法人或者其他组织依法终止的；

（三）生产许可依法被撤销、撤回，或者生产许可证依法被吊销的；

（四）因不可抗力导致行政许可事项无法实施的；

（五）法律、法规规定的应当注销生产许可的其他情形。

第一百一十六条 对违法企业实施吊销或者撤销生产许可证前，县级以上地方质量技术监督局，可以暂扣生产许可证。

暂扣生产许可证期限为7日（产品检验机构检测时间除外）。违法行为属实，依法应当吊销或者撤销许可的，许可审批机关对暂扣的证书予以收回；经调查取证决定不予吊销或者撤销许可的，对暂扣的证书应当及时退还企业。

第一百一十七条 委托企业未按本办法规定备案或者擅自改变备案标注方式的，被委托企业未按本办法规定备案的，由县级以上地方质量技术监督局责令限期改正，并处3万元以下罚款；逾期仍未改正的，吊销其生产许可证。

第一百一十八条 省级质量技术监督局组织开展部分产品审查发证工作时，发现的相关违法行为，由县级以上地方质量技术监督局依照《管理条例》和本办法的有关规定执行处罚。

第一百一十九条 企业对行政许可和行政处罚决定有异议的，可依法申请行政复议或提起行政诉讼。

第十章　附　　则

第一百二十条　企业办理工业产品生产许可证应当缴纳相关费用，收费项目和收费标准应当按照国务院财政、价格主管部门的有关规定执行。

省级质量技术监督局负责审批发证的收费，还应当按照省级财政、价格主管部门的有关规定执行。

第一百二十一条　食品生产许可的管理另行规定。

第一百二十二条　本办法由国家质检总局负责解释。

第一百二十三条　本办法自 2005 年 11 月 1 日起施行。国家质检总局 2002 年 3 月 27 日颁布的《工业产品生产许可证管理办法》同时废止。

附件 1：

行政许可申请受理决定书

（　　）　　　受字[　　　]第　　号

________________________：

你(单位)提出________________________的申请和所提供(出示)的材料,符合该项目申请条件。根据《行政许可法》第三十二条第一款第五项规定,决定予以受理。

附:《申报材料登记表》

许可专用章

年　　月　　日

经办人：　　　　　　　　　　联系电话：

说明：申请人 5 日内未获其他文书,即应理解申请被受理。本决定书一式两份;一份送申请人,一份存档。(正式使用说明不显示)

附件 2：

行政许可申请材料补正告知书

（　　）　　　补告字[　　　]第　　号

____________________：

你（单位）申请的______________________________，所提供（出示）的材料不齐全（不符合法定形式），根据《行政许可法》第三十二条第三、四项规定，请作如下补正：

____

____

____。

如需咨询，请与______________联系，电话______________

许可专用印章

年　　月　　日

说明：本告知书收到申请 5 日内使用。一式两份，一份送申请人，一份存档。（正式使用文书时不显示说明）

附件 3：

行政许可申请不予受理决定书

（　　）　　　　未受字[　　　　]第　　号

______________________：

你（单位）申请的______________________，经审查，不需要取得行政许可（或者不属于本机关职权范围、企业被吊销生产许可证不满三年），应当向__________________________提出申请。根据《行政许可法》第三十二条第一款第________项（或者《中华人民共和国工业产品生产许可证管理条例》第五十五条）规定，决定不予以受理。

许可专用章

年　　月　　日

说明：本决定书即时或者 5 日内作出。一式两份；一份送达申请人，一份存档。（正式使用说明不显示）

附件4：

不予行政许可决定书

（　　）　　　　未许字[　　　　]第　　　号

________________：

企(事)业代码(身份证)号________________

地址________________邮编__________电话__________

法定代表人__________职务__________电话__________

你(单位)申请____________________，经审查，不符合该许可项目规定要求，决定____________________。

理由____

____。

如不服本决定，可在收到本决定书之日起60日内，依法向__________或者__________申请行政复议或者3个月内(法律、法规另有规定的按照规定)向人民法院提起行政诉讼。

单位印章

年　　月　　日

说明：本决定书为复议、诉讼的依据，应慎重填写。一式两份；一份送达申请人，一份存档。(正式使用说明不显示)

附件 5-1：

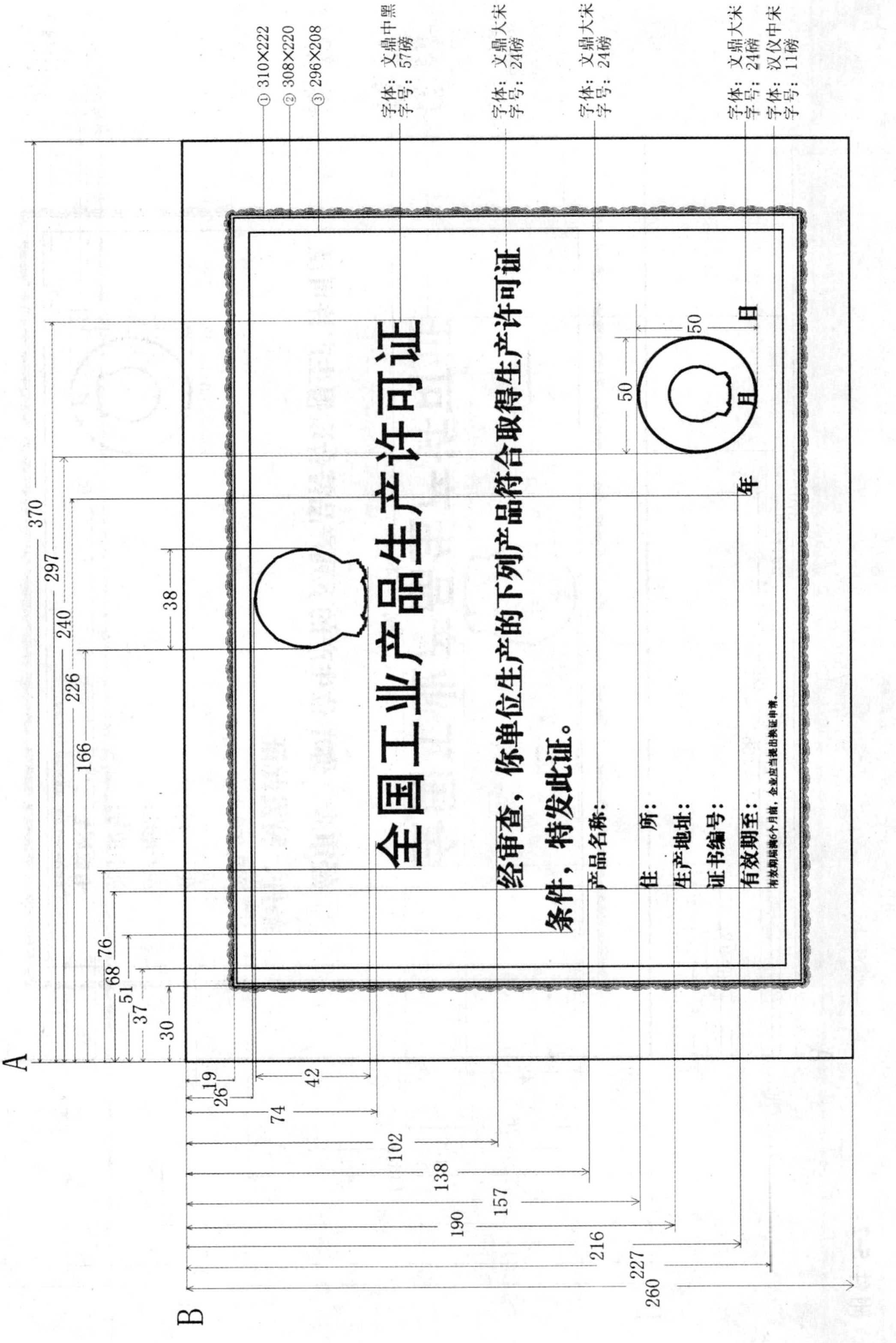

A

370
297
240
226
166
76
68
51
37
30
38

B

19
26
74
42
102
138
190
157
216
227
260

① 310×222
② 308×220
③ 296×208

全国工业产品生产许可证

字体：文鼎中黑
字号：57磅

经审查，你单位生产的下列产品符合取得生产许可证条件，特发此证。

字体：文鼎大宋
字号：24磅

产品名称：

字体：文鼎大宋
字号：24磅

住　　所：

生产地址：

证书编号：

有效期至：　　　　年　　月　　日

字体：文鼎大宋
字号：24磅

有效期届满6个月前，企业应当提出换证申请。

字体：汉仪中宋
字号：11磅

50
50

附件 5-2：

全国工业产品生产许可证
(副 本)
经审查，你单位生产的下列产品符合取得生产许可证条件，特发此证。
产品名称：
住 所：
生产地址：
证书编号：
有效期至：
年 月 日
有效期届满6个月前，企业应当提出换证申请。
① 310×222
② 308×220
③ 296×208
字体：文鼎中黑
字号：57磅
字体：宋体
字号：24磅
字体：文鼎大宋
字号：24磅
字体：文鼎大宋
字号：24磅
字体：文鼎大宋
字号：24磅
字体：汉仪中宋
字号：11磅
A
B
370
297
240
226
166
76
68
51
37
30
38
19
26
42
74
76
102
138
157
190
216
227
260
50
50

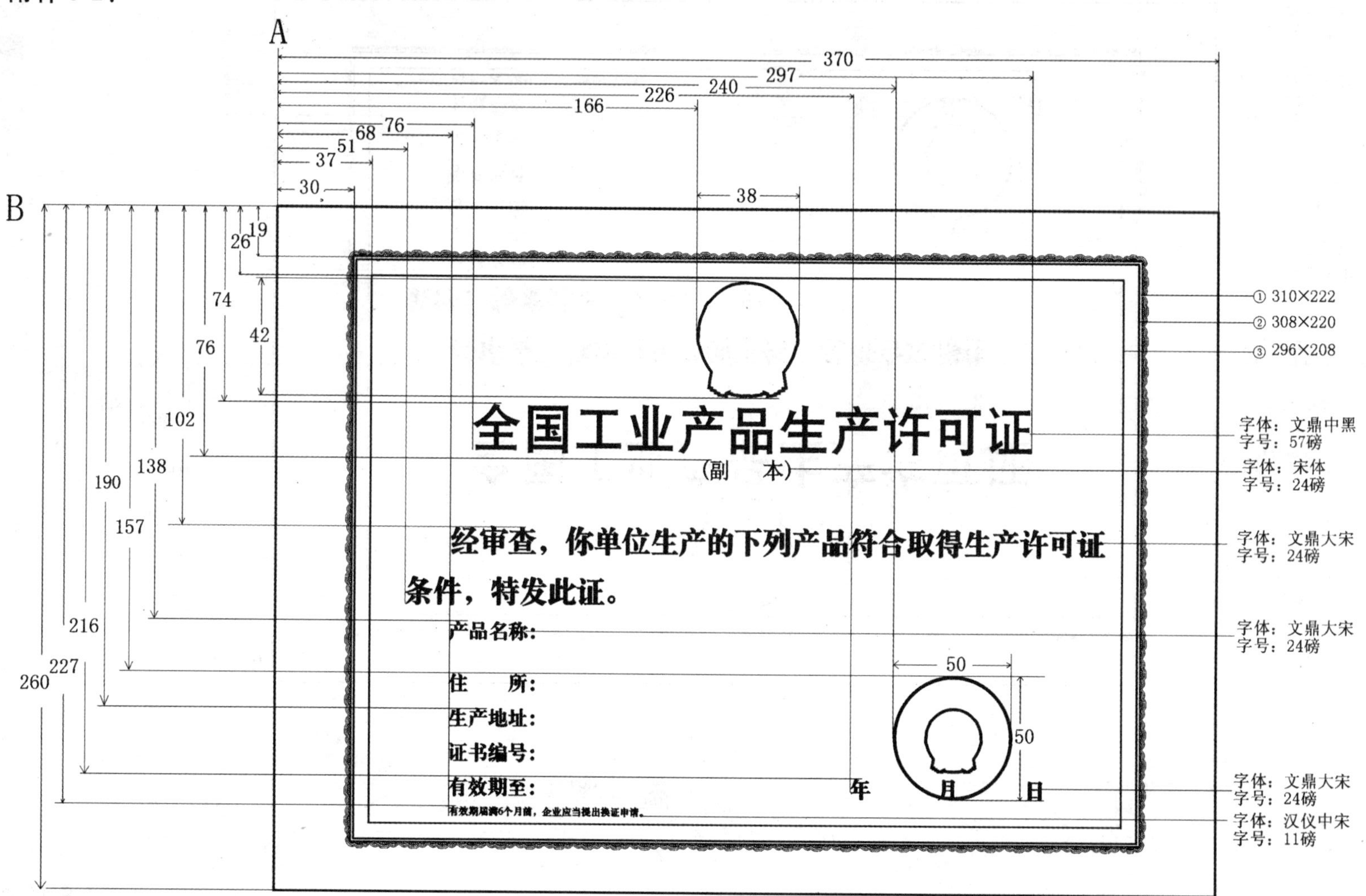

附件 6：

标志式样

标志图形

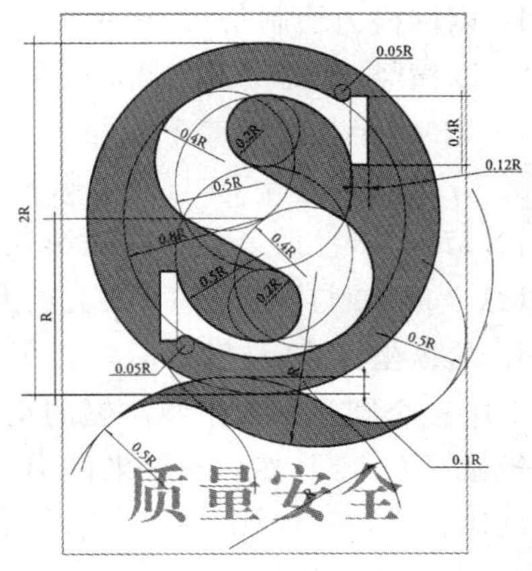

C100 M40 K15
C100 M40 K15
W（白）
W（白）
C100 M40 K15

标志专用色（彩）图

标志绘制数据图

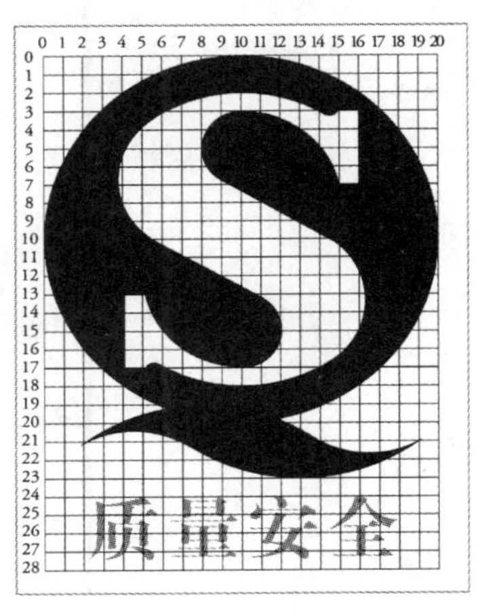

标志图落格

标志图形文字组合构成

质量安全标志绘制说明

1. 以网格为绘制基础，建立网格横向20格，纵向30格(见绘制图)。

2. 以横竖10的交点为圆心，半径为10做第一个圆(半径$=R=10$)，然后仍以此点为圆心，$0.8R$为半径做第二个圆。

3. 分别以纵坐标10与横坐标8的交点为圆心，以纵坐标10与横坐标12的交点为圆心，$0.5R$为半径做第三个圆和第四个圆，再分别以纵坐标10与横坐标5的交点为圆心，以纵坐标10与横坐标15的交点为圆心，$0.2R$为半径做第五个圆和第六个圆。

4. 从纵坐标10与横坐标3的交点向第三个圆和第四个圆左侧的交叉点作直线，在直线上第三个圆和第四个圆左侧的交叉点作起点，测量出$0.4R$的距离为圆心，以$0.4R$为半径做第七个圆；然后从纵坐标10与横坐标17的交点向第三个圆和第四个圆右侧的交叉点作直线，在直线上第三个圆和第四个圆右侧的交叉点作起点，测量出$0.4R$的距离为圆心，以$0.4R$为半径做第八个圆。

5. 分别以纵坐标13与横坐标13的交点为圆心，以纵坐标8与横坐标29的交点为圆心，以R为半径画圆弧；分别以纵坐标16.5与横坐标16.5的交点为圆心，以纵坐标4.5与横坐标25.5的交点为圆心，以$0.5R$为半径画圆弧。

6. 根据上述所作的圆形和弧形进行直线和弧线联结，绘制出QS标志图形。

关于印发《压力锅产品生产许可实施细则》的通知

（国质检食监〔2007〕519号）

各省、自治区、直辖市质量技术监督局：

为落实《国务院关于进一步加强食品安全工作的决定》（国发〔2004〕23号）和《国务院办公厅关于印发2006年全国食品安全专项整治行动方案的通知》（国办发〔2006〕24号）精神，实施食品相关产品的市场准入制度，根据《中华人民共和国食品卫生法》、《中华人民共和国工业产品生产许可证管理条例》和《中华人民共和国工业产品生产许可证管理条例实施办法》的规定，国家质检总局组织修订了《压力锅产品生产许可实施细则》。现印发给你们，请自印发之日起执行。原全国工业产品生产许可证办公室2001年11月5日批准的《压力锅产品生产许可证换（发）证实施细则》（全许办〔2001〕32号）同时废止。

国家质量监督检验检疫总局

二○○七年十一月八日

压力锅产品生产许可实施细则

目　　录

压力锅产品生产许可实施细则

1 总则

1.1 为了做好压力锅产品生产许可管理工作，根据《中华人民共和国产品质量法》、《中华人民共和国行政许可法》、《中华人民共和国食品卫生法》、《中华人民共和国工业产品生产许可证管理条例》、《中华人民共和国工业产品生产许可证管理条例实施办法》等法律法规的规定，制定本实施细则。

1.2 在中华人民共和国境内生产、销售或者在经营活动中使用列入生产许可管理的压力锅产品，适用本实施细则。

任何企业未取得生产许可证不得生产列入生产许可管理的压力锅产品，任何单位和个人不得销售或者在经营活动中使用未取得生产许可证的列入生产许可管理的压力锅产品。

1.3 本实施细则适用于压力锅产品范围包括公称工作压力在 50 kPa～120 kPa，容积不大于 18 L 各种规格型号的不锈钢压力锅产品、铝及铝合金压力锅产品。

实施市场准入制度管理的压力锅产品包括 2 个产品单元（详见表 1），增补品种时将另行发布目录。

表 1 第一批实施市场准入制度管理的压力锅产品目录

产品分类	产品单元	产品规格
压力锅	不锈钢压力锅	最小规格～20 cm 22 cm～24 cm 26 cm～28 cm 30 cm～最大规格
	铝压力锅	最小规格～20 cm 22 cm～24 cm 26 cm～28 cm 30 cm～最大规格

2 工作机构

2.1 国家质量监督检验检疫总局（以下简称国家质检总局）统一管理压力锅产品的生产许可工作。

2.2 全国工业产品生产许可证审查中心（以下简称审查中心）是国家质检总局压力

锅产品生产许可管理工作的办事机构。

2.3 国家质检总局指定的压力锅产品生产许可审查机构为国家日用金属制品质量监督检验中心(沈阳),审查机构的职责包括:负责组织或配合组织起草压力锅产品生产许可实施细则;跟踪产品国家标准、行业标准以及技术要求的变化,及时提出修订、补充产品实施细则的意见和建议;组织培训生产许可审查员;组织对生产企业的宣传和培训;汇总审查上报材料等工作。

压力锅产品生产许可审查机构

国家日用金属制品质量监督检验中心(沈阳)

地　　址:辽宁省沈阳市皇姑区宁山东路7号

邮政编码:110032

联 系 人:毕智涛

联系电话:024-86226336

传真电话:024-86226336

2.4 国家质检总局指定的检验机构负责压力锅产品生产许可发证检验、与企业的检验能力比对工作。

压力锅产品生产许可检验机构

国家日用金属制品质量监督检验中心(沈阳)

地　　址:辽宁省沈阳市皇姑区宁山东路7号

邮政编码:110032

联 系 人:李阳

联系电话:024-86222627

传真电话:024-86222627

国家日用金属制品质量监督检验中心(成都)

地　　址:四川省成都市东门街2号

邮政编码:610031

联 系 人:李永全

联系电话:028-86690226

传真电话:028-86690226

2.5 各省、自治区、直辖市质量技术监督局(以下简称省级质量技术监督局)负责本行政区域内压力锅产品生产企业生产许可申请的受理。

2.6 县级以上质量技术监督局负责本行政区域内压力锅产品生产许可的监督检查工作。

3　生产许可程序

3.1　申请和受理

3.1.1　申请生产压力锅产品的企业应当具备以下条件:

3.1.1.1 有营业执照。营业执照的经营范围应当覆盖所申请生产或加工的产品；

3.1.1.2 有与所申请生产的产品相适应的专业技术人员；

3.1.1.3 有与所申请生产的产品相适应的生产条件和检验手段；

3.1.1.4 有与所申请生产的产品相适应的技术文件和工艺文件；

3.1.1.5 具有健全有效的企业质量管理制度和产品质量责任制度；

3.1.1.6 产品质量符合国家标准、行业标准以及保障人体健康和人身、财产安全的要求；

3.1.1.7 法律、行政法规有其他规定的，还应当符合其规定。

3.1.2 企业申请办理生产许可证，应当向其所在地省级质量技术监督局食品处提交以下申请材料（除特别规定外，均为一式三份，省级质量技术监督局存一份，审查机构存一份，审查中心存一份）：

3.1.2.1 《食品用包装、容器、工具等制品生产许可申请书》；

3.1.2.2 营业执照复印件（企业申请时需携带原件）；

3.1.2.3 企业生产使用的原辅材料符合国家法律法规及强制性标准规定、安全卫生要求的《企业自我声明》；

3.1.2.4 企业生产管理制度清单；

3.1.2.5 产品使用说明书或产品标签；

产品使用说明书或产品标签的内容应包括产品使用方法、使用注意事项、用途、产品使用环境、使用温度、使用的原辅材料类型等文字、图示及警示内容；

3.1.2.6 产品型式检验报告（也可在企业实地核查时提交）；

3.1.2.7 法律法规规定需要提交的其他材料。

3.1.3 申请受理

3.1.3.1 省级质量技术监督局收到企业申请后，对申请材料的完整性和真实性进行审查。经审查，申请材料符合要求的，应当受理申请，并自收到申请材料之日起5日内向企业发出《行政许可申请受理决定书》；申请材料不符合要求且可通过补正达到要求的，应当一次性告知企业需要补正的内容，并于当场或者在5日内向企业发出《行政许可申请材料补正告知书》。逾期未告知企业的，视为受理申请。

对申请材料不符合《行政许可法》和《工业产品生产许可证管理条例》要求的，不予受理申请，并应当自收到申请或补正申请材料之日起5日内向企业发出《行政许可申请不予受理决定书》。

3.1.3.2 省级质量技术监督局受理申请后，应当自收到申请材料之日起5日内将全部申请材料寄（送）审查机构。

3.2 试生产

3.2.1 申请企业自收到《行政许可申请受理决定书》之日起，可以对申请取证的产品组织小批量试生产。

3.2.2 企业试生产的产品，必须经国家质检总局指定的检验机构依据相应的产品审查细则的规定批批检验。检验合格的，应当在包装或者说明书上标明“试制品”后，方可销售。

3.2.3 国家质检总局作出不予行政许可决定的，企业应当自收到《不予行政许可决定书》之日起停止试生产。

3.3 实地核查

3.3.1 审查机构应当于收到省级质量技术监督局寄（送）的企业申请材料之日起15日内，制定企业实地核查计划，组织审查组对企业进行实地核查。

3.3.2 审查组一般由2至4名审查员组成，且不得全部来自同一单位。其中，必须包括熟悉相关产品生产、检验的专业人员。省级质量监督局派一名观察员参与审查工作。

审查机构应当填写《企业实地核查通知书》，在实地核查5日前通知企业。企业应当配合审查人员的工作。

3.3.3 审查组应当按照《压力锅产品生产许可企业实地核查办法》（见4.3）进行实地核查，并如实填写《企业实地核查记录》，企业负责人应当在《企业实地核查记录》上签字认可。企业实地核查时间一般为1～3天，审查组对实地核查结果负责，并实行组长负责制。

3.3.4 审查组应当在完成实地核查工作后3日内向审查机构提交《企业实地核查报告》。

3.3.5 审查机构应当自受理企业申请之日起30日内，完成对企业的实地核查和抽封样品工作，并向企业发出《企业实地核查结果通知书》，同时告知省级质量技术监督局。

3.3.6 企业实地核查不合格的判为企业审查不合格，不再进行产品抽样检验，审查工作终止。由审查机构书面上报国家质检总局，并由国家质检总局向企业发出《不予行政许可决定书》。

3.3.7 审查机构应当自省级质量技术监督局食品生产监管部门受理企业申请之日起30日内，完成对企业实地核查和抽封样品。

3.3.8 对于省级质量技术监督局已经受理申请的企业，应当积极配合实地核查工作，如无正当理由拒绝实地核查的，按企业审查不合格处理。

3.4 产品抽样与检验

3.4.1 企业实地核查合格的，审查组应当根据《压力锅产品生产许可抽样方法》（见4.4.1）抽封样品，填写《生产许可发证检验抽样单》一式四份，告知企业所有承担产品检验任务的检验机构名单和联系方式，由企业自主选择，并告知企业在封存样品之日起7日内送（寄）达检验机构进行检验。

3.4.2 检验机构应当在收到企业样品之日起30个工作日内完成检验工作，并出具《检验报告》一式三份（审查机构、企业、审查中心各一份）。产品检验时间不计入本实施细则规定的期限。

3.4.3 企业应当积极配合产品抽封样品和检验工作，如无正当理由拒绝产品抽封样品和检验的，按企业审查不合格处理。

3.4.4 企业产品检验不合格的，判为企业审查不合格，由审查机构书面上报国家质检总局，并由国家质检总局向企业发出《不予行政许可决定书》。

3.5 审定和发证

3.5.1 审查机构应当按照有关规定对企业的申请书及申请材料、营业执照、《企业实地核查记录》、《企业实地核查报告》和《检验报告》等材料进行汇总和审核。

3.5.2 审查机构根据每家企业所有上报材料的复核结果填写《审查意见书》。

3.5.3 审查机构将同批企业材料汇总复核的结果填写《审查报告书》。审查机构应当自受理申请之日起40个工作日(不包括产品检验时间)内将《审查报告书》、《审查意见书》、《食品用包装、容器、工具等制品生产许可申请书》、《企业实地核查报告》、《检验报告》原件及营业执照复印件各一份报送审查中心。

审查机构应当将企业的申请书及申请材料、《企业实地核查记录》、《企业实地核查报告》和《检验报告》等原始材料存档备查，保存期限为3年。

3.5.4 审查中心自受理申请之日起50个工作日(不包括产品检验时间)内完成对上报材料的审查，报国家质检总局审批。

3.5.5 国家质检总局应当自受理申请之日起60个工作日(不包括产品检验时间)内作出是否准予生产的决定，准予生产的，应当自作出准予生产的决定之日起10个工作日内向企业发放《生产许可证书》正、副本；不准予生产的，应当自作出不准予生产决定之日起10个工作日内向企业发出《不予行政许可决定书》。

3.5.6 国家质检总局统一以公告、网络(http://www.aqsiq.gov.cn)方式向社会公布获证企业名录。

4 审查要求

4.1 基本生产流程和关键工艺控制

4.1.1 压力锅基本生产流程

申证企业应制定生产流程，并制订相应的程序文件。

不锈钢压力锅生产流程(例如：旋合式压力锅)：

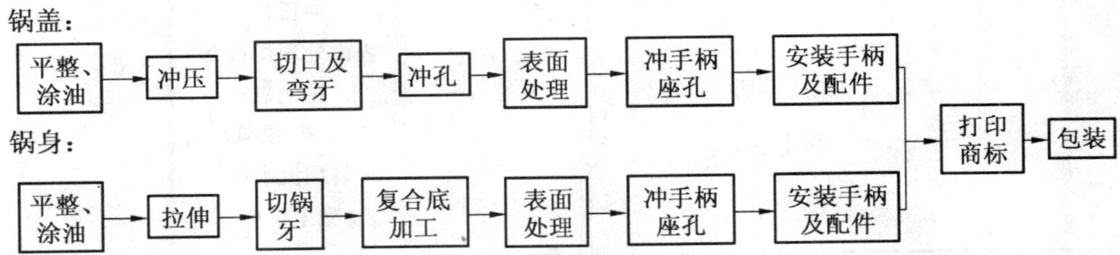

铝压力锅生产流程(例旋合式压力锅):

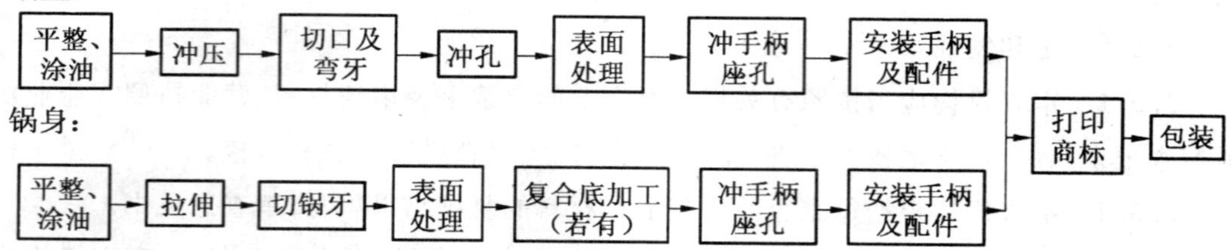

4.1.2 压力锅关键工艺控制

企业应对以下关键工艺制定控制程序,对关键工艺实施严格监控,并建立可追溯性记录。

(1) 锅身拉伸的过程控制;

(2) 锅盖弯牙的过程控制;

(3) 表面处理工艺参数的控制;

(4) 复合底加工工艺参数的控制;

(5) 结构配件安装工艺过程控制。

4.2 企业必备的生产设备和检测设备

4.2.1 企业必备的生产设备

压力锅产品生产企业必备的生产设备见表2。

表2 压力锅产品必备的生产设备

序号	产品单元	必备生产设备
1	不锈钢压力锅	拉伸机 冲压机 复合底加工设备 抛光机 工装、模具 装配流水线 除尘设施
2	铝压力锅	拉伸机 冲压机 表面处理用设备 抛光机 工装、模具 装配流水线 除尘设施

4.2.2 企业必备的检测设备

压力锅产品生产企业必备的检验设备见表3。

表 3　压力锅产品生产企业必备的检验设备

序　号	产品单元	检验设备	
1	不锈钢压力锅	进货检验	1. 天平　0.1 mg～200 g　1/10 000 2. 玻璃温度计　0℃～200℃　±1℃ 3. 水浴锅　37℃～100℃　±2.5℃ 4. 恒温干燥箱　0℃～300℃　±1℃
		生产过程检验	压力锅智能密封性测试仪 20 kPa～200 kPa　±2 kPa
		出厂检验	1. 压力表　0 MPa～0.1 MPa、0 MPa～0.16 MPa　0.4 级 0 MPa～0.6 MPa、0 MPa～1 MPa　1.5 级 2. 试压泵 SB200 或类似型号 3. 电炉　1.5 kW，2 kW，2.5 kW　±5% 4. 热电偶温度计　1.5℃ 5. 衡器　1/3 000 6. 天平　1/5 g 7. 扭力扳手　30 N·m 8. 管形测力计　KL-20 9. 粗糙度样板 10. 游标卡尺、秒表、防护罩、砝码等及带排气阀门的专用接头若干
2	铝压力锅	进货检验	1. 天平　0.1 mg～200 g　1/10 000 2. 玻璃温度计　0℃～200℃　±1℃ 3. 水浴锅　37℃～100℃　±2.5℃ 4. 恒温干燥箱　0℃～300℃　±1℃
		生产过程检验	压力锅智能密封性测试仪　20 kPa～200 kPa　±2 kPa
		出厂检验	1. 压力表　0 MPa～0.1 MPa、0 MPa～0.16 MPa　0.4 级 0 MPa～0.6 MPa 、0 MPa～1 MPa　1.5 级 2. 试压泵 SB200 或类似型号 3. 电炉　1.5 kW，2 kW，2.5 kW　±5% 4. 涡流测厚仪(低限分辨率为 0.1 μm) 5. 热电偶温度计　1.5℃ 6. 衡器　1/3 000 7. 天平　1/5 g 8. 扭力扳手　30 N·m 9. 管形测力计　KL-20 10. 游标卡尺、专用量具、秒表、防护罩、砝码等及带排气阀门的专用接头若干

4.3 压力锅产品生产许可企业实地核查办法(见附件)。

4.4 压力锅产品生产许可检验规则

4.4.1 压力锅产品生产许可抽样方法

从生产企业成品库房中抽取样品，抽样基数和抽样数量见表4，密封圈应从同批次的压力锅中抽取。抽样利用随机数骰子的随机抽样的方法。

审查组抽样人员与被抽查企业陪同人员对被抽查的样品确认无误后，双方在抽样单上签字、盖章，并当场加贴封条，封条上应有抽样人员签名、抽样单位盖章和抽样日期。

将所抽样品中的3口压力锅，3只密封圈送检验机构检验，另3口压力锅留样备查(企业提供的破坏压力检验专用密封圈中3只送检，另3只留样备查)。内表面带聚四氟乙烯涂层的压力锅另行抽取3口送检。

表4 压力锅产品抽样基数和抽样数量

序号	产品单元	抽样基数	抽样数量
1	不锈钢压力锅	申请取证的最大规格的产品300口	随机抽取6口，密封圈3只 如需要，企业可提供破坏压力检验专用密封圈6只
2	铝压力锅	申请取证的最大规格的产品300口	随机抽取6口，密封圈3只 带涂层的产品另行抽取3口

4.4.2 检验项目及判定标准

4.4.2.1 压力锅检验项目

压力锅产品的发证检验和关键控制检验项目分别见表5和表6。

表5 不锈钢压力锅产品检验项目

序号	项目名称	发证检验	关键控制检验	标准值	备注
1	合盖安全性	√		锅身与锅盖扣合85%时锅内压力≤5 kPa	
2	工作压力	√		0.9～1.1倍公称工作压力	
3	密封性	√		20 kPa～工作压力区间内不应有滴水漏气现象	
4	安全压力	√		1.4～2倍最大公称工作压力	
5	耐热压	√		恒压1 min后符合密封性要求	
6	开盖安全性	√		>5 kPa时锅盖不能开启	
7	防堵安全性	√		10 min内≤1.25倍最大公称工作压力	
8	耐内压力	√		≥3倍最大公称工作压力时应不漏水，并符合密封性要求	

续表

<table>
<tr><th>序号</th><th colspan="4">项目名称</th><th>发证检验</th><th>关键控制检验</th><th>标准值</th><th>备注</th></tr>
<tr><td rowspan="2">9</td><td rowspan="2">泄压压力</td><td colspan="3">旋合式</td><td>√</td><td></td><td>大于 2～3.5 倍最大公称工作压力范围内(且≤350 kPa)时应能泄压,60 s 内使锅内压力＜20 kPa</td><td></td></tr>
<tr><td colspan="3">压盖式</td><td>√</td><td></td><td>大于安全压力～3.5 倍最大公称工作压力范围内应能泄压</td><td></td></tr>
<tr><td>10</td><td colspan="4">破坏压力</td><td>√</td><td></td><td>≥500 kPa</td><td></td></tr>
<tr><td rowspan="11">11</td><td rowspan="11">与食品接触安全要求</td><td rowspan="5">与食品接触部位</td><td rowspan="5">不锈钢</td><td>铅</td><td>√</td><td>√</td><td>≤1.0 mg/L</td><td></td></tr>
<tr><td>铬</td><td>√</td><td>√</td><td>≤0.5 mg/L</td><td></td></tr>
<tr><td>镍</td><td>√</td><td>√</td><td>≤3.0 mg/L</td><td></td></tr>
<tr><td>镉</td><td>√</td><td>√</td><td>≤0.02 mg/L</td><td></td></tr>
<tr><td>砷</td><td>√</td><td>√</td><td>≤0.04 mg/L</td><td></td></tr>
<tr><td rowspan="6">密封圈</td><td colspan="2">感官</td><td>√</td><td></td><td>浸泡液不应有着色,无异嗅、无异味</td><td></td></tr>
<tr><td rowspan="2">蒸发残渣</td><td>水浸泡液</td><td>√</td><td>√</td><td>≤50 mg/L</td><td></td></tr>
<tr><td>正己烷浸泡液</td><td>√</td><td>√</td><td>≤500 mg/L</td><td></td></tr>
<tr><td colspan="2">高锰酸钾消耗量</td><td>√</td><td>√</td><td>≤40 mg/L</td><td></td></tr>
<tr><td colspan="2">锌</td><td>√</td><td>√</td><td>≤100 mg/L</td><td></td></tr>
<tr><td colspan="2">重金属</td><td>√</td><td>√</td><td>≤1.0 mg/L</td><td></td></tr>
<tr><td>12</td><td colspan="4">复合底</td><td>√</td><td></td><td>底部不外凸,且内凹量≤0.6%</td><td></td></tr>
<tr><td>13</td><td colspan="4">使用说明书</td><td>√</td><td></td><td>应有使用方法、使用注意事项、用途、产品使用环境、使用温度、使用的原辅材料类型、装配注意事项、清洗方法及使用不当有可能造成伤害等文字、图示及警示内容</td><td></td></tr>
<tr><td>14</td><td colspan="4">压力锅与手接触部位</td><td>√</td><td></td><td>应光滑无毛刺</td><td></td></tr>
<tr><td>15</td><td colspan="4">组件</td><td>√</td><td></td><td>完整无缺,限压阀、安全阀和泄压结构不能互换,限压阀应注明商标和公称工作压力</td><td></td></tr>
<tr><td>16</td><td colspan="4">手柄</td><td>√</td><td></td><td>手柄耐温:177℃±1℃放置 1 h,不裂、无气泡
手柄数量:锅身 2 个、锅盖至少 1 个
手柄温升:塑料＜45 K、金属＜35 K
手柄连接应牢固;操作时手不能碰到紧固螺钉;无松动变形</td><td></td></tr>
</table>

续表

序号	项目名称		发证检验	关键控制检验	标准值	备注
17	塑料件耐煮性		√		无裂纹、气泡、气孔、变色和明显刺激性气味	
18	密封圈	耐酸性	√	√	体积膨胀≤25%,或皱缩≤1%	
		耐油性	√	√	质量增加≤20%	
19	标志		√		产品上应有永久性的标志:商标、产品标记、制造年月、企业名称;密封圈上应有制造商的商标(或厂名)和规格	
20	抛光		√		光亮一致,Ra≤0.8 μm	
21	钢制件处理		√		耐腐蚀等级≥4 级	
22	容积		√		容积≥95%	
23	不锈钢材质	碳		√	≤0.15%	
		硅		√	≤1.00%	
		锰		√	≤2.00%	
		磷		√	≤0.045%	
		硫		√	≤0.030%	
		镍		√	8.00%~10.50%	
		铬		√	17.00%~20.00%	

表 6　铝压力锅产品检验项目

序号	项目名称	发证检验	关键控制检验	标准值	备注
1	合盖安全性	√		锅身与锅盖扣合 85% 时锅内压力≤5 kPa	
2	工作压力	√		0.9~1.1 倍公称工作压力	
3	密封性	√		20 kPa~工作压力区间内不应有滴水漏气现象	
4	安全压力	√		1.4~2 倍最大公称工作压力	
5	耐热压	√		恒压 1 min 后符合密封性要求	
6	开盖安全性	√		>5kPa 时锅盖不能开启	
7	防堵安全性	√		10 min 内≤1.25 倍最大公称工作压力	

续表

序号	项目名称					发证检验	关键控制检验	标准值	备注
8	耐内压力					√		≥3倍最大公称工作压力时应不漏水，并符合密封性要求	
9	泄压压力	旋合式				√		大于2～3.5倍最大公称工作压力范围内时应能泄压，60s内使锅内压力<20 kPa	
		压盖式				√		1.4～3.5倍最大公称工作压力范围内应能泄压，使锅内压力保持≤3.5倍最大公称工作压力	
10	与食品接触安全要求	与食品接触部位	铝及铝合金	感官		√		浸泡液应无色、无异味	
				锌		√	√	≤1 mg/L	
				铅		√	√	≤0.2 mg/L	
				镉		√	√	≤0.02 mg/L	
				砷		√	√	≤0.04 mg/L	
			聚四氟乙烯涂层	感官		√		浸泡液应无色、无异嗅，涂膜无脱落现象	
				蒸发残渣	蒸馏水	√	√	≤30 mg/L	
					正己烷	√	√	≤30 mg/L	
					4%乙酸	√	√	≤60 mg/L	
				高锰酸钾消耗量		√	√	≤10 mg/L	
				铬		√	√	≤0.01 mg/L	
				氟		√	√	≤0.2 mg/L	
		密封圈	感官			√		浸泡液不应有着色，无异嗅、无异味	
			蒸发残渣	水浸泡液		√	√	≤50 mg/L	
				正己烷浸泡液		√	√	≤500 mg/L	
			高锰酸钾消耗量			√	√	≤40 mg/L	
			锌			√	√	≤100 mg/L	
			重金属			√	√	≤1.0 mg/L	

续表

<table>
<tr><th>序号</th><th colspan="3">项目名称</th><th>发证检验</th><th>关键控制检验</th><th>标准值</th><th>备注</th></tr>
<tr><td>11</td><td colspan="3">破坏压力</td><td>√</td><td></td><td>≥6 倍最大公称工作压力，且不得<500 kPa</td><td></td></tr>
<tr><td>12</td><td colspan="3">使用说明书</td><td>√</td><td></td><td>应有使用方法、使用注意事项、用途、产品使用环境、使用温度、使用的原辅材料类型、装配注意事项、清洗方法及使用不当有可能造成伤害等文字、图示及警示内容</td><td></td></tr>
<tr><td>13</td><td colspan="3">手柄结构</td><td>√</td><td></td><td>操作时手不应碰到紧固螺钉</td><td></td></tr>
<tr><td rowspan="3">14</td><td rowspan="3">氧化膜抛光</td><td rowspan="2">氧化膜</td><td>常规氧化膜</td><td>√</td><td></td><td>耐腐蚀性≥30 s，锅内壁膜厚≥5 μm，锅外壁膜厚≥7 μm</td><td></td></tr>
<tr><td>硬质氧化膜</td><td>√</td><td></td><td>耐腐蚀性≥60 s，膜厚≥30 μm，膜硬度≥350 HV</td><td></td></tr>
<tr><td colspan="2">抛光</td><td>√</td><td></td><td>光亮一致，Ra≤0.4 μm</td><td></td></tr>
<tr><td>15</td><td colspan="3">手柄耐温</td><td>√</td><td></td><td>177℃±1℃放置 1 h，不裂、无气泡</td><td></td></tr>
<tr><td>16</td><td colspan="3">手柄连接牢固性</td><td>√</td><td></td><td>应无松动、变形</td><td></td></tr>
<tr><td rowspan="2">17</td><td colspan="2" rowspan="2">手柄温升</td><td>塑料</td><td>√</td><td></td><td><45 K</td><td rowspan="2"></td></tr>
<tr><td>金属</td><td>√</td><td></td><td><35 K</td></tr>
<tr><td>18</td><td colspan="3">塑料件耐煮性</td><td>√</td><td></td><td>无裂纹、气泡、气孔、变色和明显刺激性气味</td><td></td></tr>
<tr><td rowspan="2">19</td><td colspan="2" rowspan="2">密封圈</td><td>耐酸性</td><td>√</td><td>√</td><td>体积膨胀≤25%，或皱缩≤1%</td><td rowspan="2"></td></tr>
<tr><td>耐油性</td><td>√</td><td>√</td><td>质量增加≤20%</td></tr>
<tr><td>20</td><td colspan="3">标志</td><td>√</td><td></td><td>产品上应有永久性的标志：产品标记、制造年月、企业名称；密封圈上应有制造商的名称</td><td></td></tr>
<tr><td>21</td><td colspan="3">外观</td><td>√</td><td></td><td>与手接触部位无毛刺，表面色泽均匀</td><td></td></tr>
<tr><td>22</td><td colspan="3">组件</td><td>√</td><td></td><td>完整无缺，限压阀、安全阀和泄压结构不能互换；限压阀应注明公称工作压力</td><td></td></tr>
<tr><td>23</td><td colspan="3">容积</td><td>√</td><td></td><td>容积≥95%</td><td></td></tr>
<tr><td>24</td><td colspan="3">钢制件处理</td><td>√</td><td></td><td>有防腐处理</td><td></td></tr>
</table>

4.4.2.2 判定标准

a）单项判定

与食品接触安全要求：若与食品接触安全要求有一项不合格时，判定为样品的安全要求不合格；

性能要求:性能要求的单项判定标准见表7和表8规定。

b) 综合判定

全部单项判定均合格时,判定该批产品合格;否则判定该批产品不合格。

表7 不锈钢压力锅产品检验项目样本大小和判定数组

序号	检验项目		样本大小	判定数组[Ac	Re]
1	合盖安全性		$n_1=n_2=3$	0 1	2 2
2	工作压力			0 1	2 2
3	密封性			0 1	2 2
4	安全压力			0 1	2 2
5	耐热压			0 1	2 2
6	开盖安全性			0 1	2 2
7	防堵安全性			0 1	2 2
8	耐内压力			0 1	2 2
9	泄压压力			0 1	2 2
10	破坏压力			0 1	2 2
11	复合底			0 1	2 2
12	使用说明书			0 1	2 2
13	压力锅与手接触部位			0 3	3 4
14	组件			0 3	3 4
15	手柄			0 3	3 4
16	塑料件耐煮性			0 3	3 4
17	密封圈	耐酸性		0 3	3 4
		耐油性		0 3	3 4
18	标志			1 4	3 5
19	抛光			1 4	3 5
20	钢制件处理			1 4	3 5
21	容积			1 4	3 5
22	不锈钢材质		$n=1$	0	1
23	与食品接触安全要求		$n=3$	0	1

表 8　铝压力锅产品检验项目样本大小和判定数组

序号	检验项目		样本大小	判定数组[Ac	Re]
1	合盖安全性		$n_1=n_2=3$	0 1	2 2
2	工作压力			0 1	2 2
3	密封性			0 1	2 2
4	安全压力			0 1	2 2
5	耐热压			0 1	2 2
6	开盖安全性			0 1	2 2
7	防堵安全性			0 1	2 2
8	耐内压力			0 1	2 2
9	泄压压力			0 1	2 2
10	破坏压力			0 1	2 2
11	使用说明书			0 1	2 2
12	手柄结构			0 3	3 4
13	氧化膜抛光	氧化膜		0 3	3 4
		抛光		0 3	3 4
14	手柄连接牢固性			0 3	3 4
15	手柄温升			0 3	3 4
16	塑料件耐煮性			0 3	3 4
17	密封圈	耐酸性		0 3	3 4
		耐油性		0 3	3 4
18	标志			1 4	3 5
19	外观			1 4	3 5
20	组件			1 4	3 5
21	容积			1 4	3 5
22	钢制件处理			1 4	3 5
23	与食品接触安全要求		$n=3$	0	1

5 生产许可证书

5.1 《生产许可证书》分为正本和副本，正本和副本具有同等法律效力。《生产许可证书》由国家质检总局统一印制。

5.2 《生产许可证书》应当载明企业名称、住所、生产地址、产品名称、证书编号、发证日期、有效期。其中，生产许可证副本中载明产品明细，包括产品单元和产品规格。

5.3 《生产许可证书》有效期为3年。有效期届满，企业继续生产的，应当在《生产许可证书》有效期届满6个月前向所在地省级质量技术监督局重新提出生产许可申请。重新申请办理生产许可的，其申请、审批程序按照本实施细则的有关规定执行。

5.4 在《生产许可证书》有效期内，企业拟增加产品单元、产品规格，拟增加部分的产品的生产许可按照本实施细则的有关规定执行。符合条件的，换发《生产许可证书》，但有效期不变。

5.5 在《生产许可证书》有效期内，国家有关法律法规、产品标准及技术要求发生较大改变的，由国家质检总局根据情况，另文公布实地核查补充要求、产品质量检验以及证书变更要求等规定。

5.6 在《生产许可证书》有效期内，企业生产条件、检验手段、生产技术或者工艺发生较大变化的(包括生产地址迁移、生产线重大技术改造等)，企业应当按照本实施细则的有关规定，重新申请生产许可。

5.7 企业名称、住所、生产地址名称发生变化而企业生产条件、检验手段、生产技术或者工艺未发生变化的，企业《生产许可证书》遗失或者毁损的，企业应当在变更名称、遗失或者毁损后1个月内向所在地省级质量技术监督局提出变更或补领证书申请。

5.7.1 申请变更或补领证书的企业，应当填写《食品用包装、容器、工具等制品变更生产许可证申请书》或《食品用包装、容器、工具等制品补领生产许可证申请书》。申请变更证书的企业，应当向省级质量技术监督局提交变更前、后的营业执照复印件、当地工商行政管理、公安等相关部门出具的更名证明、生产许可证正本、副本原件。申请补领证书的企业，应当向省级质量技术监督局提交企业在省级以上主要报纸上刊登的遗失声明和营业执照复印件。

5.7.2 省级质量技术监督局收到企业申请后，应当按照本实施细则3.1.3.1的规定执行。

5.7.3 省级质量技术监督局根据对企业变更或补领证书申请材料的审查结果填写《变更(补领)生产许可证审查意见书》，并在受理企业申请之日起5日内将企业申请材料和《变更(补领)生产许可证审查意见书》上报审查中心，并抄报相关产品审查机构。

5.7.4 审查中心自收到企业变更或补领证书申请材料之日起10日内提出复核意见报国家质检总局审批。符合规定的，国家质检总局在收到材料之日起10日内准予变更或补领，颁发新的《生产许可证书》，有效期不变。不符合规定的，由国家质检总局向企业发出《不予变更(补领)生产许可证通知书》告知企业，并说明理由。

5.8 《生产许可证书》的注销

企业在《生产许可证书》有效期内，不再从事该产品生产的，应当按规定到所在地省级质量技术监督局办理注销手续。省级质量技术监督局应当收回企业《生产许可证书》正、副本，以书面形式报审查中心备案，并抄报审查机构。

国家质检总局统一向社会公布注销企业名录。

6　生产许可标志和编号

6.1　生产许可标志由“质量安全”英文(Quality Safety)字头(QS)和“质量安全”中文字样组成。标志主色调为蓝色，字母“Q”与“质量安全”四个中文字样为蓝色，字母“S”为白色。

QS标志由企业自行加印。QS标志可以按照规定放大或者缩小。

6.2　生产许可证编号由英文字母QS和12位阿拉伯数字组成：QS ××-×××××-×××××。QS表示生产许可，12位阿拉伯数字的前2位为受理省局编号，中间5位为产品编号，后5位为企业序号。

6.3　取得生产许可证的企业，应当自许可之日起6个月内，完成在其产品或者包装、说明书上标注生产许可标志和编号。

生产许可证编号由企业自行加印(贴)在产品外包装、说明书或产品上。

6.4　对注销生产许可证证书的企业，其编号在规定期限内不得再次使用。

7　集团公司的生产许可

7.1　集团公司及其所属子公司、分公司或者生产基地(简称所属单位)具有法人资格的，可以单独申请办理生产许可证；不具有法人资格的，不能以所属单位名义单独办理生产许可证。

7.2　各所属单位无论是否具有法人资格，均可以与集团公司一起提出办理生产许可申请。

7.3　集团公司与所属单位一起申请办理生产许可证时，应当向集团公司所在地省级质量技术监督局提出申请。企业审查和审批程序按照本实施细则的规定执行。

7.4　集团公司取得《生产许可证书》后，新增所属单位申请生产许可且需要与集团公司一起办理生产许可证的，新增所属单位按本实施细则的规定审查合格后，将集团公司原《生产许可证书》收回，换发新的《生产许可证书》，生产许可有效期不变。

7.5　具有法人资格的集团公司所属单位单独办理生产许可证的，其产品外包装、说明书或产品上应当标注所属单位的名称、住所和生产许可证编号。

7.6　所属单位和集团公司一起办理生产许可证的，应当在其产品外包装、说明书或产品上分别标注集团公司和所属单位的名称、住所，以及集团公司的生产许可证编号，或者仅标注集团公司的名称、住所和生产许可证编号。

7.7　其他经济联合体及所属单位申请办理生产许可证的，参照集团公司办理。

7.8　任何单位和个人不得伪造、变造《生产许可证书》、标志和编号；不得出租、出借或者以其他形式转让《生产许可证书》和标志。

8 监督检查

8.1 企业获得《生产许可证书》后，应当保证产品质量稳定合格；应当严格按照产品国家标准、行业标准的规定，对产品进行出厂检验。产品未经出厂检验或者出厂检验不合格的，不得出厂销售。

8.2 企业获得《生产许可证书》后，应当对实施细则中规定的关键控制检验项目进行检验。企业具备关键控制检验项目检验能力的，定期自行检验，并每年与国家质检总局指定的检验机构进行检验比对1次，检验机构应当向企业出具《检验比对报告》；企业不具备关键控制检验项目检验能力的，应当每3个月送有相应资质的检验机构检验1次，检验机构应当向企业出具《检验报告》。

8.3 企业自获证之日起，每年度应当向省级质量技术监督局提交企业自查报告。报告应当包括以下内容：

8.3.1 获证产品生产以及生产条件的保持情况；

8.3.2 获证产品出厂检验检验记录、关键控制检验项目检验记录以及检验比对情况（应同时提交出厂检验报告、关键控制检验项目检验报告和检验比对报告）；

8.3.3 《生产许可证书》、标志和编号使用情况；

8.3.4 国家监督抽查或省级质量技术监督局对产品质量监督检查的情况；

8.3.5 其他相关情况。

获证未满一年的企业，可以下一年度提交自查报告。

8.4 省级质量技术监督局应当对企业自查报告和相关检验记录进行审核。经审核符合要求的，应当在企业《生产许可证书》副本中签署年审合格意见。未提交自查报告或提交的自查报告不符合要求的，应当责令企业在2个月内改正。逾期未改正或改正后仍不符合要求的，按规定进行处罚。省级质量技术监督局应当撤回企业《生产许可证书》正、副本，以书面形式报审查中心备案，并抄报审查机构。

国家质检总局统一向社会公布撤回《生产许可证书》企业名录。

8.5 省级质量技术监督局对企业的自查报告抽查并进行实地核查时，被抽查的企业数量应当控制在获证企业总数的10%以内。

8.6 企业在抽查、监督检查或其质量有被投诉时，如果产品检验有不合格项目，在以上情形发生后的本年度内，企业必须到有资质的省级或省级以上或国家质检总局指定的检验机构进行至少3次连续检验，且应检验合格。检验项目限于不合格项目。

9 违法处理

获证企业在生产过程中，应当严格按照法律、法规及产品实施细则的规定组织生产，质量技术监督部门在执法中发现企业存在违法违规生产的行为，将依据有关的法律法规规定进行处理。

10 收费

10.1 根据《中华人民共和国工业产品生产许可证管理条例》以及财政、价格部门的有关规定，企业申请生产许可证应向有关部门缴纳费用。

10.2 生产许可收费包括审查费和产品检验费。

10.3 审查费：每个企业 2 200 元，同一次审查时每增加一个申证单元加收审查费 440 元。审查费由企业在申请时向省级质量技术监督局交付。

10.4 费用的收取方式按财政部、国家计委财综[2002]19 号文《财政部、国家计委关于调整工业产品生产许可证审查费等收费项目归属部门等问题的通知》精神执行。

10.5 产品检验费：由企业按国家有关规定标准向检验机构交付。

10.6 所属单位与集团公司一起申请办理生产许可证的，经审查的所属单位以及集团公司应当分别缴纳审查费和产品检验费。

10.7 国务院物价管理部门出台新的收费办法或调整收费标准时，按物价管理部门的文件执行。

11 工作人员守则

11.1 坚决贯彻执行国家的方针政策，服务经济建设大局。

11.2 依法行政，严格执行法律、法规和规章制度。

11.3 爱岗敬业，有强烈的事业心、责任感。

11.4 恪尽职守，有计划、有部署，有检查、有落实，严格执行请示汇报制度。

11.5 认真学习、努力实践，不断提高写作能力、语言表达能力和专业技术能力等业务素质。

11.6 廉洁正直，不以权谋私、假公济私、贪赃枉法；不刁难企业、妨碍企业的正常经营；不借办事之机，吃、拿、卡、要、报。

11.7 精神饱满、热情服务、谦虚谨慎、文明待人，不推诿、扯皮、拖沓、应付，树立生产许可证工作人员良好的形象。

11.8 严格遵守职业道德，保守秘密。

12 对许可工作的监督

从事企业实地核查的审查员、从事生产许可产品检验的检验机构及其工作人员、质量技术监督部门及其工作人员未依法开展工作，或向企业索贿受贿、刁难企业的，任何单位和个人有权向质量技术监督部门投诉，或向司法机关举报。

13 附则

13.1 本通则下列术语的含义：

13.1.1 压力锅：利用密封等措施使锅内产生压力从而提高温度，使食物在相对高的压力、温度下烹调，从而缩短了烹调食物时间的烹调器具。

13.1.2 关键控制检验项目：指本实施细则中具体规定的，企业取得生产许可证后在每年的监督检查中应监控的检验项目。

13.2 本实施细则规定的期限以工作日计算，不含法定节假日。

13.3 本实施细则由国家质量监督检验检疫总局食品生产监管司解释。

13.4 国质检食监[2006]334 号文批准的《食品用包装、容器、工具等制品生产许可通则》不再适用于压力锅产品，文书格式除外。

附件

压力锅产品生产许可企业实地核查办法

企　业　名　称：______________________

企业生产地址：______________________

产品单元名称：______________________

产　品　规　格：______________________

实地核查结论的判定原则

1 本办法适用于对压力锅产品生产加工企业生产许可实地核查。

2 本办法分为：质量安全管理职责、企业环境与场所要求、生产资源提供、采购质量控制、生产过程控制、产品质量检验、生产安全防护7个部分，共7章26条46个核查内容。分为否决项目和非否决项目。

2.1 非否决项结论为“合格”、“一般不合格”、“严重不合格”三种。其中“一般不合格”是指企业出现的不合格是偶然的、孤立的现象，是性质一般的问题；“严重不合格”是指企业出现了区域性或系统性的不合格，或是性质严重的不合格。

2.2 否决项目结论分“合格”和“不合格”两种，在46个核查内容中，生产设施(2.3)、设备工装(3.1.1)、检验设备(3.2.1)、原辅材料采购(4.1.2)、工艺管理(5.1.2)、包装标识(5.4)、出厂检验(6.2)安全生产(7.1.2)共8个为否决项，在表中加“*”表示。

3 本办法确定核查结论依据以下原则：

3.1 合格(具备以下二种情况之一为合格)：

3.1.1 无不合格项；

3.1.2 一般不合格项不多于8个，无严重不合格项，无否决项；

3.2 不合格(具备以下三种情况之一为不合格)：

3.2.1 否决项为1个及以上；

3.2.2 严重不合格项为1个及以上；

3.2.3 一般不合格项为9个及以上。

1. 质量安全管理职责

序号	核查项目	核查内容	核查要点	结论
1.1	组织领导	企业领导中应有人负责质量安全工作。企业领导应当对可能影响产品质量安全的潜在紧急情况及事故制定应急措施。	1 是否指定领导中一人负责质量安全工作。 2 其职责和权利是否明确。 3 企业领导是否制定了对可能影响产品质量安全的潜在紧急情况和事故的应急措施。	□ 合格 □ 一般不合格 □ 严重不合格
1.2	管理职责	企业应制定质量安全管理制度，规定各有关部门、人员的质量职责、权限和相互关系，特别是检验部门和人员的职责权限。	1 是否制定了质量安全管理制度。 2 是否规定了产品质量有关的部门、人员的质量职责、权限和相互关系。 3 是否规定了检验部门和人员的职责权限。	□ 合格 □ 一般不合格 □ 严重不合格
1.3	有效实施	在企业制定的规章管理制度中应有相应的考核办法并严格实施。	1 是否规定了质量考核办法。 2 是否已开展有效实施并记录。	□ 合格 □ 一般不合格 □ 严重不合格

2. 企业环境与场所要求

序号	核查项目	核查内容	核查要点	结论
2.1	环境要求	1 保持厂区内外环境整洁，厂区的地面、路面及运输等不应对产品的生产造成污染。应与有毒有害源保持一定距离。	1 厂区是否有整洁的生产环境，地面、路面及运输等是否未对产品的生产造成污染。 2 是否与有毒有害源保持一定距离。	□ 合格 □ 一般不合格 □ 严重不合格
		2 厂房应按生产工艺流程及需求进行合理布局。同一厂房内以及相邻厂房间的生产操作不得相互妨碍。	1 厂房是否按生产工艺流程及需求进行了合理布置。 2 同一厂房内以及相邻厂房间的生产是否相互妨碍。	□ 合格 □ 一般不合格 □ 严重不合格
2.2	车间要求	生产区和储存区应有与生产规模相适应的面积和空间。	生产区和储存区是否有与生产规模相适应的面积和空间用以安置设备、物料，便于生产操作，存放物料、中间产品、待验品和成品。	□ 合格 □ 一般不合格 □ 严重不合格

续表

序号	核查项目	核查内容	核查要点	结论
*2.3	生产设施	企业必须具备满足生产需要的工作场所和生产设施，且维护完好。	是否具备满足生产需要的车间、仓库、检验室等工作场所和生产设施，且维护完好。	□ 合格 □ 不合格
2.4	库房要求	1 企业的库房整洁卫生、通风良好、地面平滑。	企业的库房是否整洁卫生，通风良好，地面平滑。	□ 合格 □ 一般不合格 □ 严重不合格
		2 库房内存放的物品应保存良好，一般应离地、离墙存放。原辅材料、成品（半成品）及包装材料分别存放并明确标识。有毒、有害物品必须另行单独存放，并明确标识。	1 库房内存放的物品是否保存良好，并离地、离墙存放。 2 原辅材料、成品（半成品）及包装材料是否分别存放并明确标识。 3 有毒、有害物品是否另行单独存放，是否明确标识。	□ 合格 □ 一般不合格 □ 严重不合格

3. 生效资源提供

序号	核查项目	核查内容	核查要点	结论
3.1	设备工装	*1 企业应具有本《实施细则》中规定的必备生产设备和工艺装备。其性能和精度应能满足生产的要求。	1 是否具有本《实施细则》中规定的必备生产设备和工艺装备。 2 生产设备和工艺装备的性能和精度是否能满足生产的要求。	□ 合格 □ 不合格
		2 设备应卫生整洁。设备的布局和生产流程应当合理。	设备是否卫生整洁，设备的布局和生产流程应当合理。	□ 合格 □ 一般不合格 □ 严重不合格
		3 生产设备和工艺装备应有明显的状态标志，并定期维修、保养和验证。设备安装、维修、保养的操作不得影响产品的质量。生产设备应有专门人员使用、维修、保养和记录，并由专门人员管理。	1 是否因设备和工艺装备安装、维修、保养不到位影响产品质量。 2 生产、检验设备是否有使用、维修、保养记录，并由专人管理。	□ 合格 □ 一般不合格 □ 严重不合格

续表

序号	核查项目	核查内容	核查要点	结论
3.2	检验设备	*1　企业应具备《实施细则》中规定的必备检验设备，其性能应符合产品质量标准的检验要求。	1　是否有审查细则中规定的必备检验设备。 2　所具备检验设备和计量器具性能是否符合产品质量标准的检验要求。	□　合格 □　不合格
		2　出厂检验设备有明显的合格标志，并定期检定或校准。	出厂检验设备是否有明显的合格标志，并定期检定或校准。	□　合格 □　一般不合格 □　严重不合格
3.3	人员要求	1　企业领导应了解与生产有关的法律法规(如企业的质量责任和义务等)，并具有一定的质量安全管理常识。了解企业领导在质量安全管理中的职责与作用。企业领导应有相关的专业技术知识。应了解产品标准、主要性能指标等；了解产品生产工艺流程、检验要求。	1　是否有基本的质量安全管理常识。是否了解卫生法对企业的要求(如企业的质量责任和义务等)；是否了解企业领导在质量安全管理中的职责与作用。 2　是否有相关的专业技术知识。是否了解产品标准、主要性能指标等；是否了解产品生产工艺流程、检验要求。	□　合格 □　一般不合格 □　严重不合格
		2　企业技术人员应掌握专业技术知识，并具有一定的质量安全管理知识。	1　是否熟悉自己的岗位职责。 2　是否掌握相关的专业技术知识。 3　是否有一定的质量安全管理知识。	□　合格 □　一般不合格 □　严重不合格
		3　生产操作人员应熟悉自己的岗位职责，能熟练地进行生产操作。应能看懂相关的图纸、配方和工艺文件。电工、叉车工等特殊岗位工作人员应持证上岗。	1　生产操作人员是否熟悉自己的岗位职责，是否能熟练地进行生产操作。 2　是否能看懂相关的图纸、配方和工艺文件。 3　电工、叉车工等特殊岗位工作人员是否持证上岗。	□　合格 □　一般不合格 □　严重不合格
		4　检验人员应熟悉产品检验规定，具有与工作相适应的质量安全知识、技能和相应的资格。	1　是否熟悉产品检验相关规定。 2　是否具有与工作相适应的质量安全知识、技能和相应的资格。	□　合格 □　一般不合格 □　严重不合格
		5　企业应对与产品质量安全相关的人员进行必要的培训和考核。企业应对直接接触产品的从业人员进行卫生法规和相应技术、技能的培训，并保存相关记录。	企业是否对直接接触产品的从业人员进行卫生法规和相应的技术培训，是否保存了相关记录。	□　合格 □　一般不合格 □　严重不合格

续表

序号	核查项目	核查内容	核查要点	结论
3.4	技术标准	企业应有并执行与申证产品相关的现行有效的国家标准、行业标准及地方标准。企业应制定并执行密封圈、手柄、限压阀、安全阀的企业内控标准。	1 是否有并执行与申证产品相关的现行有效的国家标准、行业标准及地方标准。 2 是否制定并执行了密封圈、手柄、限压阀、安全阀的企业内控标准。	□ 合格 □ 一般不合格 □ 严重不合格
3.5	设计文件	企业应有所生产的产品及相应工装模具的设计图纸，并按规定程序批准。	1 是否具有设计的规定程序。 2 企业是否具有所生产产品的设计图纸和相应工装模具设计图纸。 3 所生产产品的设计图纸和相应工装模具设计图纸是否按规定程序经过批准。	□ 合格 □ 一般不合格 □ 严重不合格
3.6	工艺文件	1 企业应具备生产过程中所需的各种规程、作业指导书等工艺文件。	企业是否制定了生产过程中(如锅身拉伸、锅盖弯牙、表面处理、复合底加工等)所需的各种规程、作业指导书等工艺文件。	□ 合格 □ 一般不合格 □ 严重不合格
		2 企业的工艺文件应正确、完整、统一，并对关键控制点制定相应的工艺措施。	1 工艺文件是否正确、完整，工艺参数是否明确。 ① 检查工艺文件，确定各工序的工艺参数和设备工装、模具的技术要求是否正确、明确。 ② 检查工艺文件目录明细表、工艺过程卡、工序卡、作业指导书、检验规程等工艺文件内容是否完整。 2 各部门使用的工艺文件是否统一。 3 对关键控制点是否制定相应的控制措施。	□ 合格 □ 一般不合格 □ 严重不合格
3.7	文件管理	企业应制定技术文件管理制度，文件的发布应经过正式批准，使用部门可随时获得文件的有效版本，文件的修改应符合规定要求。企业应有部门或专(兼)职人员负责技术文件管理。	1 是否制定了技术文件管理制度。 2 发布的文件是否经正式批准。 3 使用部门是否能随时获得文件的有效版本。 4 文件的修改是否符合规定。 5 是否有部门或专(兼)职人员负责技术文件管理。	□ 合格 □ 一般不合格 □ 严重不合格

4. 采购质量控制

序号	核查项目	核查内容	核查要点	结论
4.1	原辅材料采购	1　企业应制定原辅材料采购的管理制度，对原辅材料供应商进行选择、管理，对原辅材料的采购、检验或验证实施有效控制，保证产品所用原辅材料满足规定要求。企业如有外协加工等委托服务项目，应制定相应的质量安全管理控制办法。	1　是否制定了采购质量控制制度，制度内容是否完整合理。 2　是否制定了外协加工等委托服务项目的质量安全管理控制办法。 3　质量安全管理控制办法是否完整合理。	□　合格 □　一般不合格 □　严重不合格
		*2　原辅材料必须提供检验合格证明或报告，对构成成品后与食品接触的原辅材料必须使用适用于食品用原辅材料。以保证不释放出对人体健康构成危险的成分、导致食物的成分有不能接受的改变、导致食物感官特性的退化。	1　原辅材料是否具备合格检验证明或报告。 2　查看对构成成品后与食品接触的原辅材料产品标识及有关证明，核查原辅材料是否为适用于食品用原辅材料。	□　合格 □　不合格
		3　企业应对原辅材料供方进行评价，选择合格供应商。企业应保存关键材料供应商、选择评价和日常管理记录，保存原辅料进货检验/验证记录及供应商提供的合格证明。	是否制定了供方评价准则；是否按规定进行了供方评价；是否对供方进行质量控制；是否保存相关记录。	□　合格 □　一般不合格 □　严重不合格
		4　企业应制定原辅材料使用台账。	企业是否制定原辅材料使用台账，对原辅材料的使用进行详细的记录。	□　合格 □　一般不合格 □　严重不合格
4.2	采购文件	企业应制定采购计划、采购清单、采购协议、采购合同等采购文件，并按采购文件进行采购。	1　是否有采购文件（如：采购计划、采购清单、采购合同等）。 2　采购文件是否明确了检验或验收规定。 3　采购文件是否经正式批准。 4　是否按采购文件进行采购。	□　合格 □　一般不合格 □　严重不合格
4.3	采购验证	企业应按规定对采购的原辅材料以及外协件进行质量检验或者根据有关规定进行质量验证，检验或验证的记录应该齐全。	1　是否对采购及外协件的质量检验或验证作出规定。 2　是否按规定进行检验或验证。 3　是否保留完整齐全的检验或验证记录。	□　合格 □　一般不合格 □　严重不合格

5. 生产过程控制

序号	核查项目	核查内容	核查要点	结论
5.1	工艺管理	1 企业应建立质量安全小组或有专(兼)职人员,企业应识别工艺过程质量安全的危害因素,并设定关键控制点。	1 是否对影响质量安全的危害因素进行识别。 2 是否对重要工序或产品关键特性设置了质量控制点。 3 是否在工艺流程图上标出了关键控制点。	□ 合格 □ 一般不合格 □ 严重不合格
		*2 应对生产过程中原辅材料的使用进行监控,对构成成品后与食品接触的原辅材料不得使用非接触食品用原材料。	1 成品与食品接触部分是否使用了接触食品用原辅材料。 2 生产过程中是否对所使用的原辅材料进行了有效的监控。	□ 合格 □ 不合格
		3 企业职工应严格执行工艺管理制度,按操作规程、作业指导书等工艺文件进行生产操作。	1 是否制定了工艺管理制度、规程等工艺文件。 2 是否按规定文件进行生产操作。	□ 合格 □ 一般不合格 □ 严重不合格
		4 企业应制定关键控制点的管理办法,并按照规定进行控制。对生产过程中的关键控制工序建立可追溯性记录。	1 是否制定关键控制点的管理办法和操作控制程序,其内容是否完整。 2 是否按程序实施质量控制。 3 是否具备可追溯性记录。	□ 合格 □ 一般不合格 □ 严重不合格
5.2	过程检验	企业在生产过程中应按规定开展过程检验,应根据工艺规程的有关参数要求,对过程产品进行检验。作好检验记录,并对检验状态进行标识。(过程检验包括首件检验、巡回检验和成品检验。)	1 是否对产品质量检验作出规定。 2 是否制定了过程检验的检验要求。 3 是否按规定进行检验。 4 是否做检验记录。 5 是否对检验状况进行标识。	□ 合格 □ 一般不合格 □ 严重不合格
5.3	搬运贮存	在搬运和贮存过程中应加强防护,防止原辅材料、半成品、成品出现损伤。	1 有无适宜的搬运工具、必要的工位器具、贮存场所和防护措施。 2 原辅材料、半成品、成品是否出现损伤。	□ 合格 □ 一般不合格 □ 严重不合格

续表

序号	核查项目	核查内容	核查要点	结论
*5.4	包装标识	申证产品应在产品明显位置上标有永久性警示性标识：使用前请阅读说明书。 在包装、说明书或产品标签上注明使用方法、使用注意事项、用途、产品使用环境、使用温度、使用的原辅材料类型、装配注意事项、清洗方法及使用不当有可能造成伤害等文字、图示及警示内容。	申证产品是否在产品明显位置上标有永久性警示性标识：使用前请阅读说明书。 在包装、说明书或产品标签上注明使用方法、使用注意事项、用途、产品使用环境、使用温度、使用的原辅材料类型、装配注意事项、清洗方法及使用不当有可能造成伤害等文字、图示及警示内容。	□ 合格 □ 不合格

6 产品质量检验

序号	核查项目	核查内容	核查要点	结论
6.1	检验管理	1 企业应设立质量检验部门，并设置专（兼）职检验人员。对存在的质量问题，质量检验部门应具有否决权。	1 是否有检验部门或专（兼）职检验人员，能否独立行使权力。 2 是否制定了检验管理制度和检验设备计量器具管理制度。 3 质量检验部门是否对存在的质量问题具有否决权。	□ 合格 □ 一般不合格 □ 严重不合格
		2 企业应根据标准要求对所生产产品进行型式试验。如有委托检验项目，必须委托具有法定检验资质的机构进行检验。	1 是否按标准规定对产品进行型式试验。 2 如有委托检验项目，是否委托有法定检验资质的检验机构进行检验。	□ 合格 □ 一般不合格 □ 严重不合格
*6.2	出厂检验	企业应按产品标准的要求，对产品进行出厂检验，做好原始记录，并出具产品检验报告。	1 是否有出厂检验规定。 2 是否具备出厂检验记录和报告。 3 检验项目是否符合标准规定的要求。	□ 合格 □ 不合格

续表

序号	核查项目	核查内容	核查要点	结论
6.3	不合格品	1　企业应制定不合格品的管理办法，对检验不合格的产品，要根据不合格的严重程度，由检验、技术、质量安全管理部门按照规定的职责和程序，分别作出相应处置。	1　是否制定了对不合格品的管理办法。 2　是否对在原材料及生产过程和成品中出现的不合格品进行处置。 3　是否对不合格品的处置进行了记录。	□　合格 □　一般不合格 □　严重不合格
		2　应建立销售记录，详细记录产品的销售流向，制定对已售出的不合格产品的召回制度。	1　是否建立了销售记录，详细记录了产品的销售流向。 2　是否建立了不合格品召回制度。	□　合格 □　一般不合格 □　严重不合格
6.4	退货品	对退货品应制定退货品管理制度，对不合格退货品要按不合格品处理。	1　是否对退货品制定了相应管理制度。 2　对不合格退货品是否按不合格品处理。 3　对退货品处理是否保存了记录。	□　合格 □　一般不合格 □　严重不合格

7　生产安全防护

序号	核查项目	核查内容	核查要点	结论
7.1	安全生产	1　企业应根据国家有关法律法规制定及实施安全生产制度，并做好有效实施记录。	1　是否制定了安全生产制度。 2　危险部位是否有必要的防护措施。 3　是否对易燃、易爆等危险品进行隔离和防护。 4　是否保存了实施记录。	□　合格 □　一般不合格 □　严重不合格
		*2　企业在生产、运输、贮存过程中，应防止有毒化学品的污染，生产厂不得同时生产有毒化学物品。	1　企业在生产、运输、贮存过程中，是否受到有毒化学品的污染。 2　企业是否同时生产有毒化学物品。	□　合格 □　不合格
		3　废水、废气、废料排放、噪声污染及卫生要求等应符合国家有关规定。	1　三废排放是否符合规定，有相应的污染物排放许可证，粉尘处理是否有相应的除尘设施，废水、废气、废料是否有相应的处理设备。 2　是否存在危害人身健康情况。	□　合格 □　一般不合格 □　严重不合格

食品用包装、容器、工具等制品生产许可用文书

目　录

附件 1

食品用包装、容器、工具等制品生产许可申请书

产品类别：____________________

产品名称：____________________

企业名称：（企业法人印章）

联系电话：____________________

联 系 人：____________________

申请类别：发证□迁址□增项□其他□

申请日期：　　　　年　　月　　日

国家质量监督检验检疫总局制

一、申请企业基本情况			
企业名称			
住　　所			
生产地址	省　　市(地)　　区(县)　　乡(镇)　　路(街道)　　号		
邮政编码		电　　话	
传　　真		电子邮箱	
组织机构代码		经济类型	
工商登记机构		营业执照注册号	
成立日期		经营期限	
固定资产(万元)		注册资金(万元)	
年总产值		年销售额	
年缴税金额		法定代表人	
联系人和身份证号		联系电话	
从业人员总数		专业技术人员数	
其他需要说明的情况			

二、申报产品基本情况			
项目总投资		年设计生产能力	
涉及国家产业政策的情况			
产品单元	产品品种、规格型号	产品标准	申请类别

三、企业主要负责人和技术人员情况									
序号	姓 名	性别	身份证号码	职务	职称	学历	所学专业	工作年限	工作岗位

四、主要生产设备、工艺装备明细									
序号	产品单元	名 称	规格型号	数量	完好状态	使用场所	生产厂及国别	生产日期	购置日期

五、主要原、辅材料产品明细和供应方目录						
序号	产品单元	名　　称	规格型号	年需量	标准名称和编号	供应方目录

六、主要检测仪器、设备明细

序号	产品单元	名称	规格型号	精度等级	数量	完好状态	使用场所	生产厂国别	生产日期	购置日期

<table>
<tr><td colspan="3">七、主要工艺流程及关键控制点</td></tr>
<tr><td colspan="3">（可附页）</td></tr>
<tr><td colspan="3">八、集团公司所属单位明细</td></tr>
<tr><td>序号</td><td>所属单位名称</td><td>与集团公司关系</td></tr>
<tr><td></td><td></td><td></td></tr>
<tr><td></td><td></td><td></td></tr>
<tr><td></td><td></td><td></td></tr>
<tr><td></td><td></td><td></td></tr>
<tr><td></td><td></td><td></td></tr>
<tr><td></td><td></td><td></td></tr>
</table>

九、提交的文件资料目录		
序号	文件资料名称	页数

十、受理意见	
省(自治区、直辖市) 质量技术监督局 受理意见	经手人(签字)　　　　年　　月　　日(省局印章)

附件 2

企业自我声明

一、本企业提供的申请材料内容真实。

二、本企业生产所使用的原辅材料及最终产品均符合国家规定的有关要求，保证质量安全。

三、本企业对以上声明愿意承担相应的法律责任。

法人代表签字：

年　　月　　日（企业法人印章）

附件 3

企业实地核查通知书

______________________(企业名称):

根据《____________产品审查细则》及相关规定,审查组拟于______年____月____日至______年____月____日对贵企业申请生产______________________(产品类别、产品单元)进行企业实地核查,请予以配合。

特此通知。

年　　月　　日(审查机构章)

说明:本通知书一式两份,一份送达申请人,一份存档。(正式使用说明不显示)

附件 4

编号：审字××××××××

企业实地核查记录

企业名称（企业法人印章）：
产品名称：
产品单元：

年　　月　　日

序号	核查项目	核查内容	核查要点	结论	核查记录

注：上表根据具体产品审查细则中的《实地核查办法》确定具体内容。

附件 5

企业实地核查报告

<table>
<tr><td colspan="3">企业名称：</td><td colspan="3">住所：</td></tr>
<tr><td colspan="5">生产地址：</td><td>邮编：</td></tr>
<tr><td colspan="3">产品名称：</td><td>联系人：</td><td>电话：</td><td>传真：</td></tr>
<tr><td colspan="6">产品单元：</td></tr>
<tr><td>核查情况</td><td colspan="3">审查组于____年____月____日至____年____月____日对该企业进行了实地核查，共计核查出：一般不合格项目____款、严重不合格项目____款、否决项目____款。实地核查结论：____。</td><td colspan="2">审查组长(签字)：
年　月　日
审查机构(章)：
年　月　日</td></tr>
<tr><td rowspan="5">审查组成员</td><td>姓名(签字)</td><td>单　位</td><td>职称(职务)</td><td>核查分工</td><td>审查员证书编号</td></tr>
<tr><td></td><td></td><td></td><td></td><td></td></tr>
<tr><td></td><td></td><td></td><td></td><td></td></tr>
<tr><td></td><td></td><td></td><td></td><td></td></tr>
<tr><td></td><td></td><td></td><td></td><td></td></tr>
</table>

企业实地核查报告

第 2 页共 2 页

<table>
<tr><td rowspan="2">序号</td><td rowspan="2">核查项目</td><td rowspan="2">一般
不合格</td><td rowspan="2">严重
不合格</td><td colspan="2">否决项目</td><td rowspan="2">审查组对企业不合格项目
的综合评价</td></tr>
<tr><td>核查
项目</td><td>不合格</td></tr>
<tr><td>1</td><td>质量安全管理职责</td><td>（款）</td><td>（款）</td><td></td><td></td><td rowspan="8">企业代表
（签字）：
审查组长
（签字）：
年　　月　　日</td></tr>
<tr><td>2</td><td>企业环境、场所要求</td><td>（款）</td><td>（款）</td><td>2.3</td><td></td></tr>
<tr><td>3</td><td>生产资源提供</td><td>（款）</td><td>（款）</td><td>3.1.1</td><td></td></tr>
<tr><td>4</td><td>采购质量控制</td><td>（款）</td><td>（款）</td><td>4.1.2
4.1.4</td><td></td></tr>
<tr><td>5</td><td>生产过程控制</td><td>（款）</td><td>（款）</td><td>5.1.2
5.4</td><td></td></tr>
<tr><td>6</td><td>产品质量检验</td><td>（款）</td><td>（款）</td><td>6.2</td><td></td></tr>
<tr><td>7</td><td>生产安全防护</td><td>（款）</td><td>（款）</td><td>7.1.2</td><td></td></tr>
<tr><td colspan="2">总　　计</td><td>（款）</td><td>（款）</td><td colspan="2">（款）</td></tr>
</table>

注：否决项中如有不合格，在对应位置打×表示。

附件 6

企业实地核查结果通知书

______________________________(企业名称):

根据《__________产品审查细则》及相关规定,审查组已于________年____月____日至________年____月____日对贵企业生产的______________________________(产品类别、产品单元名称)进行了企业实地核查,共计核查出:一般不合格项目________款、严重不合格项目________款、否决项目________款。

经综合评价,企业实地核查结果是:合格□不合格□。

年　　月　　日(审查机构章)

说明:本通知书一式三份,一份送达申请企业,一份送达省级质量技术监督局,一份存档。(正式使用时说明不显示)。

附件 7

生产许可发证检验抽样单

编号：

<table>
<tr><td rowspan="10">生产企业信息</td><td>企业名称</td><td colspan="3"></td><td rowspan="10">经济类型</td><td rowspan="4">内资</td><td>□ 国有</td><td>□ 私营(含个体)</td></tr>
<tr><td>企业地址</td><td colspan="3"></td><td>□ 集体</td><td>□ 有限责任公司</td></tr>
<tr><td>邮政编码</td><td colspan="3"></td><td>□ 联营</td><td>□ 股份有限公司</td></tr>
<tr><td>法人代表</td><td colspan="3"></td><td>□ 股份合作</td><td>□ 其他企业</td></tr>
<tr><td>联系人</td><td colspan="3"></td><td rowspan="3">港澳台</td><td>□ 合资经营</td><td>□ 合作经营</td></tr>
<tr><td>联系电话</td><td colspan="3"></td><td rowspan="2">□ 港澳台
独资经营</td><td rowspan="2">□ 港澳台投资
股份有限公司</td></tr>
<tr><td>营业执照</td><td colspan="3"></td></tr>
<tr><td>机构代码</td><td colspan="3"></td><td rowspan="3">外资</td><td>□ 中外合资</td><td>□ 中外合作</td></tr>
<tr><td rowspan="2">企业规模</td><td>人数</td><td>产值</td><td>产量</td><td rowspan="2">□ 外资企业</td><td rowspan="2">□ 外商投资
股份有限公司</td></tr>
<tr><td></td><td></td><td></td></tr>
</table>

<table>
<tr><td rowspan="6">受检产品信息</td><td>产品名称</td><td></td><td>产品单元</td><td></td></tr>
<tr><td>生产日期/批号</td><td></td><td>规格型号</td><td></td></tr>
<tr><td>标注执行标准</td><td></td><td>抽样数量</td><td></td></tr>
<tr><td>抽样基数/批量</td><td></td><td>抽样日期</td><td></td></tr>
<tr><td>封样状态</td><td></td><td>寄送样截止日期</td><td></td></tr>
<tr><td>备样量及封存地点</td><td colspan="3"></td></tr>
<tr><td colspan="5">备注：</td></tr>
</table>

<table>
<tr><td>生产单位签名(盖章)：

年　　月　　日</td><td>抽样人(签名)：

抽样单位(公章)
年　　月　　日</td></tr>
</table>

附件 8

CMA 章	CAL 章	CNCAL 章（选择项）

№：检验报告编号

检 验 报 告

产 品 名 称：

规 格 型 号：

生产企业名称：

审 查 部：

检 验 类 别：

检验机构名称

（检验报告封面背面内容）

注　意　事　项

1. 报告无“检验报告专用章”或检验单位公章无效。
2. 复制报告未重新加盖“检验报告专用章”或检验单位公章无效。
3. 报告无主检、审核、批准人签字无效。
4. 报告涂改无效。

地　址：　　　　电话（含区号）：

邮　编：　　　　传真（含区号）：

E-mail：

承检机构名称

检　验　报　告

№：　　　　　　　　　　　　　　　　　　　　共　页第　页

产品名称				商　　标	
规格型号				生产日期或批号	
生产企业名称				联系电话	
抽样日期		抽样人员		样品到达日期	
抽样数量		检查封样人员		封样状态	
抽样基数		抽样单编号		检验日期	
任务来源					
检验类别					
检验项目					
检验依据					
检验结论	（检验报告业务章） 签发日期：　　年　　月　　日				
备　　注					

批 准：　　　　　　　　审 核：　　　　　　　　主 检：

承检机构名称

检 验 报 告

№： 共 页第 页

序号	检验项目	单位	标准指标	实测值	单项判定
备 注					

附件 9

审 查 意 见 书

<table>
<tr><td colspan="2">申请企业基本情况</td></tr>
<tr><td>企业名称</td><td></td></tr>
<tr><td>住　　所</td><td></td></tr>
<tr><td>生产地址</td><td>省　　市(地)　区(县)　乡(镇)　路(街道)　号</td></tr>
<tr><td>产品名称
(产品单元)</td><td></td></tr>
<tr><td>企业实地核查情　况</td><td>经复核,我审查机构组织的__________产品单元的企业实地核查报告结论为合格(不合格),详见《企业实地核查记录》(编号:　　)。
不合格原因:</td></tr>
<tr><td>产品质量检验情　况</td><td>经复核,______________(检验机构)为该企业出具的产品质量检验报告结论为合格(不合格),详见《产品质量检验报告》(编号:　　)。
不合格原因:</td></tr>
<tr><td>审查机构
复核意见</td><td>复核经手人(签字):　　　　年　　月　　日(审查机构章)
挂靠单位负责人(盖章)　　　　挂靠单位:(单位公章)</td></tr>
</table>

注:审查机构为每家企业填写此表一张,一式三份,审查中心一份,省局一份,审查机构存档一份。

附件 10

审字[××××]××号

审 查 报 告 书

（合格企业）

国家质检总局食品生产监管司：

按照《压力锅产品生产许可实施细则》的规定，我审查机构于______年______月分别组织审查组对“________________”等家企业（明细见附表 1、附表 2）进行了企业生产条件实地核查和抽样检验。现企业对审查出的不合格项进行了整改，且整改经过审查组长的确认，证明整改有效；样品检验全部合格。经对审查组提交的审查材料和检验报告进行审查，现将符合发证条件的家企业的名单和材料上报，请审批。

产品审查机构（盖章）

年　　月　　日

附表 1

待发证企业登记表

产品类别：　　上报部门(盖章)：　　企业总数：　　证书总数：

单元总数：　　登记日期：　　编号：

序号	企业名称	产品名称	住所	生产地址	明细	证书编号	有效期	发证日期	说明	所属省份	单元数

说明：1. “说明”一栏填写发证、迁址、企业名称变更、增单元、增规格、升级、补领证书等内容。

2. 本表使用 A4 纸，“待发证企业登记表”字体用小三号宋体加黑，其他字体全部用五号宋体。如住所、生产地址、明细内容多时字体可用小五号宋体。

3. 除“明细”部分可用回车外，填写本表格的其他部分均不可用回车，自然转行即可。每栏填写的第一个字符前不可有空格。

4. 本表序号按省份排序。

5. 增项时产品明细要填写包括原有产品和增加产品的全部内容。

附表 2

集团公司待发证企业登记表

产品类别：　　　　　　上报部门(盖章)：　　　　　企业总数：　　　证书总数：

单元总数：　　　　　　登记日期：　　　　　　　编号：

序号	企业名称	产品名称	住所	生产地址	明细	证书编号	有效期	发证日期	说明	所属省份	单元数
1	集团公司名称	产品名称	集团公司住所	(此栏不填写)	总公司名称：××× 总公司生产地址：×× 总公司产品明细： 1. ××× 2. ××× …… (总公司如有生产产品填写以上内容，否则此项不填) 所属单位 A 名称：×× 所属单位 A 生产地址： 所属单位 A 产品明细： 1. ××× 2. ××× …… 所属单位 B 名称：×× 所属单位 B 生产地址： 所属单位 B 产品明细： 1. ××× 2. ××× ……					(填写集团公司所在省份)	
1-1	集团公司名称	产品名称	集团公司住所		所属单位 A 名称：×× 所属单位生产地址：×× 所属单位产品明细： 1. ××× 2. ××× ……						
1-2	集团公司名称	产品名称	集团公司住所		所属单位 B 名称：×× 所属单位 B 生产地址： 所属单位 B 产品明细： 1. ××× 2. ××× ……						

审字[××××]××号

审查报告书

（不合格企业）

国家质检总局食品生产监管司：

按照《压力锅产品生产许可实施细则》的规定，我审查机构于____年____月分别组织审查组对“________________”等家企业（附表3）进行了企业生产条件实地核查和抽样检验。现将不符合发证条件的______家企业的名单和材料上报，请审批。

产品审查机构（盖章）

年　　月　　日

附表 3

企业审查不合格登记表

上报单位(盖章)：　　　　　　　　　　登记日期：　　　　　　　　编号：

企业数：　　　　　　　　　　　　　　所属省份：

序号	企业名称	产品名称	不合格理由	备　　注
1				1. 企(事)业代码(身份证)号： 2. 地址： 3. 邮编： 4. 电话： 5. 法定代表人： 6. 职务： 7. 电话：
2				1. 企(事)业代码(身份证)号： 2. 地址： 3. 邮编： 4. 电话： 5. 法定代表人： 6. 职务： 7. 电话：

附件 11

食品用包装、容器、工具等制品变更生产许可证申请书

产品类别：____________________

产品名称：____________________

企业名称：　　（企业法人印章）

联系电话：____________________

联 系 人：____________________

变更事项：企业名称□住所□生产地址□

申请日期：　　　　年　　月　　日

国家质量监督检验检疫总局制

<table>
<tr><td colspan="5">一、申请企业基本情况</td></tr>
<tr><td>企业名称</td><td colspan="4"></td></tr>
<tr><td>住　　所</td><td colspan="4"></td></tr>
<tr><td>生产地址</td><td colspan="4">省(区、市)　市(地)　区(县)　乡(镇)　路(街道)　号</td></tr>
<tr><td>邮政编码</td><td></td><td>电　　话</td><td colspan="2"></td></tr>
<tr><td>传　　真</td><td></td><td>联系人</td><td colspan="2"></td></tr>
<tr><td>原生产许可证编号</td><td></td><td>原生产许可证有效期</td><td colspan="2"></td></tr>
<tr><td>获证产品名称</td><td colspan="4"></td></tr>
<tr><td colspan="5">二、变更内容</td></tr>
<tr><td>变更事项</td><td colspan="2">变　更　前</td><td colspan="2">变　更　后</td></tr>
<tr><td>企业名称</td><td colspan="2"></td><td colspan="2"></td></tr>
<tr><td>住所</td><td colspan="2"></td><td colspan="2"></td></tr>
<tr><td>生产地址</td><td colspan="2"></td><td colspan="2"></td></tr>
<tr><td>营业执照注册号</td><td colspan="2"></td><td colspan="2"></td></tr>
<tr><td>营业执照登记日期</td><td colspan="2"></td><td colspan="2"></td></tr>
<tr><td>法人代表</td><td colspan="2"></td><td colspan="2"></td></tr>
</table>

<table>
<tr><td colspan="3">三、提交的文件资料目录</td></tr>
<tr><td>序号</td><td>文件资料名称</td><td>页数</td></tr>
<tr><td>1</td><td></td><td></td></tr>
<tr><td>2</td><td></td><td></td></tr>
<tr><td>3</td><td></td><td></td></tr>
<tr><td>4</td><td></td><td></td></tr>
<tr><td>5</td><td></td><td></td></tr>
<tr><td>6</td><td></td><td></td></tr>
<tr><td>7</td><td></td><td></td></tr>
<tr><td colspan="3">四、受理意见</td></tr>
<tr><td>省(自治区、直辖市)质量技术监督局受理意见</td><td colspan="2">受理经手人(签字)：　　年　月　日(盖章)</td></tr>
</table>

附件 12

食品用包装、容器、工具等制品补领生产许可证申请书

产品类别：________________

产品名称：________________

企业名称：　　　　（企业法人印章）

联系电话：________________

联　系　人：________________

补领内容：正本□　　　　副本□

申请日期：　　　　年　　月　　日

国家质量监督检验检疫总局制

一、申请企业基本情况			
企业名称			
住　　所			
生产地址	省（区、市）　市（地）　区（县）　乡（镇）　路（街道）　号		
邮政编码		电　　话	
传　　真		联系人	
原生产许可证编号		原生产许可证有效期	
获证产品名称			
补领原因		遗失或毁损时间	
刊登报纸名称		声明刊登时间	

<table>
<tr><td colspan="3">二、提交的文件资料目录</td></tr>
<tr><td>序号</td><td>文件资料名称</td><td>页数</td></tr>
<tr><td>1</td><td></td><td></td></tr>
<tr><td>2</td><td></td><td></td></tr>
<tr><td>3</td><td></td><td></td></tr>
<tr><td>4</td><td></td><td></td></tr>
<tr><td>5</td><td></td><td></td></tr>
<tr><td colspan="3">三、受理意见</td></tr>
<tr><td>省(自治区、直辖市)质量技术监督局受理意见</td><td colspan="2">受理经手人(签字):　　　　　年　　月　　日(盖章)</td></tr>
</table>

附件 13

变更(补领)生产许可证
审查意见书

<table>
<tr><td colspan="4">一、企业基本情况</td></tr>
<tr><td>企业名称</td><td colspan="3"></td></tr>
<tr><td>住　　所</td><td colspan="3"></td></tr>
<tr><td>生产地址</td><td colspan="3">省(区、市) 市(地)　区(县)　乡(镇)　路(街道)　号</td></tr>
<tr><td>生产许可证编号</td><td></td><td>生产许可证有效期</td><td></td></tr>
<tr><td>获证产品名称</td><td colspan="3"></td></tr>
<tr><td colspan="4">二、审查意见</td></tr>
<tr><td>企业生产场地是否迁移</td><td colspan="3"></td></tr>
<tr><td>企业取得生产许可证的条件是否发生变化</td><td colspan="3"></td></tr>
<tr><td>企业变更是否符合国家产业政策</td><td colspan="3">(补领证书此栏可不填)</td></tr>
<tr><td>企业上报材料是否符合规定要求</td><td colspan="3"></td></tr>
<tr><td>省(自治区、直辖市)质量技术监督局审查意见</td><td colspan="3">审查经手人(签字):　　　　年　月　日(盖章)</td></tr>
</table>

注:此表由省局审查人填写。如属变更的情况,“企业基本情况”部分填写变更后的信息。

附件14

不予变更(补领)生产许可证通知书

________________(企业名称):

你(单位)于____年____月____日提出的变更(补领)《生产许可证书》申请,经审查,因为存在以下情况:

____

____

根据《压力锅产品生产许可实施细则》的规定,不属变更(补领)证书的情况,决定不予变更(补领)证书,建议重新申请办理生产许可证。

省局印章

年　　月　　日

说明:本通知书一式两份,一份送达申请人,一份存档(正式使用说明不显示)。

附件 15

检验比对报告

编号No.______

产品名称________样品数量________生产日期________企业检验日期________检验机构电话________

规格型号________样品状态________产品等级________生产企业名称________生产企业电话________

序号	检验项目	检验机构数据	生产企业数据	相对偏差（%）	检验依据	单项判定	备　注
1							
2							
3							
4							
5							
6							
7							
比对结论：							
比对试验说明（必要时）：							
检验机构名称（签章）： 批准：　审核：　编制（检验）：				生产企业名称（签章）： 批准：　审核：　编制（检验）：			

附：1.《企业自检报告》。

2.《检验机构检验报告》。

压力锅产品市场准入技术标准清单

1. 产品标准

GB 13623—2003 铝压力锅安全及性能要求

GB 15066—2004 不锈钢压力锅

QB/T 2421—1998 铝及铝合金不粘锅

2. 相关卫生标准

GB 9684—1988 不锈钢食具容器卫生标准

GB 11333—1989 铝制食具容器卫生标准

GB 11678—1989 食品容器内壁聚四氟乙烯涂料卫生标准

GB 4806.1—1994 食品用橡胶制品卫生标准

3. 相关测试方法标准

GB/T 5009.11—2003 食品中总砷及无机砷的测定

GB/T 5009.12—2003 食品中铅的测定

GB/T 5009.14—2003 食品中锌的测定

GB/T 5009.18—2003 食品中氟的测定

GB/T 5009.60—2003 食品包装用聚乙烯、聚苯乙烯、聚丙烯成型品卫生标准的分析方法

GB/T 5009.62—2003 陶瓷制食具容器卫生标准的分析方法

GB/T 5009.64—2003 食品用橡胶垫片(圈)卫生标准的分析方法

GB/T 5009.65—2003 食品用高压锅密封圈卫生标准的分析方法

GB/T 5009.72—2003 铝制食具容器卫生标准的分析方法

GB/T 5009.80—2003 食品容器内壁聚四氟乙烯涂料卫生标准的分析方法

GB/T 5009.81—2003 不锈钢食具容器卫生标准的分析方法

QB/T 3826—1999 轻工产品金属镀层和化学处理层的耐腐蚀试验方法 中性盐雾试验(NSS)法

QB/T 3832—1999 轻工产品金属镀层腐蚀试验结果的评价

QB/T 3833—1999 轻工产品铝或铝合金氧化处理层的测试方法

4. 其他相关标准

GB/T 191—2000 包装储运图示标志

GB/T 3190—1996 变形铝及铝合金化学成分

GB/T 3280—2007 不锈钢冷轧钢板和钢带

GB/T 6388—1986 运输包装收发货标志

GB/T 6543—1986 瓦楞纸箱

GB/T 6544—1999 包装材料 瓦楞纸板

GB/T 2828.1—2003 计数抽样检验程序 第1部分:按接收质量限(AQL)检索的逐批检验抽样计划

GB/T 2829—2002 周期检验计数抽样程序及表(适用于对过程稳定性的检验)

ICS 97.040.60
Y 73

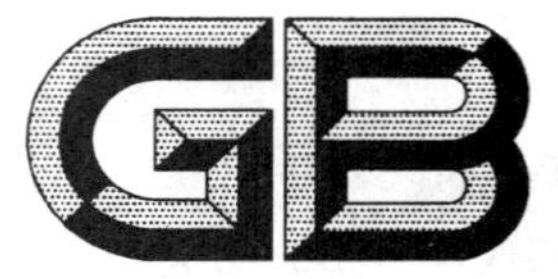

中华人民共和国国家标准

GB 13623—2003
代替 GB 13623—1992

铝压力锅安全及性能要求

Requirement of safety and characterstics of aluminium pressure cooker

2003-04-25 发布　　　　2004-01-01 实施

中华人民共和国
国家质量监督检验检疫总局　发布

前　言

本标准的全部技术内容为强制性。

本标准修改采用德国 DIN 66065:1990《蒸汽平底压力锅要求及检测方法》。

本标准是对 GB 13623—1992《铝压力锅安全及性能要求》的修订。

本标准与 GB 13623—1992 的主要技术差异如下：

——公称工作压力范围从原标准的 50 kPa～150 kPa 调整为 50 kPa～120 kPa，以提高压力锅的安全性和经济性，并将此条内容归并到“范围”章中；

——破坏压力参照 DIN 66065:1990 规定，在原标准基础上增加了破坏压力最低值规定，以提高压力锅的强度要求；

——将原标准中“合盖安全性”增加定量要求，便于考核；

——参照 DIN 66065:1990 规定，将原标准中密封圈改用耐酸性和耐油性两个指标来考核，以便与国际标准接轨；

——将原标准中“氧化膜耐蚀性”改为按常规氧化膜、硬质氧化膜、涂层和抛光的表面处理结果指标来考核；

——参照 DIN 66065:1990、JIS S 2051:1985，增加了耐内压力、泄压压力、手柄结构、手柄连接牢固性、手柄温升指标要求，以进一步提高压力锅质量水平和安全性；

——为了使安全阀结构多样化及与国际接轨，取消了原标准中“易熔片式安全阀结构尺寸”和“表面质量”指标要求。

本标准的附录 A 是规范性附录，附录 B 是资料性附录。

本标准由中国轻工业联合会提出。

本标准由全国日用五金标准化中心归口。

本标准负责起草单位：苏泊尔集团有限公司；参加起草单位：浙江台州爱仕达电器有限公司、沈阳双喜压力锅制造总公司、浙江爱妻集团有限公司、浙江天喜实业有限公司、广东银港集团公司、宁波市威尔炊具制品有限公司。

本标准主要起草人：黄墩清、徐崇光、刘纲、陈合林、刘晓东、吕天喜、郑银强。

本标准的历次版本发布情况为：GB 13623—1992。

铝压力锅安全及性能要求

1 范围

本标准规定了铝压力锅(以下简称压力锅)的定义、产品分类、要求、试验方法、检验规则、标志、标签、使用说明书及包装、运输、贮存。

本标准适用于公称工作压力为 50 kPa～120 kPa,容积不大于 18 L,锅身用铝及铝合金板材加工成型的家庭用压力锅。

本标准不适用于用油进行压力煎炸的压力锅。

2 规范性引用文件

下列文件中的条款通过本标准的引用而成为本标准的条款。凡是注日期的引用文件,其随后所有的修改单(不包括勘误的内容)或修订版均不适用于本标准,然而,鼓励根据本标准达成协议的各方研究是否可使用这些文件的最新版本。凡是不注日期的引用文件,其最新版本适用于本标准。

GB/T 191 包装储运图示标志(GB/T 191—2000,eqv ISO 780:1997)

GB/T 2828 逐批检查计数抽样程序及抽样表(适用于连续批的检查)

GB/T 2829 周期检验计数抽样程序及表(适用于对过程稳定性的检验)

GB 4806.1 食品用橡胶制品卫生标准

GB/T 5009.72 铝制食具容器卫生标准的分析方法

GB/T 6388 运输包装收发货标志

GB/T 6543 瓦楞纸箱

GB/T 6544 包装材料 瓦楞纸板

GB 9684 不锈钢食具容器卫生标准

GB 11333 铝制食具容器卫生标准

GB 11678 食品容器内壁聚四氟乙烯涂料卫生标准

GB/T 11679 食品容器内壁聚四氟乙烯涂料卫生标准的分析方法

GB/T 11681 不锈钢食具容器卫生标准的分析方法

QB/T 2421 铝及铝合金不粘锅

QB/T 3826 轻工产品金属镀层和化学处理层的耐腐蚀试验方法 中性盐雾试验(NSS)法

QB/T 3832—1999 轻工产品金属镀层腐蚀试验结果的评价

QB/T 3833—1999 轻工产品铝或铝合金氧化处理层的测试方法

3 术语和定义

下列术语和定义适用于本标准。

3.1

限压阀

限定压力锅在工作压力范围内排气,保证正常工作的装置。

3.2

安全阀

限定压力锅在安全压力范围内排气,保证安全的装置。

3.3

泄压结构

限定压力锅在泄压压力范围内自动排气，保证安全的结构。

3.4

公称工作压力

限压阀设计压力。

3.5

工作压力

限压阀排气时表计压力值。

3.6

安全压力

安全阀排气时表计压力值。

3.7

耐内压力

在不发生明显永久性形变，保持密封性的条件下，压力锅所能承受的最大内压力。

3.8

泄压压力

泄压结构排气时表计压力值。

3.9

破坏压力

压力锅能承受的最大表计压力值。

4 产品分类

4.1 品种

按结构型式分为：旋合式(A)、落盖式(B)、压盖式(C)和其他结构(D)，参见附录B。

4.2 规格

4.2.1 产品规格以锅口内径（落盖式、压盖式以锅身直壁内径）、容积和公称工作压力表示。

4.2.2 规格以锅口内径表示时，单位为厘米(cm)，取整数，并优先采用偶数系列。

4.2.3 规格以容积表示时，单位为升(L)，数值取至小数点后一位数。

4.2.4 规格以公称工作压力表示时，单位为千帕(kPa)；取整数。

4.3 产品标记

4.3.1 由产品品种、锅口内径、锅身容积、公称工作压力（或公称工作压力范围）及标准编号表示。

4.3.2 标记示例

锅口内径 26 cm，锅身容积 10 L，公称工作压力 100 kPa 的旋合式压力锅标记为：

A26-10.0-100 GB 13623—2003

锅口内径 24 cm，锅身容积 8.3 L，公称工作压力 50 kPa～100 kPa 的压盖式压力锅标记为：

C24-8.3-50～100 GB 13623—2003

5 要求

5.1 制造要求

压力锅应符合本标准规定，并按经规定程序批准的技术文件制造。

5.2 标志

压力锅上永久性标志应齐全、端正、清晰。

5.3 外观

压力锅与手接触部位应光滑无毛刺，表面色泽均匀。

5.4 组件

压力锅组件应完整无缺，其中限压阀、安全阀和泄压结构均不能互换；限压阀应注明商标和压力值。

5.5 手柄结构

手柄结构应保证操作者使用时，手不应碰着手柄上的紧固螺钉。

5.6 容积

压力锅实际容积应不小于额定容积的95%。

5.7 表面处理

表面处理方式分为常规氧化、硬质氧化、涂层及抛光。

5.7.1 常规氧化膜

a) 氧化膜耐蚀性应不小于30 s；

b) 锅内表面氧化膜厚应不小于5 μm；锅外表面氧化膜厚应不小于7 μm。

5.7.2 硬质氧化膜

a) 氧化膜耐蚀性应不小于60 s；

b) 氧化膜厚应不小于30 μm；

c) 氧化膜硬度应不小于350 HV。

5.7.3 涂层

压力锅涂层应符合QB/T 2421的规定。

5.7.4 抛光

压力锅抛光表面应光亮一致，表面粗糙度 R_a 应不大于0.4 μm。

5.8 手柄连接牢固性

手柄连接应牢固，按6.2.9试验后，不能松动和变形。

5.9 手柄温升

a) 塑料手柄按6.2.10试验，手柄的温升应在45 K以下；

b) 金属手柄按6.2.10试验，手柄的温升应在35 K以下。

5.10 合盖安全性

5.10.1 压力锅在正常工作时上下手柄应重合，锅身与锅盖的锅牙扣合有效长度应大于85%。

5.10.2 锅身与锅盖的锅牙扣合有效长度不大于85%时，锅内压力不得超过5 kPa。

5.11 工作压力

工作压力为0.9倍～1.1倍公称工作压力。

5.12 限压阀体

压力锅工作时限压阀体不许自行脱落，限压阀体上应有防止烫手的部位。

5.13 密封性

锅内蒸汽压力在20 kPa至工作压力区间内，不应有滴水漏气现象。

5.14 安全压力

安全压力为1.4倍～2倍最大公称工作压力。

5.15 耐热压

锅内蒸汽压力在2倍最大公称工作压力时恒压1 min，仍能满足5.13的要求。

5.16 开盖安全性

压力锅应有开盖安全装置，当锅内压力在5 kPa以上时，锅盖应不能打开。

5.17 防堵安全性

压力锅应有防止限压阀排气孔堵塞的防堵安全装置，按6.2.17试验，其表计压力值在10 min内不应超过最大公称工作压力的1.25倍。

5.18 耐内压力

耐内压力不小于最大公称工作压力的3倍,按6.2.18的方法试验时,压力锅应不漏水;卸压后,做密封性试验,仍符合5.13的要求。

5.19 泄压压力

5.19.1 当锅内压力在大于2倍~3.5倍最大公称工作压力范围内,泄压结构应自动排气,使锅内压力连续下降,应在60 s内释放到20 kPa以下。

5.19.2 压盖式压力锅当锅内压力在1.4倍~3.5倍最大公称工作压力范围内,泄压结构应自动排气,锅内压力不能超过3.5倍最大公称工作压力。

5.20 钢制件

钢制件需经防腐处理。

5.21 塑料件耐煮性

塑料件按6.2.21试验后,应无裂纹、气泡、气孔和明显变色,无明显刺激性气味。

5.22 卫生要求

5.22.1 压力锅与食物接触部分卫生要求应符合GB 9684、GB 11333、GB 11678的规定。

5.22.2 与锅内气体、食物接触的橡胶件和密封圈应符合GB 4806.1的规定。

5.23 破坏压力

压力锅破坏压力不应低于最大公称工作压力的6倍;当6倍计算值低于500 kPa时,应达到500 kPa。

5.24 密封圈

5.24.1 耐酸性

密封圈按6.2.24.1试验后,体积的膨胀变化不得大于25%,或皱缩1%。

5.24.2 耐油性

密封圈按6.2.24.2试验后,被测物品的质量不应增加20%以上。

6 试验方法

6.1 试验条件

6.1.1 试验设备包括:

a) 0.4级0 MPa~0.1 MPa压力表一只;
b) 0.4级0 MPa~0.16 MPa压力表一只;
c) 1.5级0 MPa~0.6 MPa压力表一只;
d) 1.5级0 MPa~1 MPa压力表一只;
e) SB200型试压泵或类似试压泵一套;
f) KL-20型管形测力计一把;
g) 1.5 kW、2 kW和2.5 kW偏差范围为±5%的电炉具各一套;
h) 带排气阀门的压力表专用接头和其他接头若干;
i) 容积大于试样的水槽一只;
j) 秒表一只;
k) 防护罩一个;
l) 低限分辨率为0.1 μm的涡流测厚仪一台;
m) 精度为1.5℃的热电偶温度计一只;
n) 恒温箱一台;
o) HX-1000显微硬度计一台;

p) 感量为 1/5 g 的天平一只；

q) 精度为 1/3000 F. S，最小刻度值为 5 g 的衡器一台；

r) 量程为 30 N·m 的扭力扳手一把；

s) 量程为 100 mL(分度值 1 mL)的量筒一支；

t) 游标卡尺、砝码、钳工工具、粗糙度样板、专用工具若干。

注：试验用仪器设备不拘型号，能达到目的要求则可。

6.1.2 试验在常温下进行。

6.2 试验项目

6.2.1 标志、说明书检查

用目视检查，应符合 5.2、8.1、8.3 的要求。

6.2.2 外观检查

用目视、手感检查，压力锅与手柄接触部位应光滑无毛刺，表面色泽均匀。

6.2.3 组件检查

用目视检查组件，然后把压力锅限压阀、安全阀和泄压结构相互之间进行互换检查。

6.2.4 手柄结构试验

手柄结构试验按图 1 方法进行，测试探头不能碰到手柄上的紧固螺钉。

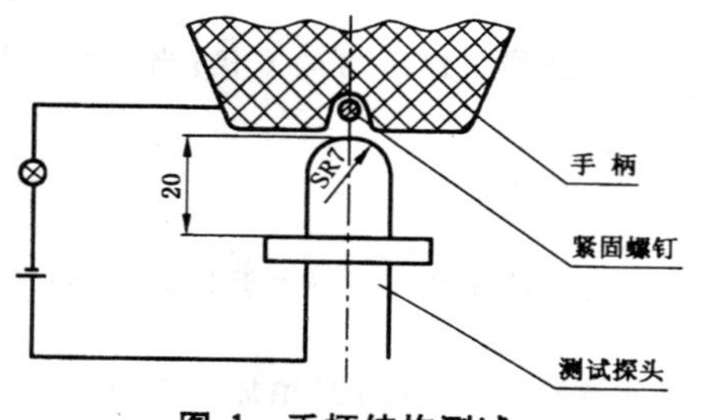

图 1 手柄结构测试

6.2.5 容积测定

把空的锅身放在衡器上称质量为 G_1，将锅身平放，向锅内注满水，称锅身带水的质量 G_2，按式(1)计算锅身容积 V：

$$V = (G_2 - G_1)/\rho \qquad (1)$$

式中：

G_1——锅身质量，单位为千克(kg)；

G_2——锅身带水质量，单位为千克(kg)；

V——容积，单位为升(L)；

ρ——水的密度，取 1 kg/L。

6.2.6 氧化膜试验

a) 氧化膜耐蚀性按 QB/T 3833—1999 中 2.2 试验；

b) 氧化膜厚度用低限分辨率为 0.1 μm 的涡流测厚仪按附录 A 测量；

c) 硬质氧化膜硬度用显微硬度计测量。

6.2.7 涂层试验

按 QB/T 2421 试验。

6.2.8 抛光检查

用粗糙度样板对照试样进行目测检查。

6.2.9 手柄连接牢固性试验

a) 取试样的锅身;

b) 单长柄锅(长短柄锅)夹持在从锅身外壁至长柄末端长度的二分之一处,双短柄锅同时夹持在双柄从锅身外壁至短柄末端长度的二分之一处(中间带孔的双短柄夹持在末端),夹具宽度为30 mm;使锅身离开工作台面一定高度;

c) 用相当于锅实际容积3倍水质量的砝码均匀置于锅内,保持10 min;

d) 取出砝码往锅内注满水,观察有否滴水;

e) 试验后手柄不松动,不变形,手柄无裂纹等异常现象。

6.2.10 手柄温升试验

a) 在锅内加入容积三分之二的自来水;

b) 将热电偶温度计的探头安装在塑料手柄下侧中央或金属手柄下侧中央处(副手柄测末端);

c) 合上锅盖将锅放在功率2 kW、直径略小于锅底的电炉具上加热;

d) 当锅内压力达到工作压力时,保压30 min;记录温度值,然后减去试验环境温度。

6.2.11 合盖安全性试验(落盖式、压盖式除外)

a) 检查压力锅正常工作时上下手柄是否重合;

b) 用压力表专用接头将0.4级0 MPa～0.1 MPa压力表安装在锅盖安全阀孔处,关闭专用接头上排气阀;

c) 在锅内加入容积50%的自来水;

d) 合上锅盖使锅身与锅盖按正常锅盖牙长度的85%扣合;

e) 将锅放到2 kW电炉具上加热;

f) 当限压阀排气管连续排气时,放上限压阀体;

g) 连续观察表计压力值120 s,观察压力锅有无升压,是否超过规定的范围。

6.2.12 工作压力试验

a) 用压力表专用接头将0.4级0 MPa～0.16 MPa压力表安装在锅盖安全阀孔处,关闭专用接头上排气阀;

b) 在锅内加入容积50%的自来水;

c) 合上锅盖,将锅放在2 kW电炉具上加热;

d) 当锅连续排气时,放上限压阀体,继续加热,观察表计压力值;

e) 从限压阀排气开始,持续30 s,取最大表计压力值;

f) 在试验过程中应符合5.12的要求;

g) 停止加热,放掉锅内蒸汽。

6.2.13 密封性试验

a) 按6.2.12中a)、b)、c)、d)进行;

b) 当表计压力值从20 kPa至限压阀排气,观察压力锅有无滴水漏气现象。

6.2.14 安全压力试验

a) 用压力表专用接头将1.5级0 MPa～0.6 MPa压力表安装在锅盖限压阀孔处,打开专用接头上排气阀;

b) 将安全阀安装在锅盖安全阀孔处;

c) 按6.2.12中b)、c)进行;

d) 当专用接头上排气阀连续排气20 s后,关闭专用接头上排气阀,继续加热并观察表计压力值从安全阀第一次排气开始至120 s后,停止加热,并取这段过程最大表计压力值;如表计压力值超过安全压力上限时,应终止试验,打开专用接头上排气阀放掉锅内蒸汽。

6.2.15 耐热压试验

a) 用压力表专用接头将1.5级0 MPa～0.6 MPa压力表安装在锅盖限压阀孔处,打开专用接头上排气阀，用专用螺栓将锅盖安全阀安装孔堵死；

b) 按 6.2.12 中 b)、c)进行；

c) 当专用接头上排气阀连续排气 20 s 后，关闭专用接头上排气阀，继续加热并观察表计压力值；

d) 当表计压力值达到最大安全压力时，恒压 1 min，停止加热，打开专用接头上排气阀卸压；

e) 然后按 6.2.13 做密封性试验，观察压力锅有无滴水漏气现象。

6.2.16 开盖安全性试验(落盖式、压盖式除外)

a) 按 6.2.11 中 b)、c)进行；

b) 合上锅盖，使锅身和锅盖处于扣合到位状态；

c) 将锅放到 1.5 kW 电炉具上加热；

d) 当限压阀排气管连续排气时，放上限压阀体；

e) 开盖安全装置应顺利动作，当锅内压力达到 5 kPa 以上时，将锅移开电炉置于专用防护罩内；

f) 固定下手柄，当锅内压力降至 5 kPa 时，用测力计在上手柄末端垂直于上手柄中线沿水平方向施加 100 N 拉力，观察是否开启。

6.2.17 防堵安全性试验

a) 向锅内加入锅身容积十六分之一的稻谷、十六分之一的绿豆和十六分之一的糯米，然后加水至锅身容积的五分之四；

b) 用压力表专用接头将 0.4 级 0 MPa～0.16 MPa 压力表安装在锅盖安全阀孔处，关闭专用接头上排气阀，合好锅盖；

c) 将锅放在 2.5 kW 电炉具上加热，当排气管连续排气时，放上限压阀体，继续加热，从限压阀排气开始计时，5 min 时提起一次限压阀体，时间为 5 s；

d) 观察表计压力值，10 min 内压力不得超过最大公称工作压力的 1.25 倍。

6.2.18 耐内压力试验(压盖式除外)

a) 用压力表专用接头将 1.5 级 0 MPa～0.6 MPa 压力表安装在锅盖限压阀孔处，打开专用接头上排气阀；

b) 用专用接头连接试压泵给水管与锅盖安全阀孔，用辅助用具使其他安全保险装置不能动作，但不能增加试样原来的强度；

c) 将锅内注满水合好锅盖；

d) 用试压泵加压，排出锅内空气，当专用接头上排气阀有水溢出时，关闭专用接头上排气阀，继续加压到最大公称工作压力的 3 倍时，保压 30 s，观察测定其压力及性能；

e) 卸压后，按 6.2.13 做密封性试验，观察压力锅有无滴水漏气现象。

6.2.19 泄压压力试验

a) 按 6.2.15 中 a)、b)、c)进行；压盖式压力锅试验时 C18、C20 用 4 N·m 力矩合盖，C22、C24 用 8 N·m 力矩合盖，C26、C28 用 10 N·m 力矩合盖；

b) 试验时压力锅应置于防护罩内；

c) 泄压结构排气时，切断电源，读出泄压前的最大表计压力值；此时泄压结构不能脱离压力锅；

d) 从泄压结构排气开始计时，观察表计压力值，60 s 内不得超过 20 kPa；压盖式压力锅不能超过 3.5 倍最大公称工作压力；

e) 如表计压力值达到最大泄压压力时未排气，应终止试验。

6.2.20 钢制件试验

a) 按 QB/T 3826 规定的程序和试验条件进行 6 h 试验；

b) 试验结束后，按 QB/T 3832—1999 中简易 10 级制定级法的耐腐蚀等级 4 级来判别。

6.2.21 塑料件耐煮性试验

a) 将试样用中性洗涤剂洗净；

b) 将试样放入装有常温水的锅中浸没，开着锅盖，放到 2 kW 电炉具上加热，水沸时开始计时，30 min后停止加热；

c) 取出试样后立即放入常温水中，冷却后取出试样检查并观察其结果。

6.2.22 卫生要求试验

a) 产品按 GB/T 5009.72、GB/T 11679 及 GB/T 11681 试验；

b) 橡胶件和密封圈按 GB 4806.1 试验。

6.2.23 破坏压力试验(压盖式除外)

a) 用压力表专用接头将 1.5 级 0 MPa～1 MPa 压力表安装在锅盖限压阀孔处，打开专用接头上排气阀；

b) 用专用接头连接试压泵给水管与锅盖安全阀孔；用辅助用具使其他安全保险装置不能工作，但不能增加试样原来的强度；

c) 锅内盛满水合好锅盖，使上下手柄完全处于重合状态；

d) 用试压泵加压，排出锅内空气，当专用接头上排气阀有水溢出时，关闭专用接头上排气阀，继续加压(水流量 1 L/min～1.6 L/min)；

e) 当水从锅口处溢出时，读出表计压力值为破坏压力。

6.2.24 密封圈试验

6.2.24.1 耐酸性试验

a) 全新密封圈取 4 cm～5 cm，用量程为 100 mL 的量筒，测量试样的体积；

b) 将质量百分比浓度为 4%的乙酸与蒸馏水按 3∶1 的体积比配制成混合液；

c) 然后将试样浸泡在混合液中沸煮 72 h 以上，试验过程中用相同浓度的混合液保持试液容量为 200 mL±20 mL；

d) 取出试样冷却后清洗擦干；

e) 再对试样的体积变化情况用量筒进行测量。

6.2.24.2 耐油性试验

a) 全新密封圈取 3 g～6 g；

b) 置于温度为 100℃的食用大豆油(色拉油)中浸泡 72 h 以上；

c) 取出试样冷却后清洗擦干；

d) 然后对试样的质量增加情况进行测量。

7 检验规则

7.1 产品检验分出厂检验和型式检验。

7.2 出厂检验按 GB/T 2828 规定，采用正常检查一次抽样方案，按每百单位产品不合格品数计算。出厂检验的项目、不合格分类、检查水平及合格质量水平见表 1。

表 1 出厂检验项目及判别

序号	检验项目	不合格分类	对应条款	检查水平	合格质量水平(AQL)
1	合盖安全性	A	5.10	S-1	4.0
2	工作压力		5.11,5.12		
3	密封性		5.13		
4	安全压力		5.14		
5	耐热压		5.15		
6	开盖安全性		5.16		
7	防堵安全性		5.17		
8	耐内压力		5.18		
9	泄压压力		5.19		
10	破坏压力		5.23		
11	手柄结构	B	5.5	S-2	6.5
12	氧化膜、涂层、抛光		5.7		
13	手柄连接牢固性		5.8		
14	手柄温升		5.9		
15	塑料件耐煮性		5.21		
16	标志	C	5.2,8.1	S-2	10
17	外观		5.3		
18	组件		5.4		
19	钢制件处理		5.20		

7.3 型式检验按 GB/T 2829 规定，采用判别水平Ⅱ的二次抽样方案，按每百单位产品不合格品数计算。

7.3.1 在下列情况之一时，应进行型式检验：

a) 新产品试制定型鉴定；

b) 产品转厂生产的试制定型鉴定；

c) 当结构、材料、工艺有较大改变，可能影响产品性能时；

d) 正常生产时，每年不少于一次；

e) 产品停产六个月以上重新生产时；

f) 出厂检验结果与上次型式检验有较大差异时；

g) 国家质量监督机构提出要求时。

7.3.2 型式检验的项目、不合格分类、判别水平、样本大小、不合格质量水平见表 2。

表 2 型式检验项目及判别

序号	检验项目	不合格分类	对应条款	判别水平	样本大小	不合格质量水平（RQL）
1	合盖安全性	A	5.10	Ⅱ	$n_1=n_2=3$	50
2	工作压力		5.11,5.12			
3	密封性		5.13			
4	安全压力		5.14			
5	耐热压		5.15			
6	开盖安全性		5.16			
7	防堵安全性		5.17			
8	耐内压力		5.18			
9	泄压压力		5.19			
10	卫生要求		5.22		$n=3$	
11	破坏压力		5.23		$n_1=n_2=3$	
12	使用说明书		8.3			
13	手柄结构	B	5.5			65
14	氧化膜、涂层、抛光		5.7			
15	手柄连接牢固性		5.8			
16	手柄温升		5.9			
17	塑料件耐煮性		5.21			
18	密封圈		5.24			
19	标志	C	5.2,8.1			80
20	外观		5.3			
21	组件		5.4			
22	容积		5.6			
23	钢制件处理		5.20			

注 1：表中卫生要求检查采用一次抽样方案。

注 2：密封圈型式试验的样本应从出厂试验合格批中另行随机抽取。

注 3：涂层型式试验的样本按 QB/T 2421 要求抽取。

8 标志、标签、使用说明书

8.1 标志

8.1.1 产品上应有如下永久性的标志：

a） 商标；

b） 企业名称；

c） 产品标记；

d） 制造年、月。

8.1.2 压力锅的密封圈上应有压力锅制造商的商标（或厂名）和规格。

8.1.3 包装标志

8.1.3.1 包装盒上应有如下标志：

a) 商标；
b) 品名及规格；
c) 产品标记；
d) 执行标准编号；
e) 许可证编号；
f) 企业名称、厂址、邮政编码；
g) 表面处理方式。

8.1.3.2 包装箱上应有如下标志，贮运图示标志应符合 GB/T 191 的有关规定，收发货标志应符合 GB/T 6388 的有关规定。

a) 商标；
b) 品名及规格；
c) 产品标记；
d) 执行标准编号及名称；
e) 许可证编号；
f) 企业名称、厂址、邮政编码；
g) 出厂年、月；
h) 数量；
i) 净重、毛重、体积(长×宽×高)；
j) 怕湿、向上、小心轻放标志。

8.2 标签

合格证应包括如下内容：

a) 商标；
b) 合格证(字样)；
c) 检验员(签名或代号)；
d) 制造日期；
e) 制造厂名。

8.3 使用说明书

使用说明书应包括如下内容：

a) 使用前仔细阅读使用说明书；
b) 使用前的准备工作；
c) 使用说明；
d) 应写明检查和清洗方法、安全使用和装配注意事项；
e) 有儿童在旁边时，使用压力锅应密切注意；
f) 使用不当有可能造成伤害，应有警示标志或警示说明；
g) 要注明膨胀食物和容易堵塞食品的最大容积；
h) 影响安全性能的装置不得随意更改，遇安全装置无法正常工作或动作时，不能继续使用压力锅，应送到企业指定部门检验合格后才能继续使用；
i) 本产品执行的标准编号；
j) 许可证编号；
k) 制造厂名称、厂址、邮政编码和联系电话。

9 包装、运输、贮存

9.1 包装

9.1.1 将锅身与锅盖用中性包装物包装后装入符合 GB/T 6544 规定的瓦楞纸板包装盒内;盒内附有使用说明书、合格证、装盒单。

9.1.2 将盒装产品按规定装入符合 GB/T 6543 规定的纸箱内。

9.1.3 包装箱用打包带紧固。

9.2 运输

9.2.1 运输时应轻拿轻放,严禁抛掷、翻滚和踩踏。

9.2.2 运输途中应谨防受潮、挤压及雨淋。

9.2.3 严禁与腐蚀性物品同时装运。

9.3 贮存

9.3.1 库房内应保持通风良好,相对湿度不大于 85%。

9.3.2 产品存放离墙距离保持 200 mm 以上,离地距离保持在 100 mm 以上,不得与有腐蚀性物品同时存放。

9.3.3 在符合 9.2 和 9.3.1、9.3.2 的条件下,自产品出厂起,抛光产品贮存期限为一年,其他产品贮存期限为两年。

附 录 A
（规范性附录）
氧化膜厚测量点

A.1 锅身氧化膜厚测量点

A.1.1 锅身外壁部测量点，在外壁部分二分之一高度圆周上作四等分（避开锅身手柄座），得四个测量点。

A.1.2 内锅底测量点，过内锅底部中心作两条相互垂直的直线，以内底部中心为圆心，以底部半径的一半为半径作圆，与直线相交得四个测量点。

A.1.3 测量锅身所取得测量点的厚度，分别取其平均值。

A.2 锅盖氧化膜厚测量点

A.2.1 锅盖外部测量点，过锅盖外表面中心，作两条互相垂直的外表线，以锅盖外部中心为圆心，以锅盖半径的一半为半径作圆，与外表线相交得四个测量点。

A.2.2 锅盖内部测量点，过锅盖内表面中心，作两条互相垂直的内表面线，以锅盖内部中心为圆心，以锅盖半径的一半为半径作圆，与内表面线相交得四个测量点。

A.2.3 测量锅盖所取得测量点的厚度，分别取其平均值。

附 录 B
（资料性附录）
压力锅的结构型式

B.1 压力锅的结构型式

按压力锅结构分为旋合式压力锅、落盖式压力锅、压盖式压力锅和其他结构压力锅。

B.1.1 旋合式压力锅

旋合式压力锅在产品标记中用英文字母 A 表示，其结构型式及各部位名称见图 B.1。

B.1.2 落盖式压力锅

落盖式压力锅在产品标记中用英文字母 B 表示，其结构型式及各部位名称见图 B.2。

B.1.3 压盖式压力锅

压盖式压力锅在产品标记中用英文字母 C 表示，其结构型式及部位名称见图 B.3。

B.1.4 其他结构压力锅

符合本标准要求的其他结构压力锅在产品标记中用英文字母 D 表示，其结构应经全国日用五金标准化中心认可。

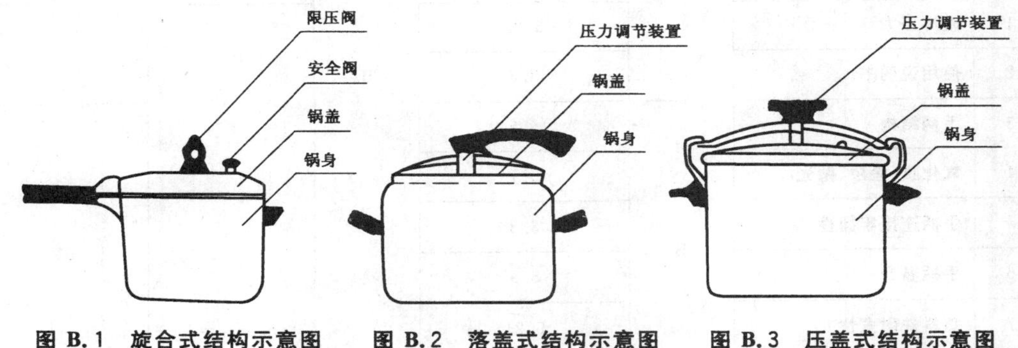

图 B.1 旋合式结构示意图　**图 B.2 落盖式结构示意图**　**图 B.3 压盖式结构示意图**

GB 13623—2003《铝压力锅安全及性能要求》
第 1 号修改单

本修改单业经国家标准化管理委员会于 2004 年 1 月 16 日以国标委农轻函[2004]4 号文批准，自发布之日起实施。

7.3.2 条表 2，不合格质量水平(RQL)栏中数据及注 1、注 2、注 3 原文：

表 2　型式检验项目及判别

<table>
<tr><th>序号</th><th>检验项目</th><th>不合格分类</th><th>对应条款</th><th>判别水平</th><th>样本大小</th><th>不合格质量水平(RQL)</th></tr>
<tr><td>1</td><td>合盖安全性</td><td rowspan="12">A</td><td>5.10</td><td rowspan="23">Ⅱ</td><td rowspan="9">$n_1=n_2=3$</td><td rowspan="12">50</td></tr>
<tr><td>2</td><td>工作压力</td><td>5.11,5.12</td></tr>
<tr><td>3</td><td>密封性</td><td>5.13</td></tr>
<tr><td>4</td><td>安全压力</td><td>5.14</td></tr>
<tr><td>5</td><td>耐热压</td><td>5.15</td></tr>
<tr><td>6</td><td>开盖安全性</td><td>5.16</td></tr>
<tr><td>7</td><td>防堵安全性</td><td>5.17</td></tr>
<tr><td>8</td><td>耐内压力</td><td>5.18</td></tr>
<tr><td>9</td><td>泄压压力</td><td>5.19</td></tr>
<tr><td>10</td><td>卫生要求</td><td>5.22</td><td>$n=3$</td></tr>
<tr><td>11</td><td>破坏压力</td><td>5.23</td><td rowspan="13">$n_1=n_2=3$</td></tr>
<tr><td>12</td><td>使用说明书</td><td>8.3</td></tr>
<tr><td>13</td><td>手柄结构</td><td rowspan="6">B</td><td>5.5</td><td rowspan="6">65</td></tr>
<tr><td>14</td><td>氧化膜、涂层、抛光</td><td>5.7</td></tr>
<tr><td>15</td><td>手柄连接牢固性</td><td>5.8</td></tr>
<tr><td>16</td><td>手柄温升</td><td>5.9</td></tr>
<tr><td>17</td><td>塑料件耐煮性</td><td>5.21</td></tr>
<tr><td>18</td><td>密封圈</td><td>5.24</td></tr>
<tr><td>19</td><td>标志</td><td rowspan="5">C</td><td>5.2,8.1</td><td rowspan="5">80</td></tr>
<tr><td>20</td><td>外观</td><td>5.3</td></tr>
<tr><td>21</td><td>组件</td><td>5.4</td></tr>
<tr><td>22</td><td>容积</td><td>5.6</td></tr>
<tr><td>23</td><td>钢制件处理</td><td>5.20</td></tr>
<tr><td colspan="7">注 1：表中卫生要求检查采用一次抽样方案。
注 2：密封圈型式试验的样本应从出厂试验合格批中另行随机抽取。
注 3：涂层型式试验的样本按 QB/T 2421 要求抽取。</td></tr>
</table>

7.3.2 条表 2，不合格质量水平(RQL)栏中数据及注 1、注 2、注 3 原文更改为：

表 2　型式检验项目及判别

<table>
<tr><th>序号</th><th>检验项目</th><th>不合格分类</th><th>对应条款</th><th>判别水平</th><th>样本大小</th><th>不合格质量水平(RQL)</th></tr>
<tr><td>1</td><td>合盖安全性</td><td rowspan="12">A</td><td>5.10</td><td rowspan="23">Ⅱ</td><td rowspan="9">$n_1=n_2=3$</td><td rowspan="9">65</td></tr>
<tr><td>2</td><td>工作压力</td><td>5.11,5.12</td></tr>
<tr><td>3</td><td>密封性</td><td>5.13</td></tr>
<tr><td>4</td><td>安全压力</td><td>5.14</td></tr>
<tr><td>5</td><td>耐热压</td><td>5.15</td></tr>
<tr><td>6</td><td>开盖安全性</td><td>5.16</td></tr>
<tr><td>7</td><td>防堵安全性</td><td>5.17</td></tr>
<tr><td>8</td><td>耐内压力</td><td>5.18</td></tr>
<tr><td>9</td><td>泄压压力</td><td>5.19</td></tr>
<tr><td>10</td><td>卫生要求</td><td>5.22</td><td>$n=3$</td><td>50</td></tr>
<tr><td>11</td><td>破坏压力</td><td>5.23</td><td rowspan="13">$n_1=n_2=3$</td><td rowspan="2">65</td></tr>
<tr><td>12</td><td>使用说明书</td><td>8.3</td></tr>
<tr><td>13</td><td>手柄结构</td><td rowspan="6">B</td><td>5.5</td><td rowspan="6">80</td></tr>
<tr><td>14</td><td>氧化膜、涂层、抛光</td><td>5.7</td></tr>
<tr><td>15</td><td>手柄连接牢固性</td><td>5.8</td></tr>
<tr><td>16</td><td>手柄温升</td><td>5.9</td></tr>
<tr><td>17</td><td>塑料件耐煮性</td><td>5.21</td></tr>
<tr><td>18</td><td>密封圈</td><td>5.24</td></tr>
<tr><td>19</td><td>标志</td><td rowspan="5">C</td><td>5.2,8.1</td><td rowspan="5">100</td></tr>
<tr><td>20</td><td>外观</td><td>5.3</td></tr>
<tr><td>21</td><td>组件</td><td>5.4</td></tr>
<tr><td>22</td><td>容积</td><td>5.6</td></tr>
<tr><td>23</td><td>钢制件处理</td><td>5.20</td></tr>
<tr><td colspan="7">注 1：表中卫生要求检验采用一次抽样方案。
注 2：密封圈型式检验的样本应从出厂检验合格批中另行随机抽取。
注 3：涂层型式检验的样本按 QB/T 2421 要求抽取。</td></tr>
</table>

ICS 97.040.60
Y 73

中华人民共和国国家标准

GB 15066—2004
代替 GB 15066—1994

不 锈 钢 压 力 锅

Stainless steel pressure cooker

2004-11-30 发布　　　　2005-05-01 实施

中华人民共和国国家质量监督检验检疫总局
中 国 国 家 标 准 化 管 理 委 员 会　发 布

前言

本标准的全部技术内容为强制性。

本标准参照采用德国 DIN 66065:1990《蒸汽平底压力锅要求及检测方法》。

本标准是对 GB 15066—1994《不锈钢压力锅》的修订。

本标准与 GB 15066—1994 的主要技术差异如下：

——公称工作压力范围从原标准的 50 kPa～100 kPa 调整为 50 kPa～120 kPa；

——引入“多层复底”术语和定义，取消了“双复底”术语和定义；

——参照 DIN 66065:1990 标准规定，增加了破坏压力的规定；

——参照 DIN 66065:1990 标准规定，增加了对压力锅手柄数量、结构、温升等的要求；

——参照 DIN 66065:1990 标准规定，增加了对复合底内凹量的具体规定及复合底牢固试验的具体要求；

——增加了“合盖安全性”合盖有效长度的定量要求；

——取消了压盖式压力锅对耐内压力的要求，由增加的耐热压要求代替；

——参照 DIN 66065:1990 标准，增加了泄压压力的要求；

——参照 DIN 66065:1990 标准规定，将密封圈改用耐酸性和耐油性两个指标来考核；

——取消了“表面质量”指标的要求。

本标准的附录 A 是资料性附录。

本标准由中国轻工业联合会提出。

本标准由全国日用五金标准化中心归口。

本标准负责起草单位：苏泊尔集团有限公司；参加起草单位：国家日用金属制品质量监督中心、浙江台州爱仕达电器有限公司、沈阳双喜压力锅制造有限公司、浙江天喜实业集团有限公司、南海家能现代厨具有限公司。

本标准主要起草人：黄墩清、张田福、宋钦海、陈美荣、刘晓东、吕天喜、冯志辉。

本标准的历次版本发布情况为：GB 15066—1994。

不锈钢压力锅

1 范围

本标准规定了不锈钢压力锅(以下简称压力锅)的术语和定义、产品分类、要求、抽样、试验方法、标志、标签、使用说明书及包装、运输、贮存。

本标准适用于公称工作压力为50 kPa～120 kPa,容积不大于18 L,用不锈钢钢板加工成型的家庭用压力锅。

本标准不适用于用油进行压力煎炸的压力锅。

2 规范性引用文件

下列文件中的条款通过本标准的引用而成为本标准的条款。凡是注日期的引用文件,其随后所有的修改单(不包括勘误的内容)或修订版均不适用于本标准,然而,鼓励根据本标准达成协议的各方研究是否可使用这些文件的最新版本。凡是不注日期的引用文件,其最新版本适用于本标准。

GB/T 191 包装储运图示标志(GB/T 191—2000,eqv ISO 780:1997)

GB/T 2828 逐批检查计数抽样程序及抽样表(适用于连续批的检查)

GB/T 2829 周期检验计数抽样程序及表(适用于对过程稳定性的检验)

GB/T 3190 变形铝及铝合金化学成分

GB/T 3280 不锈钢冷轧钢板

GB 4806.1 食品用橡胶制品卫生标准

GB/T 5009.72 铝制食具容器卫生标准的分析方法

GB/T 6388 运输包装收发货标志

GB/T 6543 瓦楞纸箱

GB/T 6544 包装材料 瓦楞纸板

GB 9684 不锈钢食具容器卫生标准

GB 11333 铝制食具容器卫生标准

GB/T 11681 不锈钢食具容器卫生标准的分析方法

QB/T 3826 轻工产品金属镀层和化学处理层的耐腐蚀试验方法 中性盐雾试验(NSS)法

QB/T 3832—1999 轻工产品金属镀层腐蚀试验结果的评价

3 术语和定义

下列术语和定义适用于本标准。

3.1

单复底 single layer bonding bottom

在锅身的底部复合一层金属板的锅底。

3.2

多层复底 multi layer bonding bottom

在锅身的底部复合两层或两层以上金属板的锅底。

3.3

限压阀 pressure control device

限定压力锅在工作压力范围内排气,保证正常工作的装置。

3.4

安全阀　safety device

限定压力锅在安全压力范围内排气,保证安全的装置。

3.5

泄压结构　decompression device

限定压力锅在泄压压力范围内自动排气,保证安全的结构。

3.6

公称工作压力　nominal working pressure

限压阀设计压力。

3.7

工作压力　working pressure

限压阀排气时表计压力值。

3.8

安全压力　safety pressure

安全阀排气时表计压力值。

3.9

耐热压　maximum heating pressure

在不发生明显永久性形变,保持密封性的条件下,压力锅所能承受的最大热内压力。

3.10

耐内压力　maximum allowable pressure

在不发生明显永久性形变,保持密封性的条件下,压力锅所能承受的最大内压力。

3.11

泄压压力　decompression pressure

泄压结构排气时表计压力值。

3.12

破坏压力　destructible pressure

压力锅能承受的最大表计压力值。

4　产品分类

4.1　品种

产品按锅底分为:单复底(D)、多层复底(S)。

产品按结构型式分为:旋合式(A)、落盖式(B)、压盖式(C)和其他结构(D),参见附录A。

4.2　规格

4.2.1　规格以锅口内径(落盖式、压盖式以锅身直壁内径)、容积和公称工作压力表示。

4.2.2　规格以锅口内径表示时,单位为厘米(cm)取整数,并优先采用偶数系列。

4.2.3　规格以容积表示时,单位为升(L),数值取至小数点后一位数。

4.2.4　规格以公称工作压力表示时,单位为千帕(kPa)取整数。

4.3　产品标记

4.3.1　标记由产品品种、锅口内径、锅身容积、公称工作压力(或公称工作压力范围)及标准编号表示。

4.3.2　标记示例:

锅口内径 26 cm,锅身容积 10 L,公称工作压力 100 kPa 的旋合式多层复底压力锅标记为:

AS26-10.0-100　GB 15066—2004

锅口内径 24 cm,锅身容积 8.3 L,公称工作压力 50 kPa～100 kPa 的压盖式单复底压力锅标记为:

CD24-8.3-50～100　GB 15066—2004

5 要求

5.1 材料

5.1.1 锅身、锅盖应采用符合 GB/T 3280 中规定的 1Cr18Ni9、0Cr18Ni9 或采用性能不低于上述规定的其他不锈钢。

5.1.2 单复底金属采用 GB/T 3190 中的工业纯铝板材或其他导热性良好的金属板材。复合层(不含锅身材料)厚度不低于 2.5 mm。

5.1.3 多层复底金属板的里层应采用与单复底相同的材料,外层应采用有防护和装饰作用的金属板。复合层(不含锅身材料)厚度不低于 2.5 mm。

5.2 标志

压力锅上永久性标志应齐全、端正、清晰、耐久。

5.3 压力锅与手接触部位

压力锅与手接触部位应光滑无毛刺。

5.4 抛光

压力锅抛光表面应光亮一致,表面粗糙度 R_a 应不大于 0.8 μm。

5.5 容积

压力锅实际容积应不小于额定容积的 95%。

5.6 组件

压力锅组件应完整无缺,其中限压阀、安全阀和泄压结构均不能互换;限压阀应注明商标和公称工作压力值。

5.7 手柄

5.7.1 压力锅锅身应装配两个手柄,锅盖至少有一个手柄。

5.7.2 手柄结构应保证操作者使用时,手不应碰着手柄上的紧固螺钉。

5.7.3 手柄连接应牢固,按 7.2.6.3 试验后,不松动,不变形,手柄无裂纹等异常现象。

5.7.4 手柄温升:

a) 塑料手柄按 7.2.6.4 试验,手柄的温升应在 45 K 以下;

b) 金属手柄按 7.2.6.4 试验,手柄的温升应在 35 K 以下。

5.7.5 手柄与压力锅相连的固定部分经 7.2.6.5 试验后不松动,不变形。

5.8 合盖安全性

5.8.1 压力锅在正常工作时上下手柄应重合,锅身与锅盖的锅牙扣合有效长度应大于 85%。

5.8.2 锅身与锅盖的锅牙扣合有效长度不大于 85%时,锅内压力不得超过 5 kPa。

5.9 工作压力

工作压力为 0.9 倍～1.1 倍公称工作压力。

5.10 限压阀体

压力锅工作时限压阀体不应自行脱落,限压阀体上应有防止烫手的部位。

5.11 密封性

锅内蒸汽压力在 20 kPa 至工作压力区间内,不应有滴水漏气现象。

5.12 安全压力

安全压力为 1.4 倍～2 倍最大公称工作压力。

5.13 耐热压

锅内蒸汽压力在 2 倍最大公称工作压力时恒压 1 min,卸压后,做密封性试验,仍符合 5.11 的要求。

5.14 **开盖安全性**

压力锅应有开盖安全装置，当锅内压力在 5 kPa 以上时，锅盖应不能打开。

5.15 **防堵安全性**

压力锅应有防止限压阀排气孔堵塞的防堵安全装置，按 7.2.13 试验，其表计压力值在 10 min 内不应超过最大公称工作压力的 1.25 倍。

5.16 **耐内压力**

耐内压力不小于最大公称工作压力的 3 倍，按 7.2.14 的方法试验时，压力锅应不漏水；卸压后，做密封性试验，仍符合 5.11 的要求。

5.17 **泄压压力**

5.17.1 当锅内压力在大于 2 倍～3.5 倍最大公称工作压力范围内，且最大压力不超过 350 kPa，泄压结构应自动排气，使锅内压力连续下降，应在 60 s 内释放到 20 kPa 以下。

5.17.2 压盖式压力锅当锅内压力在大于安全压力至 3.5 倍最大公称工作压力范围内，泄压结构应自动排气，锅内压力不能超过 3.5 倍最大公称工作压力。

5.17.3 泄压压力装置动作时相关部件不能飞离锅体。

5.18 **复合底**

5.18.1 压力锅在室温时底部不外凸，内凹量不超过底部直径的 0.6%。

5.18.2 压力锅按 7.2.16.2、7.2.16.3 试验后，复合底牢固，不开裂，底部不外凸。

5.19 **破坏压力**

压力锅破坏压力不应低于 500 kPa，按 7.2.17 试验后锅身和锅盖不允许出现相脱离现象。

5.20 **钢制件**

非不锈钢材料的钢制件需经防腐处理，经 7.2.18 试验后，耐腐蚀等级应大于等于 4 级。

5.21 **塑料件耐煮性**

塑料件应有良好的耐煮性，按 7.2.19 试验后，应无裂纹、气泡、气孔和明显变色，无明显刺激性气味。

5.22 **卫生要求**

5.22.1 压力锅与食物接触部分卫生要求应符合 GB 9684、GB 11333 的规定。

5.22.2 与锅内气体、食物接触的橡胶件和密封圈应符合 GB 4806.1 的规定。

5.23 **密封圈**

5.23.1 **耐酸性**

密封圈按 7.2.21.1 试验后，体积的膨胀变化不得大于 25%，或皱缩 1%。

5.23.2 **耐油性**

密封圈按 7.2.21.2 试验后，被测样品的质量不应增加 20%以上。

6 抽样

6.1 产品检验分出厂检验和型式检验。

6.2 出厂检验按 GB/T 2828 规定，采用正常检查一次抽样方案，按每百单位产品不合格品数计算。出厂检验的项目、不合格分类、检查水平及合格质量水平见表 1。

6.3 型式检验按 GB/T 2829 规定，采用判别水平Ⅱ的二次抽样方案，卫生要求检验采用判别水平Ⅱ的一次抽样方案，按每百单位产品不合格品数计算。

6.3.1 在下列情况之一时，应进行型式检验：

a) 新产品试制定型鉴定；

b) 产品转厂生产的试制定型鉴定；

c) 当结构、材料、工艺有较大改变，可能影响产品性能时；

d) 正常生产时，每年不少于一次；

e) 产品停产六个月以上重新生产时；

f) 出厂检验结果与上次型式检验有较大差异时；

g) 国家质量监督机构提出要求时。

6.3.2 型式检验的项目、不合格分类、判别水平、样本大小、不合格质量水平见表2。

表1 出厂检验项目及判别

序号	检验项目	不合格分类	对应条款	检查水平	合格质量水平(AQL)
1	合盖安全性	A	5.8.1,5.8.2	S-1	4.0
2	工作压力		5.9,5.10		
3	密封性		5.11		
4	安全压力		5.12		
5	耐热压		5.13		
6	开盖安全性		5.14		
7	耐内压力		5.16		
8	泄压压力		5.17.1,5.17.2,5.17.3		
9	破坏压力		5.19		
10	压力锅与手接触部位	B	5.3	S-2	6.5
11	组件		5.6		
12	手柄		5.7.1,5.7.2,5.7.3,5.7.4,5.7.5		
13	塑料件耐煮性		5.21		
14	标志	C	5.2,8.1	S-2	10
15	抛光		5.4		

表2 型式检验项目及判别

序号	检验项目	不合格分类	对应条款	判别水平	样本大小	不合格质量水平(RQL)
1	合盖安全性	A	5.8.1,5.8.2	Ⅱ	$n_1=n_2=3$	65
2	工作压力		5.9,5.10			
3	密封性		5.11			
4	安全压力		5.12			
5	耐热压		5.13			
6	开盖安全性		5.14			
7	防堵安全性		5.15			
8	耐内压力		5.16			
9	泄压压力		5.17.1,5.17.2,5.17.3			
10	破坏压力		5.19			
11	卫生要求		5.22.1,5.22.2		$n=3$	50
12	复合底		5.1.2,5.1.3,5.18.1,5.18.2		$n_1=n_2=3$	65
13	使用说明书		8.3			

表 2(续)

序号	检验项目	不合格分类	对应条款	判别水平	样本大小	不合格质量水平(RQL)
14	压力锅与手接触部位	B	5.3	Ⅱ	$n_1=n_2=3$	80
15	组件		5.6			
16	手柄		5.7.1,5.7.2,5.7.3,5.7.4,5.7.5			
17	塑料件耐煮性		5.21			
18	密封圈		5.23.1,5.23.2			
19	标志	C	5.2,8.1		$n_1=n_2=3$	100
20	抛光		5.4			
21	钢制件处理		5.20			
22	容积		5.5			
注 1:表中卫生要求检验采用一次抽样方案。 注 2:密封圈型式检验的样本应从出厂检验合格批中另行随机抽取。						

7 试验方法

7.1 试验条件

7.1.1 试验设备包括:

a) 0.4 级 0 MPa~0.1 MPa 压力表一只;
b) 0.4 级 0 MPa~0.16 MPa 压力表一只;
c) 1.6 级 0 MPa~0.6 MPa 压力表一只;
d) 1.6 级 0 MPa~1 MPa 压力表一只;
e) SB200 型试压泵或类似试压泵一套;
f) KL-20 型管形测力计一把;
g) 1.5 kW、2 kW 和 2.5 kW 偏差范围为±5%的电炉具各一套;
h) 带排气阀门的压力表专用接头和其他接头若干;
i) 容积大于试样的水槽一只;
j) 防护罩一个;
k) 精度为 1.5℃的热电偶温度计一只;
l) 恒温箱一台;
m) 感量为 1/5 g 的天平一只;
n) 精度为 1/3 000 F.S,最小刻度值为 5 g 的衡器一台;
o) 量程为 30 N·m 的扭力扳手一把;
p) 平台一块;
q) 精度为 0.02 mm 的底部测厚仪一台;
r) 量程为 100 mL(分度值 1 mL)的量筒一支;
s) 游标卡尺、砝码、钳工工具、粗糙度样板、秒表、专用工具若干。

注:试验用仪器设备不拘型号,能达到目的要求则可。

7.1.2 试验在常温下进行。

7.2 试验项目

7.2.1 标志、使用说明书检验

用目视检验,应符合 5.2、8.1、8.3 的要求。

7.2.2 **压力锅与手接触部位**

用目视、手感检验，压力锅与手接触部位应光滑无毛刺。

7.2.3 **抛光检验**

用粗糙度样板对照试样进行目测检验。

7.2.4 **容积测定**

a) 把空的锅身放在衡器上称质量为 G_1；

b) 将锅身平放，向锅内注满水，称锅身带水的质量 G_2；

c) 按式(1)计算锅身容积 V：

$$V=(G_2-G_1)/\rho \qquad \cdots\cdots(1)$$

式中：

G_1——锅身质量，单位为千克(kg)；

G_2——锅身带水质量，单位为千克(kg)；

V——容积，单位为升(L)；

ρ——水的密度，取 1 kg/L。

d) 计算容积。

7.2.5 **组件检验**

用目视检验组件；然后把压力锅限压阀、安全阀和泄压结构相互之间进行互换检验。

7.2.6 **手柄试验**

7.2.6.1 目视检验压力锅手柄数量。

7.2.6.2 手柄结构试验

手柄结构试验按图1方法进行，测试探头在任何方位接近手柄上的紧固螺钉时，指示灯不亮。

单位为毫米

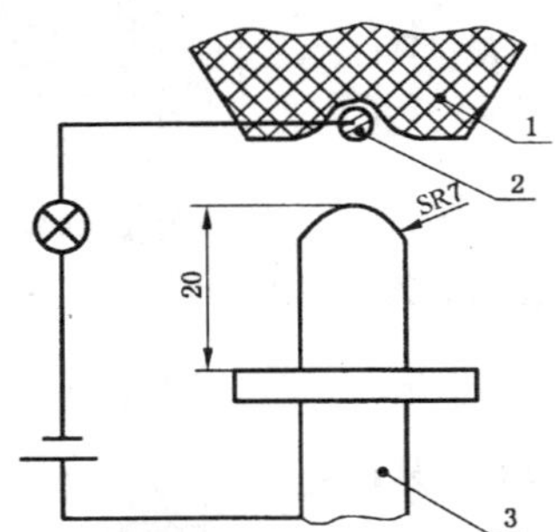

1——手柄；

2——紧固螺钉；

3——测试探头。

图1 手柄结构测试

7.2.6.3 手柄连接牢固性试验

a) 取试样的锅身；

b) 长短柄锅夹持在从锅身外壁至长柄末端长度的二分之一处，双短柄锅同时夹持在双柄从锅身外壁至短柄末端长度的二分之一处(中间带孔的双短柄夹持在末端)，夹具夹持有效长度为 30 mm，夹持中心与从锅身外壁至手柄末端长度的二分之一处重合；使锅身离开工作台面一定高度；

c) 用相当于锅实际容积3倍水质量的砝码均匀置于锅内，保持 10 min；

d) 取出砝码往锅内注满水，观察是否滴水；

e) 试验后手柄不松动,不变形,手柄无裂纹等异常现象。

7.2.6.4 手柄温升试验

a) 在锅内加入容积三分之二的水;

b) 将热电偶温度计的探头安装在塑料手柄下侧中央或金属手柄下侧中央处(副手柄测末端);

c) 合上锅盖将锅放在功率 2 kW、直径略小于锅底的电炉具上加热;

d) 当锅内压力达到工作压力时,保压 30 min;记录温度值,然后减去试验环境温度。

7.2.6.5 经 7.2.7、7.2.8、7.2.10、7.2.11、7.2.12、7.2.14 试验后,目视、手感检验手柄与压力锅相连的固定部分。

7.2.7 合盖安全性试验(落盖式、压盖式除外)

a) 检验压力锅正常工作时上下手柄是否重合;

b) 用压力表专用接头将 0.4 级 0 MPa～0.1 MPa 压力表安装在锅盖安全阀孔处,关闭专用接头上排气阀;

c) 在锅内加入容积 50%的自来水;

d) 合上锅盖使锅身与锅盖按正常锅盖牙长度的 85%扣合;

e) 将锅放到 2 kW 电炉具上加热;

f) 当限压阀排气管连续排气时,放上限压阀体;

g) 连续观察表计压力值 120 s,观察压力锅有无升压,是否超过规定的范围。

7.2.8 工作压力试验

a) 用压力表专用接头将 0.4 级 0 MPa～0.16 MPa 压力表安装在锅盖安全阀孔处,关闭专用接头上排气阀;

b) 在锅内加入容积 50%的水;

c) 合上锅盖,将锅放在 2 kW 电炉具上加热;压盖式压力锅试验时 C18、C20 用 6 N·m 力矩合盖,C22、C24 用 9 N·m 力矩合盖,C26、C28 用 12 N·m 力矩合盖;

d) 当锅连续排气时,放上限压阀体,继续加热,观察表计压力值;

e) 从限压阀排气开始,持续 30 s,取最大表计压力值;

f) 在试验过程中应符合 5.10 的要求。

7.2.9 密封性试验

a) 按 7.2.8 中 a)、b)、c)、d)进行;

b) 当表计压力值从 20 kPa 至限压阀排气,观察压力锅有无滴水漏气现象。

7.2.10 安全压力试验

a) 用压力表专用接头将 1.6 级 0 MPa～0.6 MPa 压力表安装在锅盖限压阀孔处,打开专用接头上排气阀;

b) 将安全阀安装在锅盖安全阀孔处;

c) 按 7.2.8 中 b)、c)进行;

d) 当专用接头上排气阀连续排气 20 s 后,关闭专用接头上排气阀,继续加热并观察表计压力值从安全阀第一次排气开始至 120 s 后,停止加热,并取这段过程最大表计压力值;如表计压力值超过安全压力上限时,应终止试验。

7.2.11 耐热压试验

a) 用压力表专用接头将 1.6 级 0 MPa～0.6 MPa 压力表安装在锅盖限压阀孔处,打开专用接头上排气阀,用专用堵头将锅盖安全阀安装孔堵死;

b) 按 7.2.8 中 b)、c)进行;

c) 当专用接头上排气阀连续排气 20 s 后关闭专用接头上排气阀,继续加热并观察表计压力值;

d) 当表计压力值达到 2 倍最大公称工作压力时,恒压 1 min,停止加热,打开专用接头上排气阀卸压；

e) 然后按 7.2.9 做密封性试验，观察压力锅有无滴水漏气现象。

7.2.12 **开盖安全性试验**(落盖式、压盖式除外)

a) 按 7.2.7 中 b)、c)进行；

b) 合上锅盖，使锅身和锅盖处于扣合到位状态；

c) 将锅放到 1.5 kW 电炉具上加热；

d) 当限压阀排气管连续排气时，放上限压阀体；

e) 当锅内压力达到 5 kPa 以上时，将锅移开电炉置于专用防护罩内；

f) 固定下手柄，当锅内压力降至 5 kPa 时，用测力计在上手柄末端垂直于上手柄中线沿水平方向施加 100 N 拉力，观察是否开启。

7.2.13 **防堵安全性试验**

a) 向锅内加入锅身容积十六分之一的稻谷、十六分之一的绿豆和十六分之一的糯米，然后加水至锅身容积的五分之四；

b) 用压力表专用接头将 0.4 级 0 MPa～0.16 MPa 压力表安装在锅盖安全阀孔处，关闭专用接头上排气阀，合好锅盖；

c) 将锅放在 2.5 kW 电炉具上加热，当排气管连续排气时，放上限压阀(多档公称工作压力时采用最大公称工作压力档)，继续加热，从限压阀排气开始计时，5 min 时提起一次限压阀体，时间为 5 s；

d) 观察表计压力值，10 min 内压力不得超过最大公称工作压力的 1.25 倍。

7.2.14 **耐内压力试验**(压盖式除外)

a) 用压力表专用接头将 1.6 级 0 MPa～0.6 MPa 压力表安装在锅盖限压阀孔处，打开专用接头上排气阀；

b) 用专用接头连接试压泵给水管与锅盖安全阀孔，用辅助用具使其他安全保险装置不能动作，但不能增加试样原来的强度；

c) 将锅内注满水合好锅盖；

d) 用试压泵加压，排出锅内空气，当专用接头上排气阀有水溢出时，关闭专用接头上排气阀，继续加压到 5.16 规定的压力时，保压 30 s，观察测定其压力及性能；

e) 卸压后，按 7.2.9 做密封性试验，观察压力锅有无滴水漏气现象。

7.2.15 **泄压压力试验**

a) 按 7.2.11 中 a)、b)、c)进行；

b) 试验时压力锅应置于防护罩内；

c) 泄压结构排气时，切断电源，读出泄压前的最大表计压力值；

d) 从泄压结构排气开始计时，观察表计压力值，60 s 内不得超过 20 kPa；压盖式压力锅不能超过 3.5 倍最大公称工作压力；

e) 在试验过程中应符合 5.17.3 的要求；

f) 如表计压力值达到最大泄压压力时未排气，应终止试验。

7.2.16 **复合底试验**

7.2.16.1 复合层厚度用底部测厚仪测量，测量点在外底部直径二分之一的圆周上，测均布四点，取平均值。

7.2.16.2 在室温下，将试样放到平台上，目测和手感试样与平台接触情况。如不外凸，然后用游标卡尺测量其内凹深度，测试点在距离锅中心 10 mm 内；如底部有压印凹凸标记，测量标记边沿离锅中心最近的点。

7.2.16.3 按 7.2.11 中 a)、b)、c)、d)进行，重复 10 次，冷却至室温，将试样放到平台上，目测和手感试样与平台接触情况。

7.2.16.4 把试样放入温度在260℃±10℃的恒温箱内恒温5 min,取出试样浸入室温的水中冷却,目视复合底部有无开裂现象,重复25次,冷却至室温,放到平台上,目测和手感试样与平台接触情况。

7.2.17 破坏压力试验(压盖式除外)

a) 用压力表专用接头将1.6级0 MPa～1 MPa压力表安装在锅盖限压阀孔处,打开专用接头上排气阀;

b) 用专用接头连接试压泵给水管与锅盖安全阀孔;用辅助用具使其他安全保险装置不能工作;

c) 锅内盛满水合好锅盖,使上下手柄完全处于重合状态;

d) 试压泵加压,排出锅内空气,当专用接头上排气阀有水溢出时,关闭专用接头上排气阀,继续加压(水流量1 L/min～1.6 L/min);

e) 当水从锅口处溢出时,读出表计压力值为破坏压力;

f) 若压力锅在试验中未达到500 kPa,出现了密封圈不密封的情况,则可改用由制造商提供的专用密封圈进行试验。

7.2.18 钢制件试验

a) 按QB/T 3826规定的程序和试验条件进行6 h试验;

b) 试验结束后,按QB/T 3832—1999中简易10级制定级法判别。

7.2.19 塑料件耐煮性试验

a) 将试样用中性洗涤剂洗净;

b) 将试样放入装有常温水的锅中浸没,开着锅盖,放到2 kW电炉具上加热,水沸时开始计时,30 min后停止加热;

c) 取出试样后立即放入常温水中,冷却后取出试样检验并观察其结果。

7.2.20 卫生要求试验

a) 产品按GB/T 5009.72、GB/T 11681试验;

b) 橡胶件和密封圈按GB 4806.1试验。

7.2.21 密封圈试验

7.2.21.1 耐酸性试验

a) 全新密封圈取4 cm～5 cm,用量程为100 mL的量筒,测量试样的体积;

b) 将质量百分比浓度为4%的乙酸与蒸馏水按3∶1的体积比配制成混合液;

c) 然后将试样浸泡在混合液中沸煮72 h,试验过程中用相同浓度的混合液保持试液容量为200 mL±20 mL;

d) 取出试样冷却后清洗擦干;

e) 再对试样的体积变化情况用量筒进行测量。

7.2.21.2 耐油性试验

a) 全新密封圈取3 g～6 g;

b) 置于温度为100℃的食用大豆油(色拉油)中浸泡72 h;

c) 取出试样冷却后清洗擦干;

d) 然后对试样的质量增加情况进行测量。

8 标志、标签、使用说明书

8.1 标志

8.1.1 压力锅主体上应有如下永久性的标志:

a) 商标;

b) 产品标记;

c) 制造年、月；

d) 企业名称(允许制造在手柄上)。

8.1.2 压力锅的密封圈上应有压力锅制造商的商标(或厂名)和规格。

8.1.3 包装标志

8.1.3.1 包装盒上应有如下标志：

a) 商标；

b) 品名及规格；

c) 产品标记；

d) 执行标准号；

e) 工业产品生产许可证编号；

f) 企业名称、厂址、邮政编码。

8.1.3.2 包装箱上应有如下标志，贮运图示标志应符合 GB/T 191 的有关规定，收发货标志应符合 GB/T 6388 的有关规定。

a) 商标；

b) 品名及规格；

c) 产品标记；

d) 执行标准号及名称；

e) 工业产品生产许可证编号；

f) 企业名称、厂址、邮政编码；

g) 出厂年、月；

h) 数量；

i) 净重、毛重、体积(长×宽×高)；

j) 怕湿、向上、小心轻放标志。

8.2 标签

合格证应包括如下内容：

a) 商标；

b) 合格证(字样)；

c) 检验员(签名或代号)；

d) 制造日期；

e) 制造厂名。

8.3 使用说明书

使用说明书应包括如下内容：

a) 使用前仔细阅读使用说明书；

b) 应有声明家庭用压力锅的警示用语；

c) 使用前的准备工作；

d) 使用说明；

e) 应写明检查和清洗方法、安全使用和装配注意事项；

f) 有儿童在旁边时，使用压力锅应密切注意；

g) 使用不当有可能造成伤害，应有警示标志或警示说明；

h) 要注明膨胀食物和容易堵塞食品的最大容积；

i) 影响安全性能的装置不得随意更改，遇安全装置无法正常工作或动作时，不能继续使用压力锅，应送到企业指定部门检验合格后才能继续使用；

j) 本产品执行的标准号；

k) 工业产品生产许可证编号；

l) 制造厂名称、厂址、邮政编码和联系电话。

9 包装、运输、贮存

9.1 包装

9.1.1 将锅身与锅盖用中性包装物包装后装入符合 GB/T 6544 规定的瓦楞纸板包装盒内；盒内附有使用说明书、合格证、装盒单。

9.1.2 将盒装产品按规定装入符合 GB/T 6543 规定的纸箱内。

9.1.3 包装箱用打包带紧固。

9.2 运输

9.2.1 运输时应轻拿轻放，严禁抛掷、翻滚和踩踏。

9.2.2 运输途中应谨防受潮、挤压及雨淋。

9.2.3 严禁与腐蚀性物品同时装运。

9.3 贮存

9.3.1 库房内应保持通风良好，相对湿度不大于 85%。

9.3.2 产品存放离墙距离保持 200 mm 以上，离地距离保持在 100 mm 以上，不得与有腐蚀性物品同时存放。

附 录 A
（资料性附录）
压力锅的结构型式

A.1 压力锅的结构型式

按压力锅结构分为旋合式压力锅、落盖式压力锅、压盖式压力锅和其他结构压力锅。

A.1.1 旋合式压力锅

旋合式压力锅在产品标记中用英文字母 A 表示，其结构型式及各部位名称见图 A.1。

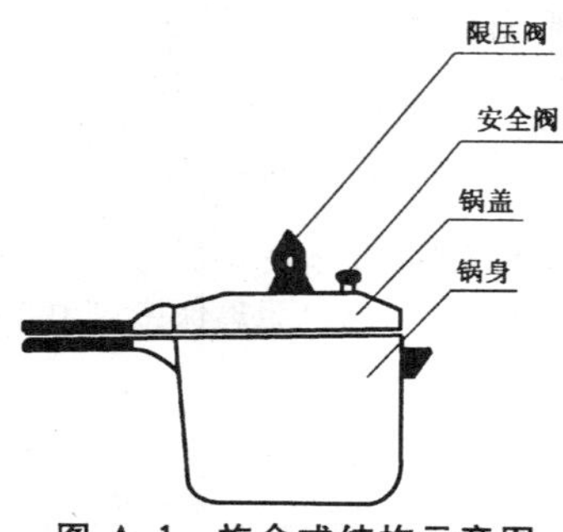

图 A.1 旋合式结构示意图

A.1.2 落盖式压力锅

落盖式压力锅在产品标记中用英文字母 B 表示，其结构型式及各部位名称见图 A.2。

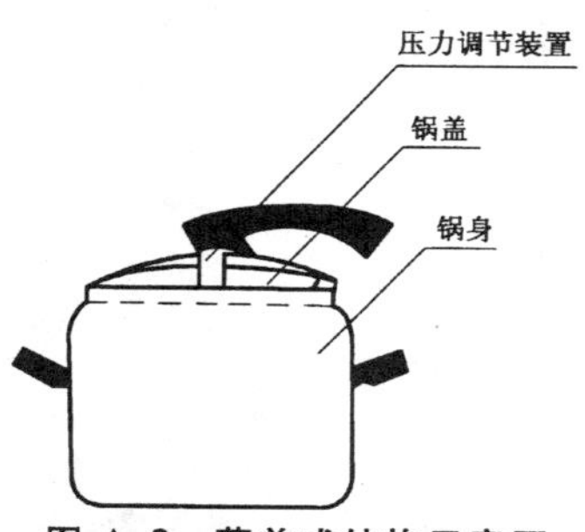

图 A.2 落盖式结构示意图

A.1.3 压盖式压力锅

压盖式压力锅在产品标记中用英文字母 C 表示，其结构型式及部位名称见图 A.3。

图 A.3 压盖式结构示意图

A.1.4 其他结构压力锅

符合本标准要求的其他结构压力锅在产品标记中用英文字母 D 表示，其结构应经全国日用五金标准化中心认可。

前　言

本标准非等效采用英国标准 BS 7069—1988《炊具》。

本标准中附录 A、附录 B、附录 C、附录 D 都是标准的附录。

本标准由国家轻工业局行业管理司提出。

本标准由全国日用五金标准化中心归口。

本标准起草单位：上海铝制品一厂、沈阳轻工研究设计院、上海兴利五金制品有限公司、浙江台州爱仕达电器有限公司、绍兴市华昌铝制品总厂、中国贵航集团风雷军械厂不粘炊具分厂、广东南海鹤峰电化厂有限公司、广东南方五金总厂、杜邦中国集团有限公司、大金氟涂料(上海)有限公司。

本标准主要起草人：葛庆章、李阳、韩育良、陈合林、寿新成、周清裕、孔令锐、肖惠馨。

本标准由全国日用五金标准化中心负责解释。

中华人民共和国轻工行业标准

QB/T 2421—1998

铝及铝合金不粘锅

1 范围

本标准规定了铝及铝合金不粘锅产品的定义、产品分类、技术要求、试验方法、检验规则及标志、包装、运输、贮存等要求。

本标准适用于铝及铝合金为基体，内表面涂敷不粘涂料，外表面抛光或涂敷耐高温漆或铝搪瓷等其他表面处理的家用铝及铝合金不粘锅。

2 引用标准

下列标准所包含的条文，通过在本标准中引用而构成为本标准的条文。本标准出版时，所示版本均为有效。所有标准都会被修订，使用本标准的各方应探讨使用下列标准最新版本的可能性。

GB 191—1990 包装储运图示标志

GB/T 2828—1987 逐批检查计数抽样程序及抽样表(适用于连续批的检查)

GB/T 2829—1987 周期检查计数抽样程序及抽样表(适用于生产过程稳定性的检查)

GB/T 6060.4—1988 表面粗糙度比较样块 抛光加工表面

GB/T 6388—1986 运输包装收发货标志

GB/T 6543—1986 瓦楞纸箱

GB/T 6544—1986 瓦楞纸板

GB/T 6739—1996 涂膜硬度铅笔测定法

GB 11678—1989 食品容器内壁聚四氟乙烯涂料卫生标准

GB/T 11679—1989 食品容器内壁聚四氟乙烯涂料卫生标准的分析方法

3 定义

本标准采用下列定义。

3.1 不粘涂层

一种以聚四氟乙烯及其他氟聚合物为主要成分的不粘涂料，涂敷在基体上经高温烧结而成。该涂层具有良好的不粘性能。

不粘涂层分为一层、二层和三层系统，二层系统是指由底层和面层两种涂料组成的不粘涂层，三层系统是指由底层、中层和面层三种涂料组成的不粘涂层。

3.2 耐高温漆

能耐200℃以上温度的特种油漆。

3.3 铝搪瓷

一种能涂敷于铝上的特种搪瓷。

3.4 饰花

在高温漆膜或铝搪瓷表面采用丝网印刷或其他方法印制的花纹、图案。

3.5 附着牢度

膜层和基体粘结的程度。

国家轻工业局 1998-12-28 批准 1999-07-01 实施

3.6 剥离牢度

用特定的方法将膜层从基体上剥开的程度。

3.7 抗划伤性

用特定的方法测定膜层抵御各种硬性物质划破的能力。

3.8 目视外观

用肉眼观察对膜层外表面的评估。

3.9 显微外观

用显微镜观察对膜层外表面的评估。

3.10 裂纹

在显微镜观察下不粘涂层膜出现的开裂。

4 产品分类

4.1 产品品种

4.1.1 产品按使用功能分为煮锅、煎锅、炒锅、奶锅和杂件。

4.1.2 产品内表面涂敷不粘涂层。不粘涂层有一层系统、二层系统和三层系统等。

4.1.3 外表面采用涂敷不粘涂层、铝搪瓷、耐高温漆或抛光等其他表面处理方法。

4.2 产品规格

4.2.1 产品规格可按内口径尺寸表示或容量表示。

4.2.2 规格以内口径尺寸表示时，单位为厘米(cm)，并优先采用偶数系列。

4.2.3 规格以容量表示时，单位为升(L)。数值取至小数点后1位整数。

4.3 产品示例

典型产品结构及部件名称如图1所示。

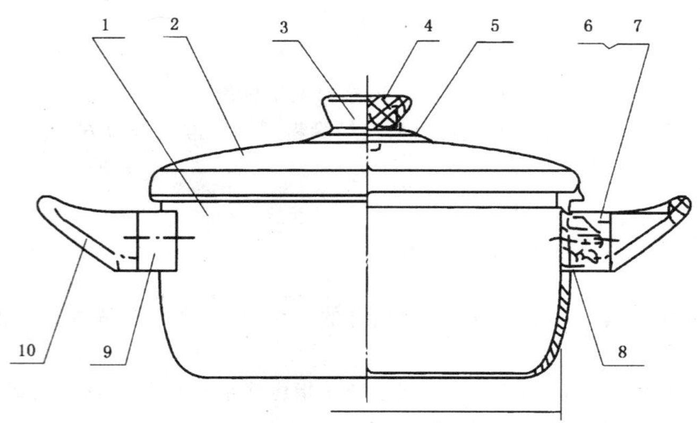

1—锅身；2—锅盖；3—螺钉；4—锅钮；5—垫片；6—螺钉；
7—弹簧垫圈；8—手柄支架；9—防火圈；10—手柄

图1 产品示意图

5 技术要求

5.1 基体材料

产品基体材料应选用能满足产品使用性能要求的铝及铝合金材料。产品基体材料最小厚度应符合表1规定。

表 1　产品基体材料最小厚度

产　品　种　类	产品内口径(ϕ) cm	基体材料最小厚度 mm
煎锅、炒锅	≤26 >26	2.0 2.5
煮锅、奶锅	≤20 >20	1.6 1.8

杂件参照表 1 要求执行。

5.2　手柄载荷强度

5.2.1　手柄载荷力应不低于表 2 规定。

表 2　手柄载荷力

名　　称	载　　荷　　力 N
双柄锅	$W=1/2W_1+3/2W_2$
单柄锅	$W=W_1+3W_2$
注：W——载荷力； W_1——试件自重力； W_2——试件最大容水重力。	

5.2.2　手柄及其组件按 6.1 试验，试验后手柄支架不松动，不变形，手柄无裂纹。

5.3　不粘涂层

5.3.1　目视外观

涂层表面应光滑，颜色、遮盖力、光泽应基本均匀一致，无气泡，不脱落。

5.3.2　完整性

涂层应完全热熔，无脏物、裂纹和爆点等明显缺陷。

5.3.3　厚度

按 6.2 进行测量，涂层平均厚度应符合表 3 规定。

表 3　不粘涂层厚度

产　品　种　类	平　均　厚　度 μm
煎锅、炒锅	≥25
煮锅、奶锅	≥20

杂件参照表 3 要求执行。

5.3.4　附着牢度

按 6.3 进行试验，划格区域内涂层不整格脱落。

5.3.5　剥离牢度

按 6.4 试验，涂层被剥离距小刀划痕边缘的距离应不大于 6 mm。

5.3.6 抗划伤性

按 6.5 试验，涂层未被除去的总长度之和应不小于 10%。

5.3.7 不粘性

按 6.6 试验，被试食物应能用非金属铲从涂层表面无损伤取出，并能用软布揩清涂层表面。

5.3.8 耐热骤冷稳定性

按 6.7 试验，涂层表面应无起泡、开裂。

5.3.9 耐碱性

按 6.8 试验，涂层表面应无起皮、开裂。

5.3.10 耐酸性

按 6.9 试验，涂层表面应无起皮、开裂、缩孔。

5.3.11 耐盐水腐蚀性

按 6.10 试验，涂层表面应无起泡、侵蚀点等附加缺陷出现。

5.3.12 显微外观

按 6.24 试验，不粘涂层在 10 倍显微镜下观察，应无露底和裂纹。

5.3.13 卫生要求

不粘涂层的卫生要求应符合 GB 11678 的规定。

5.4 耐高温漆膜

5.4.1 外观

漆膜表面光滑，色泽一致，无爆点，不脱落，允许有少量的细小毛粒和针孔。

5.4.2 厚度

按 6.12 进行测量，漆膜平均厚度应不小于 10 μm。

5.4.3 附着牢度

按 6.13 试验，划格区内，漆膜不整格脱落。

5.4.4 硬度

按 6.14 试验，应通过 2H 铅笔试验。

5.4.5 耐热骤冷稳定性

按 6.15 试验，漆膜应无起泡、开裂及明显变色。

5.5 铝搪瓷涂层

5.5.1 外观

涂层应基本光滑，颜色均匀，无明显泡孔，无显著的凸凹点粒。

5.5.2 厚度

按 6.17 进行测量，涂层的平均厚度应不小于 35 μm。

5.5.3 抗热冲击性

按 6.18 进行试验，涂层抗热冲击性能应达到 7 级以上。

5.5.4 抗剥落

按 6.19 试验，应符合附录 C(标准的附录)的要求。

5.5.5 耐酸性

按 6.20 试验，应能达到附录 D(标准的附录)中 A 级的要求。

5.6 不粘外涂层

5.6.1 外观

涂层应完全热熔，表面应光滑，色泽均匀，无气泡，无裂纹，不露底，不脱落。

5.6.2 厚度

按 6.12 进行测量，涂层平均厚度不小于 10 μm。

5.6.3 附着牢度

按 6.13 试验，划格区内涂层不得整格脱落。

5.6.4 硬度

按 6.14 试验，应通过 2H 铅笔试验。

5.6.5 耐热骤冷稳定性

按 6.15 试验，涂层应无起泡、开裂。

5.6.6 不粘涂层作外涂层用时，不可用于与明火直接接触部位。

5.7 抛光表面

抛光表面应光亮，色泽基本一致，按 6.16 试验，抛光粗糙度 Ra 不大于 0.4 μm。

5.8 铆接

铆钉表面涂层不脱落，铆钉端正、伏贴。

5.9 锅身渗水

按 6.21 试验，铆接处应不渗水。

5.10 外观

产品及其零配件的外露部位应光滑，不得有刺手的毛刺、裂边和锐边。

5.11 饰花

产品外表面饰花图案清晰，基本完整。

5.12 酚醛塑料耐煮性

按 6.22 试验，手柄及锅钮酚醛塑料件应无裂纹、气孔、气泡、明显变色及刺激性气味。

5.13 盖、锅身配合

盖与锅身应吻合，转动自如，开合灵活，按 6.23 试验，盖的径向移动距离不大于 3 mm。

6 试验方法

6.1 手柄载荷强度试验

手柄载荷强度用挂重法，并按表 4 及图 2、图 3 方法进行。

表 4 手柄载荷强度试验

品　名	载荷位置	载荷方向	载荷力 N	载荷时间 min
双柄锅	见图 2	与中心轴平行向上	$W=1/2W_1+3/2W_2$	1
单柄锅	见图 3	与中心轴平行向下	$W=W_1+3W_2$	1

注：W——载荷力，N；
W_1——试件自重力，N；
W_2——试件最大容水重力，N。

6.2 不粘涂层厚度测量

用精确度为 2 μm 的非磁性涡流测厚仪测量试样内壁底部 8 点（见图 4），取其平均值。

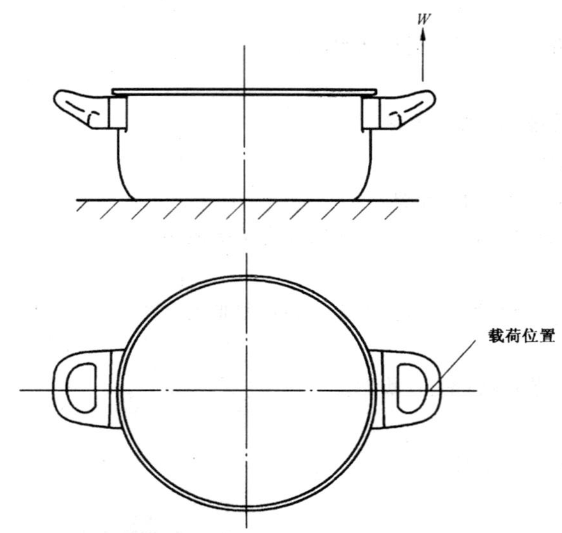

图 2　双柄锅手柄载荷强度试验示意图

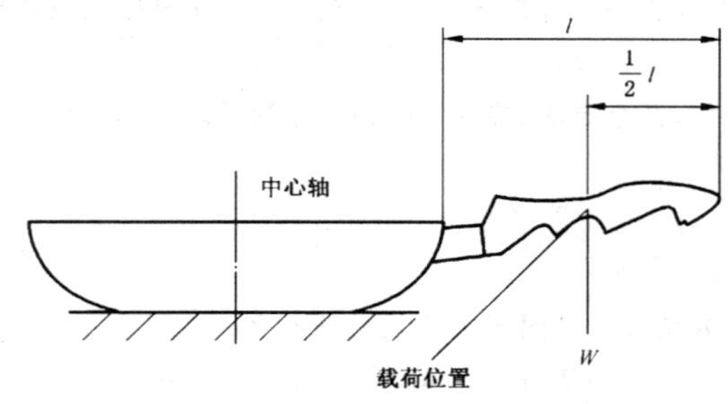

图 3　单柄锅手柄载荷强度试验示意图

6.3　不粘涂层附着牢度试验

6.3.1　将试样浸入沸水中煮 15 min 取出(试样浸入水后水沸腾时开始计时),自然冷却至室温后用软布擦干。

6.3.2　用一锋利单面刀片的刀尖和钢直尺或专用划格模板在涂层上刻划 11 条相距 2.4 mm、长38 mm 的平行划痕,再沿垂直于上述划痕方向重复上述步骤(共 100 格),刀尖必须穿透涂层至金属。

6.3.3　用一单面透明压敏粘胶带(3M—898)粘附在划痕区内,胶带粘贴方向与一组划痕线平行。用指甲用力磨擦胶带,驱除胶带粘合处的空气,并使其与涂层达到最大程度粘合。

6.3.4　用手指拉住胶带一头,并按 90°直角向上迅速拉起,连续进行三次,每次均需用新的胶带。

6.3.5　将划痕旋转 90°,用一新胶带重复上述 6.3.3 与 6.3.4 的步骤。

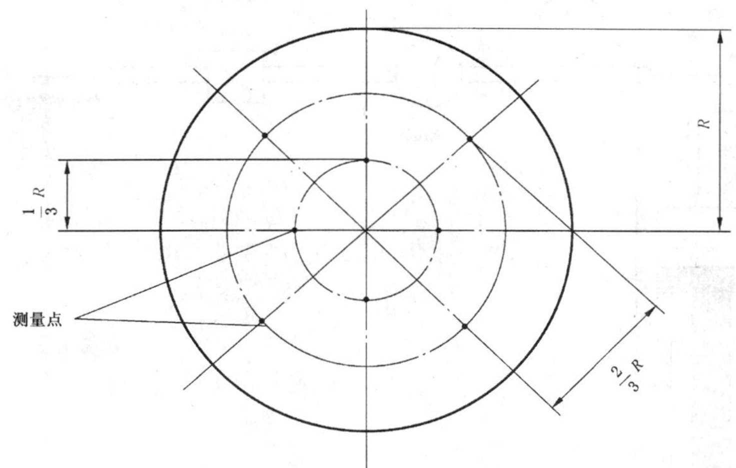

图 4　涂层厚度测量点示意图

6.4　不粘涂层剥离牢度试验

6.4.1　按 6.3.1 处理试样。

6.4.2　用手术刀沿刀刃 90°方向刮涂层至露出金属基体，产生宽 1.5 mm～3 mm，长 30 mm～50 mm 的切口，然后用大拇指甲沿切口成直角方向从基体上试剥离涂层。

6.4.3　用通用量具测量涂层被剥离去的距离。

6.5　不粘涂层抗划伤性试验

6.5.1　将气动笔接于压缩空气管道上(见图 5)，调节压力表使示值至 0.097 MPa。

6.5.2　用手握住气动笔，然后下压，使其二导轮接触涂层表面，在保持垂直的情况下，平衡地移动气动笔，划出一条 40 mm～50 mm 的划痕。

6.5.3　用目视检查划痕处，未被除去的涂层总长度之和应大于 10%。

6.5.4　每次划痕试验前应检查圆珠笔是否转动灵活。

检查方法：用圆珠笔芯在纸上能书写出连续的线条，否则要更换新的圆珠笔芯。

6.6　不粘涂层不粘性试验

6.6.1　将试样用沾有植物油的软布轻揩不粘涂层表面，用温水加洗涤剂清洗，然后用清水洗净、揩干。

6.6.2　将试样置于额定电压为 220 V、输出功率为 1 000 W 的日用电热盘上加热，用精确度不低于 2.5 级的表面温度计测量，内涂层表面温度在 140℃～170℃时，将一只新鲜鸡蛋破壳后放入锅内，不加放植物性食用油或其他脂肪油，待蛋白基本凝固(试样内表面温度不得超过 210℃)。

6.6.3　用非金属铲取出鸡蛋，用软布揩清涂层表面。重复 6.6.2 与 6.6.3 步骤，连续进行三次。

6.7　不粘涂层耐热骤冷稳定性试验

将试样放入恒温烘箱内加热到(250±5)℃，保温 5 min 后立即投入室温水中冷却 1 min，取出揩干，用四倍放大镜检查不粘层表面，重复上述步骤五次。

6.8　不粘涂层耐碱性试验

将 2%的碳酸钠溶液倒入试样内 2/3 左右高度，室温浸泡 2 h 后取出，用清水冲洗干净，软布揩干后用四倍放大镜检查不粘涂层表面。

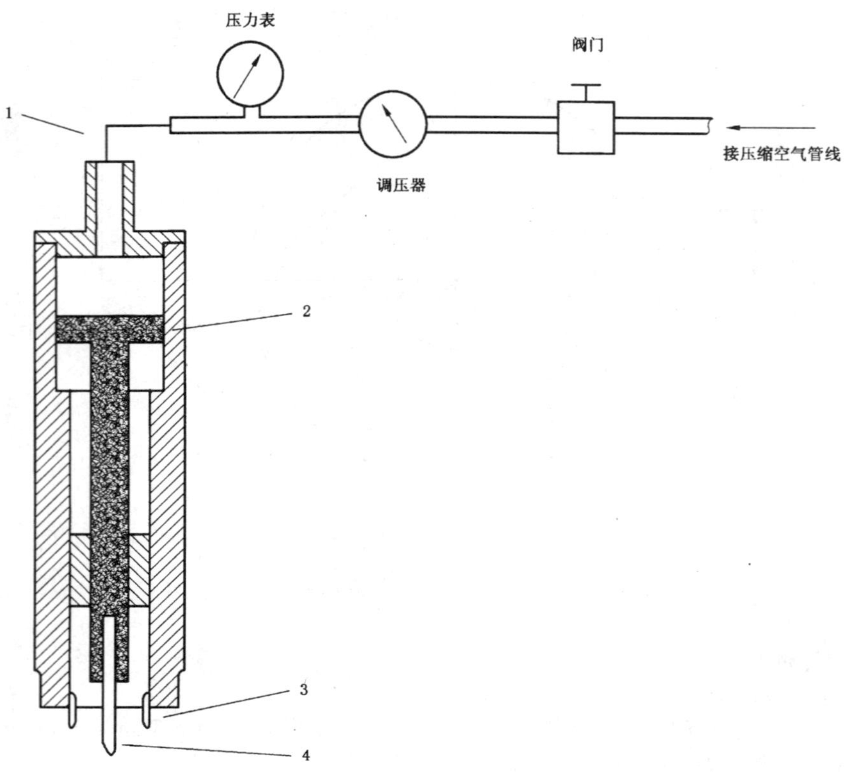

1—软管；2—活塞（ϕ20.3 mm）；3—导轮；4—圆珠笔芯（碳化物钢球为 ϕ1 mm）

图 5　不粘涂层抗划伤性试验装置

6.9　不粘涂层耐酸性试验

将 2％的醋酸溶液倒入试样内 2/3 左右高度，按 6.8 浸泡、处理试样，然后用四倍放大镜检查不粘涂层表面。

6.10　不粘涂层耐盐水腐蚀试验

用去离子水或蒸馏水和氯化钠（分析纯）配制浓度为 5％的 NaCl 溶液注入锅中，使溶液达煮锅的 1/2以上高度，盖上锅盖，在发热源上大火加热至沸腾。然后保持微沸，继续煮 7 h。煮沸中途应补充去离子水或蒸馏水，以保持溶液浓度不变。将锅移离热源，在室温下放置 24 h 后，用自来水洗净盐渍，并用软布吸干涂层表面，立即进行目视检查。重复上述步骤，连续进行二次。

6.11　不粘涂层卫生要求试验

按 GB/T 11679 进行。

6.12　漆膜、不粘外涂层厚度测量

按附录 A 进行。

6.13　漆膜、不粘外涂层附着牢度试验

按 6.3.2～6.3.4 进行。

6.14　漆膜、不粘外涂层硬度测定

按 GB/T 6739 第 4 章 B 法进行，用样品代替试板。

6.15　漆膜、不粘外涂层耐热骤冷稳定性试验

将试样放入恒温烘箱内加热到（170±5）℃，保温 5 min 后立即投入室温水中冷却 1 min。取出用软

布揩干后，用四倍放大镜检查漆膜表面。重复上述步骤五次。

6.16 抛光粗糙度试验

用符合 GB/T 6060.4 的抛光表面粗糙度对照样板检验。

6.17 铝搪瓷涂层厚度测量

按附录 A 进行。

6.18 铝搪瓷涂层抗热冲击性能试验

按附录 B 进行。

6.19 铝搪瓷涂层抗剥落性试验

按附录 C 进行。

6.20 铝搪瓷涂层耐酸性试验

按附录 D 进行。

6.21 锅身渗水试验

锅内注入常温水至铆接部位以上，放置 3 min，观察其渗水情况。

6.22 酚醛塑料耐煮性试验

将试样用中性洗涤剂和清水洗净，放入装有水的锅中，放到电炉具上加热，水沸时开始计时，30 min 时停止加热，取出试样后立即投入冷水中，冷却后取出试样检查。

6.23 盖与锅身配合试验

盖与锅身闭合后，轻轻用力，盖能旋转。并用钢直尺测量锅口直径上盖的径向移动距离。

6.24 不粘涂层显微外观检查

用 10 倍显微镜在样本底部任取不同区域进行观察。

6.25 目视外观检查

用目视、手感及通用量具检测。

7 检验规则

7.1 产品须经制造厂检验合格后方能出厂。

7.2 产品检验分出厂检验和型式检验。

7.3 出厂检验按 GB/T 2828 规定，采用特殊检查水平 S-3 和正常检查一次抽样方案。

7.3.1 出厂检验的项目、不合格分类、合格质量水平见表 5。

7.3.2 出厂检验合格的批，交货方应将检出的不合格品换成合格品才能提交。若为不合格批时，应由交货方返工，整理后才能再次提交检验，提交检验批可仅检验不合格项。

7.4 型式检验按 GB/T 2829 规定，采用判别水平Ⅰ，一次抽样方案。

7.4.1 在下列情况之一时，一般应进行型式检验：

a) 当结构、材料、工艺有较大改变，可能影响产品性能时；

b) 正常生产时，每年进行一次，其中卫生要求每二年进行一次；

c) 停产半年以上，恢复生产时；

d) 上级质量监督机构提出要求时。

表 5 产品出厂检验

序号	检验项目	不合格分类	对应条款	检查水平	合格质量水平
1	不粘涂层目视外观	B	5.3.1	S-3	6.5
2	不粘涂层完整性		5.3.2		
3	不粘涂层厚度		5.3.3		
4	漆膜目视外观		5.4.1		

表 5(续)

序号	检验项目	不合格分类	对应条款	检查水平	合格质量水平
5	铝搪瓷涂层目视外观	B	5.5.1	S-3	6.5
6	不粘外涂层目视外观		5.6.1、5.6.6		
7	外抛光表面		5.7		
8	铆接		5.8		
9	锅身渗水		5.9		
10	毛刺、裂边、锐边		5.10		
11	盖与锅身配合	C	5.13	S-3	10
12	饰花		5.11		

7.4.2　型式检验的样本应从出厂检验合格的批中随机抽取($n=12$)，先按出厂检验项目检查，其中 B 类 RQL 值为 6.5、C 类 RQL 值为 80，再按表 6 进行检验。

7.4.3　型式检验不合格时，在下列情况下，并征得上级主管许可，可重新检验。

a) 因试验设备故障或操作错误而影响检验结果时；

b) 受检企业提出复检要求时；

c) 企业采取必要的整改措施后。

表 6　产品型式检验

组别	不合格分类	检验序号	项　目　名　称	技术要求条款	试验方法条款	不合格质量水平	判定组数 Ac	判定组数 Re	样本数 n
Ⅰ	A	1	不粘涂层卫生要求	5.3.13	6.11	—	—		6 块样板
	B	2	不粘涂层附着牢度	5.3.4	6.3	30	0	1	3
		3	不粘涂层剥离牢度	5.3.5	6.4				
Ⅱ	B	1	不粘涂层显微外观	5.3.12	6.24	65	1	2	3
		2	不粘涂层抗划伤性	5.3.6	6.5				
		3	不粘涂层耐酸性	5.3.10	6.9				
		4	手柄载荷强度	5.2	6.1				
Ⅲ	B	1	漆膜厚度	5.4.2	6.12	65	1	2	3
		2	漆膜硬度	5.4.4	6.14				
		3	漆膜附着牢度	5.4.3	6.13				
		4	铝搪瓷涂层厚度	5.5.2	6.17				
		5	铝搪瓷涂层耐酸性	5.5.5	6.20				
		6	不粘外涂层厚度	5.6.2	6.12				
		7	不粘外涂层附着牢度	5.6.3	6.13				
		8	不粘外涂层硬度	5.6.4	6.14				
		9	不粘涂层不粘性	5.3.7	6.6				
		10	不粘涂层耐盐水腐蚀性	5.3.11	6.10				

表 6(续)

组别	不合格分类	检验序号	项 目 名 称	技术要求条款	试验方法条款	不合格质量水平	判定组数 Ac	Re	样本数 n
Ⅳ	B	1	不粘涂层耐碱性	5.3.9	6.8	65	1	2	3
		2	漆膜耐热骤冷稳定性	5.4.5	6.15				
		3	不粘外涂层耐热骤冷稳定性	5.6.5	6.15				
		4	铝搪瓷涂层抗热冲击性	5.5.3	6.18	—	—		5
Ⅴ	B	1	酚醛塑料耐煮性	5.12	6.22	65	1	2	3
		2	铝搪瓷涂层抗剥落	5.5.4	6.19				
		3	不粘涂层耐热骤冷稳定性	5.3.8	6.7				

注：在经第Ⅱ组试验后的样本中随机抽取 2 个样本，与第Ⅳ组样本合并成 5 个样本做第 4 项“铝搪瓷抗热冲击试验”。

8 标志、标签、使用说明书

8.1 标志

8.1.1 产品上应有如下标志：

a) 商标；

b) 企业名称。

8.1.2 包装标志

8.1.2.1 包装盒上应有如下标志：

a) 企业名称；

b) 品名；

c) 商标；

d) 规格。

8.1.2.2 包装箱上应有如下标志，贮运图示标志应符合 GB 191 的有关规定，收发货标志应符合 GB/T 6388的有关规定。

a) 商标；

b) 品名及规格；

c) 质量等级；

d) 出厂年、月；

e) 企业名称、厂址；

f) 数量；

g) 净重、毛重、体积(长×宽×高)。

8.2 标签

包装内应附有合格证，其合格证上应包括如下内容：

a) 商标；

b) 合格证(字样)；

c) 检验员(签名或盖章)；

d) 制造日期；

e) 制造厂名。

8.3 使用说明书

包装内应有使用说明书，其使用说明书应包括如下内容：

a）使用前的准备工作；

b）使用说明；

c）安全、清洗注意事项；

d）本产品执行的标准号；

e）制造厂名称、厂址和邮政编码。

9 包装、运输、贮存

9.1 包装

9.1.1 盒装

将锅身和锅盖用中性包装物包装后装入符合 GB/T 6544 规定的瓦楞纸板盒内。

9.1.2 简装

将锅身和锅盖分别装入塑料袋内并封口或采用塑料收缩包装。

9.1.3 装箱

将盒装产品或简装产品按规定装入符合 GB/T 6543 规定的纸箱内。

9.1.4 纸箱用胶带封口后用塑料打包带捆扎。

9.1.5 箱内附有装箱单。

9.2 运输

9.2.1 运输时应轻拿轻放，严禁抛掷、翻滚和踩踏。

9.2.2 运输途中应谨防受潮、挤压及雨淋。

9.2.3 严禁与腐蚀性物品同时装运。

9.3 贮存

9.3.1 库房内应保持通风良好，相对湿度不大于 85%。

9.3.2 产品存放离墙距离保持 200 mm 以上，离地距离保持在 100 mm 以上，不得与有腐蚀性物品同时存放。

9.3.3 在符合 9.2 和 9.3.1，9.3.2 的条件下，自产品出厂起，抛光产品贮存保质期为一年，其他产品贮存保质期为两年。

附 录 A

（标准的附录）

铝搪瓷涂层、不粘外涂层、耐高温漆膜厚度测量

A1 仪器

采用精确度为 2 μm 的非磁性涡流测厚仪。

A2 车底锅类

A2.1 过外底部中心，作两条互相垂直的外表线（避开焊接支架）。

A2.2 沿外壁面弧长将所作的外表线平均三等分，然后，以底面中心为圆心，以底中心到各分点之距为半径作圆，与外表线相交得八个交点，测量该八点处厚度，取其平均值。

A3 不车底锅类

分两个面取测量点，一组四点在外底部面，另一组四点在外壁部。

A3.1 外底部平面：过外底部中心，作两条相互垂直的直线，以外底部中心为圆心，以底部半径 R 的一半（$R/2$）为半径作圆，与直线相交得四个测量点。

A3.2 外壁部：在外壁部二分之一高度圆周上作四等分，得四个测量点。

A3.3 分别测量外底部四个测量点和外壁部四个测量点的厚度，取其平均值。

附 录 B

（标准的附录）

铝搪瓷涂层抗热冲击性能测试方法

B1 适用范围

本试验方法用于试验搪瓷的抗热冲击性能，可适用于任何可装 25 mm 水深的搪瓷器皿。

B2 试验设备

B2.1 热板：能使整块板的表面保持处于同一温度，表面各处最大温差小于 6.7℃。

热板的表面温度应能在（245～440）℃±5.5℃的范围内调节，热板的表面温度用合适的表面温度计测量，通过改变热板的输入功率调节。如果热板的温度刻度与输入功率相对应，则可以通过确定输入功率获得所要求的热板表面温度（参见 B6.2 和 B6.3）。

B2.2 计时器：时钟或类似的设备。

B2.3 容器：可以装大约 18L 的水。

B2.4 容器：用于将水倒入试样器皿中。

B2.5 海绵：用于擦干试样器皿。

B3 淬火用水

使用自来水或蒸馏水（如果自来水太硬，则使用蒸馏水）。

B4 试样

样品由五个相同的器皿组成。相同器皿是指大小、形状和表面处理等都相同的器皿。

B5 试验的准备工作

B5.1 将热板放平，接通开关将热板表面温度调节到(245±5.5)℃，让热板在此温度下至少预热 1 h，以使整个加热表面处于同一温度下。

B5.2 在一个大容器中装上水，将水温调到(21±1)℃。测量将样品装 25 mm 深的水时所需的水量，淬火时就用这样多的水，试验样品在试验前必须处于室温。

B6 试验步骤

B6.1 将一个干燥的样品直接放在热板中央，3 min 后拿开并立即注入 25 mm 深的水，10 s 后将水倒出，用拧干的湿海绵拭擦样品的内表面。当样品不受热的总时间达 20 s 后，重新将它放在热板上。

B6.2 样品放到热板中央后立即调节热板的输入功率，使热板表面温度达到(260±5.5)℃，让样品在热板上加热 8 min，以达到新的表面温度。

试验过程中测量表面温度时不要移开样品，试验前应将热板表面温度的刻度与输入功率的瓦数相对应，此温度应为在 8 min 加热期内所能达到的最高温度(参见 B2.1)。

B6.3 经过 8 min 的加热后，像前面一样拿开样品并淬火，按表 B1 依序重复上述步骤，直至不能通过或经 440℃的加热后能承受淬火为止。试样不能通过，也即在加热时样品上有搪瓷剥落，一般伴随有爆裂声。鱼鳞纹和碎裂纹不算作是抗热冲击失败。

表 B1 加热步骤示例

淬火的时间 min : s	循 环 编 号	热板表面温度 ℃
3 : 00	1	245±5.5
11 : 20	2	260±5.5
19 : 40	3	275±5.5
28 : 00	4	287±5.5
36 : 20	5	301±5.5
44 : 40	6	315±5.5
53 : 00	7	329±5.5
61 : 20	9	357±5.5
69 : 40	11	385±5.5
78 : 00	13	413±5.5
86 : 20	15	440±5.5

B7 试样定级

B7.1 从样品放在热板上到淬火直至下一次重新放到热板上之前为一个循环。

B7.2 如果样品通过的循环编号不大于 7，则通过的循环编号为对应的级数。如果一个器皿在编号为 9 的循环或以后的循环中失败，则它的级数应为前一个试验的循环编号。典型的结果和定级示例见表 B2。

表 B2

盘　　号	失败的循环编号	级　　数
1	9	7
2	11	9
3	9	7
4	7	6
5	9	7
各试样级数总和		36

平均值＝36/5＝7.2 级

B8　试验报告

报告中将 5 个相同样品的级数的平均值作为试样的抗热冲击性能。

B9　精确度和误差

因为本试验方法可用于许多种样品的抗热冲击性能试验，而不是仅适应于某种特别的样品，所以其精确度和误差并无一定的结论，因为设计、基材、加工及搪瓷等都将使搪瓷的抗热冲击性能发生变化，所以每种设计的样品都应予以分别考虑。

附 录 C
（标准的附录）
铝搪瓷涂层抗剥落试验方法

C1 本方法使用1%三氯化锑（$SbCl_3$）试验溶液散布在铝或铝合金样品的搪瓷涂层上，以测定搪瓷的耐气候及在潮湿条件下的耐久性。

C2 样品从每 4 h 生产的产品中根据颜色抽取，每 1 000 件产品检测一件。用锋利的笔尖在搪瓷上刻划，刻划深度以刚好见铝为佳。将 1%的三氯化锑倒入塑料或玻璃容器内，再将试样放进容器，使划痕部分露出溶液表面，在室温下浸入，时间为 20 h。

C3 鉴定

如果试验后出现以下任一情况，应视为不合格：

a）刻划线扩展超过 3 mm。

b）未经刻划过的表面出现直径大于 3 mm 的剥落斑点（不是缺陷或刮痕）。

c）在 10 dm^2 面积上有超过六个剥落点（小于 1.5 mm 的针孔可忽略不计）。

附 录 D
（标准的附录）
铝搪瓷涂层耐酸性试验方法

D1 试样

试样可以是整件产品或从产品上切出的试块，也可以是为试验专门制作的试样。

注：在喷涂、干燥、烧成过程中的加工参数将影响酸对搪瓷表面侵蚀程度，用于本试验的试样应与产品的加工条件相同。

D2 试剂

将分析纯（AR）级结晶柠檬酸 10 g 溶于 100 mL 蒸馏水中，配置试验溶液。溶液必须在试验前新配制。

D3 试验步骤

D3.1 用温热的磷酸三钠饱和溶液将软棉毛巾浸湿洗净试样表面，再用温热的自来水冲洗，并用软毛巾吸干，然后试样在（26±1）℃下存放足够长的一段时间，以使其在试验前和试验过程中都处于此温度范围内。

注：在冲洗时，如果在表面形成水珠，则要重新清洗，直至水在表面上均匀展开。

D3.2 应选择产品在使用时处于水平位置或近似水平位置的平面作为试验面，将试样放好使其有直径至少为 38.1 mm 的平面处于水平位置，在（26±1）℃的试样面上滴几滴柠檬酸溶液，立即反扣上监视玻璃（溶液量应刚好使监视玻璃内除一个小气泡外完全被充满，根据滴瓶的大小和监视玻璃的曲率大小的不同，一般需 3～6 滴溶液）。经 15 min 处理后，拿掉监视玻璃并立即将溶液冲洗掉，用干燥的干净棉毛巾吸干（不要擦）。

注：试验面在定级前必须完全干燥。

D4 定级

应在试样经酸溶液处理后 2 h 内按照图 D1 所示的试验流程对其进行定级。将试样分为表 D1 所示 AA、A、B、C 和 D 五个等级。

表 D1 各级耐酸性的要求

级 别	要 求
AA	无可见污点，并能通过干擦试验
A	能通过强光污渍试验和湿擦试验
B	能通过强光污渍试验，但不能通过湿擦试验
C	不能通过强光污渍试验，但能通过强光消失试验
D	不能通过强光消失试验

D4.1 目测

将试样对着光源，从各个角度对其进行观察，以检查“处理区”和“非处理区”之间是否有任何差异。使用部分散射的自然光，必要时可用人工光作辅助，总的光线强度应大致与离窗户 1 m 的范围内所获得的自然光线强度相同，但不要直接在日光下检视，检视时试样离光源（如窗户）的距离应不小于光源的最小直径。

“处理区”是指在试样上在处理过程中被监视玻璃覆盖的受酸溶液侵蚀的部分，“非处理区”是指试样上与“处理区”相邻接的表面。

有些有色搪瓷由于受酸溶液侵蚀后产生颜色变化，由于本试验主要是检验试样的耐酸性，所以除非有特殊要求时，在试验中所产生颜色的变化都应忽略。

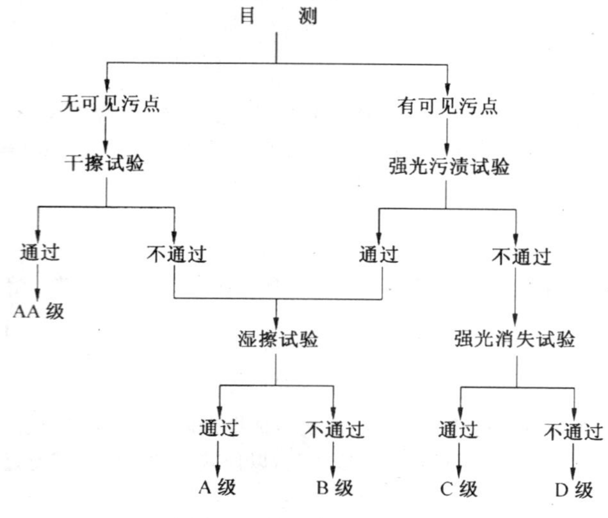

图 D1 样品定级试验流程图

D4.2 干擦试验

用秃的3B绘图铅笔以均匀的力穿过处理面画两条或更多的平行线，用干的洁净软棉毛巾在线上反复擦拭，力量由轻渐重。如果处理表面上的画痕能被完全擦掉，则试样通过本试验，否则通不过。

注：用一般的绘图姿势握住一支削尖的铅笔在砂纸上磨削直至尖点的最小直径为整个铅笔芯的一半，作为铅笔的秃点。

D4.3 强光污渍试验

将试样放置采光良好的地方（建议采用白炽灯光的台灯），在保护面上可以看到象“闪光灯”一类的小光源的投影。视线与表面的交角应为45°～90°，盯住光源的投影，慢慢移动试样，使投影完全移入处理面，忽略所有的颜色变化。当光源投影通过处理面与保护面的相交处时，如果能看到一个投影的污渍，则试样通不过本试验，否则通过。

D4.4 湿擦试验

按D4.2所述在处理面上另外的地方画线，再用湿的干净软棉毛巾（浸水后拧去多余的水分）在处理面上反复擦拭（不要用肥皂、砂纸之类的清洁材料）。如果画痕被完全擦掉，则试样通过本试验，否则通不过。

D4.5 强光消失试验

本试验除评判依据是强光在处理面上完全消失之外，其余内容都与D4.3所述的强光污渍试验相同。如果在处理面可以看见强光，则试样通过本试验，否则通不过。

中华人民共和国国家标准

GB 4806.1—94

代替 GB 4807～4808—84
GB 7057—86
GB 11331—89

食品用橡胶制品卫生标准

Hygienic standard for foodstuff rubber products

1 主题内容与适用范围

本标准规定了食品用橡胶制品的卫生要求和检验方法。

本标准适用于以天然橡胶或合成橡胶为主要原料，配以特定助剂制成的用于接触食品的片、圈、管等橡胶制品。本标准不适用于橡胶奶嘴。

2 引用标准

GB 5009.60 食品包装用聚乙烯、聚苯乙烯、聚丙烯成型品卫生标准的分析方法

GB 5009.64 食品包装用橡胶垫片(圈)卫生标准的分析方法

GB 9685 食品容器、包装材料用助剂使用卫生标准

GB 11332 食品用橡胶管卫生标准检验方法

3 卫生要求

3.1 助剂：食品用橡胶制品使用的助剂应符合 GB 9685 的要求。

3.2 感官指标：

3.2.1 成品外观：色泽正常，无异嗅、无异物。

3.2.2 浸泡液：不应有着色，无异嗅、无异味。

3.3 理化指标

理化指标应符合下表的要求。

项目		指标	
		高压锅密封圈	其他
蒸发残渣，mg/L			
4%乙酸浸泡液	≤	—	2 000
65%乙醇浸泡液	≤	—	40
水浸泡液	≤	50	30
正己烷浸泡液	≤	500	2 000
高锰酸钾消耗量，mg/L			
水浸泡液	≤	40	40
锌(Zn)，mg/L			
4%乙酸浸泡液	≤	100	20
重金属(以 Pb 计)，mg/L			

中华人民共和国卫生部1994-03-18批准 1994-09-01实施

续表

项目		指标	
		高压锅密封圈	其他
4%乙酸浸泡液	≤	1.0	1.0
残留丙烯腈,mg/kg	≤	11	11

注:① 乙醇或正己烷蒸发残渣不合格者,不得接触含醇或油脂类食品。

② 含丙烯腈橡胶必须测定残留丙烯腈。

4 检验方法

4.1 取样方法及样品处理

4.1.1 片、圈状样品按 GB 5009.64 中第 1、3 章操作。

4.1.2 管状样品按 GB 11332 中第 1 章操作。

4.2 浸泡条件

4.2.1 4%乙酸:60℃,保温 0.5 h。

4.2.2 20%乙醇:60℃,保温 0.5 h。

4.2.3 水:60℃,保温 0.5 h。

4.2.4 正己烷:水浴加热回流 0.5 h。

以上浸泡液按接触面积每平方厘米加 2 mL,无法计算接触面积的按每克样品加 20 mL。

4.3 感官检查

样品及浸泡液在室内自然光下用感觉器官检查。

4.4 蒸发残渣

按 GB 5009.60 中第 4 章操作。

4.5 高锰酸钾消耗量

按 GB 5009.60 中第 3 章操作。

4.6 锌

按 GB 5009.64 中第 8 章操作。如呈蓝色则可将 20%亚硫酸钠加至 0.2～0.5 mL。并要求亚硫酸钠和亚铁氰化钾溶液临用现配。

4.7 重金属

按 GB 5009.64 中第 9 章操作。

附加说明：

本标准由卫生部卫生监督司提出。

本标准由上海市、天津市、杭州市、沈阳市食品卫生监督检验所、上海永和橡胶厂、沈阳市橡胶制品四厂负责起草。

本标准主要起草人顾振华、张维兰、齐勇、陈筱君、卢桂馥、宋杰辰、邓炜。

本标准由卫生部委托技术归口单位卫生部食品卫生监督检验所负责解释。

中华人民共和国国家标准

UDC 613.29

不锈钢食具容器卫生标准

GB 9684—88

Hygienic standard for stainless steel food containers and table wares

本标准规定了不锈钢食具容器的卫生要求。

本标准适用于以不锈钢为原料制成的各种炊具、餐具、食具及其他接触食品的容器和机械。

1 外观

表面应平整、光滑。

2 材料

2.1 各种存放食品的容器和食品加工机械应选用奥氏体型不锈钢（1Cr18Ni9Ti， 0Cr19Ni9，1Cr18Ni9）。

2.2 各种餐具：应选用马氏体型不锈钢（0Cr13，1Cr13，2Cr13，3Cr13）。

3 理化指标

理化指标见下表。

项　　目		指标	
		奥氏体型不锈钢	马氏体型不锈钢
铅（以Pb计），mg/L 4%乙酸浸泡液中	<	1.0	1.0
铬（以Cr计），mg/L 4%乙酸浸泡液中	<	0.5	
镍（以Ni计），mg/L 4%乙酸浸泡液中	<	3.0	1.0
镉（以Cd计），mg/L 4%乙酸溶液中	<	0.02	0.02
砷（以As计），mg/L 4%乙酸溶液中	<	0.04	0.04

注：浸泡条件均为煮沸30min，再室温24h。

附加说明：

本标准由卫生部防疫司提出。

本标准由上海市食品卫生监督检验所负责起草。

本标准由卫生部委托技术归口单位卫生部食品卫生监督检验所负责解释。

中华人民共和国卫生部1988-08-10批准　　1989-06-01实施

中华人民共和国国家标准

铝制食具容器卫生标准

Hygienic standard for aluminum-wares for food use

GB 11333—89

代替 GBn 149—81

1 主题内容与适用范围

本标准规定了铝制食具容器的卫生要求。

本标准适用于以铝为原料冲压或浇铸成型的各种炊具、食具及其他接触食品的容器、材料。

2 引用标准

GB 3562 铝制食具容器卫生标准的分析方法

3 感官指标

3.1 表面光洁均匀，无碱渍、油斑，底部无气泡。

3.2 浸泡液应无色、无异味。

4 理化指标

理化指标见下表：

mg/L

项　　目		指标
锌(以 Zn 计，4%乙酸浸泡液中)	≤	1
铅(以 Pb 计，4%乙酸浸泡液中)		
精　铝	≤	0.2
回收铝	≤	5
镉(以 Cd 计，4%乙酸浸泡液中)	≤	0.02
砷(以 As 计，4%乙酸浸泡液中)	≤	0.04

附加说明：

本标准由卫生部卫生监督司提出。

本标准由广西自治区食品卫生监督检验所负责起草。

本标准主要起草人孔忠富。

本标准由卫生部委托技术归口单位卫生部食品卫生监督检验所负责解释。

中华人民共和国卫生部1989-04-03批准　　1990-01-01实施

中华人民共和国国家标准

食品容器内壁聚四氟乙烯涂料卫生标准

GB 11678—89

Hygienic standard for polytetrafluorethylene used as inner coating of food containers

1 主题内容与适用范围

本标准规定了食品容器内壁聚四氟乙烯涂料的卫生要求。

本标准适用于以聚四氟乙烯为主要原料，配以一定助剂组成聚四氟乙烯涂料，涂覆于铝材、铁板等金属表面，经高温烧结，作为接触非酸性食品容器的防粘涂料，使用温度限制在250℃以下。

2 引用标准

GB 5009.18 食品中氟的测定方法

GB 5009.60 食品包装用聚乙烯、聚苯乙烯、聚丙烯成型品卫生标准的分析方法

3 感官指标

3.1 涂膜表面平整、光滑，色泽均匀，无斑点，无龟裂。

3.2 涂膜浸泡液无色，无异嗅，涂膜无脱落现象。

4 理化指标

理化指标见下表：

项目		指标，mg/L
蒸发残渣		
蒸馏水，煮沸0.5 h，再室温放置24 h	≤	30
正己烷，室温24 h	≤	30
4%乙酸，煮沸0.5 h，再室温放置24 h	≤	60
高锰酸钾消耗量		
蒸馏水，煮沸0.5 h，再室温放置24 h	≤	10
铬(Cr)		
4%乙酸，煮沸0.5 h，再室温放置24 h	≤	0.01
氟(F)		
蒸馏水，煮沸0.5 h，再室温放置24 h	≤	0.2

中华人民共和国卫生部1989-09-05批准　　1990-05-01实施

附加说明：

本标准由中华人民共和国卫生部卫生监督司提出。

本标准由上海市食品卫生监督检验所、上海有机氟材料研究所起草。

本标准主要起草人朱奕延、顾振华、卢文华、顾文锦。

本标准由卫生部委托技术归口单位卫生部食品卫生监督检验所负责解释。